教会と戦争

川端純四郎

Kawabata, Junshiro

新教出版社

装丁　桂川潤

目次

目　次

教会と戦争

1　現代における矛盾と差別

一九七八年一月一四日に日本基督教団仙台学生センターで行った講演に加筆修正したもの。「学生センター内寺子屋」発行の小冊子所収の記録の抄録。

差別という問題について最初に体験した、私がそういう問題にあるショックを受けたのは、敗戦の日です。私は小学校六年生だったんです。このすぐ近くに、東二番丁小学校というのがありますが、あそこの六年生で、空襲でまる焼けになって、火の海の中を逃げまどって、そして、その次の日から、向山《むかいやま》の広瀬川を渡ったすぐ上の知り合いの家の離れにころがりこんで、そこでお世話になったんですね。

朝から、正午に重大ニュースを発表するから必ず聞くように繰り返し言っていたらしいんですね。ラジオの前に集まれというんですが、私は行かなかったんです。小学生ですからそんな関心もありませんし、夕方まで遊んでいたんです。それで、正午、例の敗戦の天皇の勅語というものが、全国へラジオで流されたわけです。ところが何のことだか全然わからなかったんですね。ピーピー、ガーガーとなっているだけで、何を言っているんだか全然聞こえないんです。「耐え難きを耐え、忍び難きを忍び」とか言うのがまばらに聞こえて来るだけで、私の家族は理解できなかったようです。敗戦、ポツダム宣言受諾というものなんだということは理解できなくて、むしろ、いよいよ米軍が上陸してくるから、本土決戦だから、一億最後の決戦に突入しろという話なんだろうと受け取ったようです。

私自身は、それを聞いていないんです。道路で遊んでいましたから。ただ、異様な感じがしたのを覚えています。道路で遊んでいて、ともかく、後にも先にも、生まれてからあんな静かな時間というものを経験したことないですね。一切の物音が消えて、シーンとしているんですね。本当に静かでした。朝から、繰り返し、お昼のニュースを聞けと言われていますから、日本のほとんどのすべての人が家の中に入って、聞いていたんでしょうね。だから街を歩いている人は、おそらく、あの瞬間には、誰もいなかったんだと思います。だから、あの日は、日本の歴史始まって以来、道路をだれも歩いていない日だったんでしょうね。

家に帰ってみると、放送があったんだけれどよくわからなかったというだけの話です。戦争に負けたんだとわかったのは、その日の夕方でした。私の母が買出しから帰ってきたんです。母はその日の昼、家にいませんでした。朝から買い出しに出かけていたんです。朝早くリュックサックをぶらさげて出て行って、その日も蒲生《がもう》まで行ってたんですね。[1]蒲生まで行って、そこには教会の知り合いがいるんです。そこをたずねてその人に紹介してもらって、近所の農家の人に、何か分けてくださいというわけです。でも、お金なんて受け取ってもらえません、もちろん。貨幣は、もう全然信用がありませんから。ですから、かろうじて、空襲の時持って逃げた服だとか、あるいは、空襲でやられるんだろうからと親父の大事な蔵書なんかを、やはり教会員の人で、農家の方に預けてありましたが、その本を持って来て、その本をとりかえるわけです。[2] 帰りは五時か六時。そろそろ、薄暗くなってくるころに帰ってきたんです。母も、買い出しに行ってますから、お昼のニュースは聞いていないんです。帰ってくる途中、苦竹《にがたけ》まで来たんですが、あそこ、自衛隊がありますね、今。あの自衛隊のところは、戦争中は海軍の軍事工場でした。海軍の工廠の前まで来たら、道路中に人がいっぱいあふれて踊っているというんですね。母が何だろうと思って、そばまで行ってみたら、全部朝鮮人労働者なんですね。「日本負けた。日本負けた。マンセー、マンセー。」何千という朝鮮人労働者が、我を忘れて一晩踊り明かしたそうです。あそこで。その中を、母はくぐりぬけて帰ってきたわけです。それで母は初めて、日本が負けたと分かったそうです。家へ帰ってその話をして「日本、負けたんだ」と話してくれたんです。じゃあ、お昼の放送は敗戦の放送だったんだということを、わが家は初めてわかったわけです。しかし、母の話を聞いたその時、私は、まだ小学校六年生ですから理屈がよくわかりませんでしたが、感覚的に強烈なショックを受けたんです。日本が負けて喜んでいる人がいる。

ともかく、今のみなさんには考えられないような愛国主義教育でしたから、日本は正しいのだ、大東亜共栄圏をつくるための正義の戦いだ。日本は神の国であって、この戦争は正義の戦いだ。八紘一宇なんて言ったんです。「天の下を掩ひて一つの家とする。」昔、神武天皇が言ったそうです。世界中をひとつの共同体にすると、天皇が全人類の神であると。だから、この戦争は正しい戦争、聖戦だというんです。ともかく、私が生まれたのは昭和九年（一九三四年）ですが生まれた時、すでに日本は戦争の中にあって、もう提灯行列とか何とかですね。もう軍国主義一色で塗りつぶされた教育です。日本が勝つと信じてました。この戦争は正しいんだと信じ切っていました、私は。

ですから、教育というのは恐ろしいと思うんです。親の言うことよりも学校の先生の言うことが正しいと思い込んでしまうんですね。私の親父は、キリスト教の牧師だったんです。愛国者ですから、戦争は正しいと思っていたようです。あの戦争はまちがっていると判断する力はなかった。だけれども、朝鮮人の虐殺とか、そういうことには、牧師としてですね、キリスト者として、人道的に許せないものを感じていたようです。ただし、戦争には疑問はもたなかったようですが。それだけの科学的知識はなかったのです。しかし、最低限の人間としての良心のようなものがあって、関東大震災の時私の父は東京にいたのですが、その虐殺される朝鮮人を家にかくまったりしたことがあるんですね。それで、警察ににらまれて呼び出されたりしたこともあるんですが、そういう最低限の良心は失わなかったようです。ですから、家の中で戦争について批判的なことをよく言っていました。警察が、キリスト教は敵の宗教だってにらんでますから、監視がついているんですね。ですから、いろいろそういう点について戦争に関して、疑問をもってしかるべきなんですが、それが持たないんですね。子どもってのは、親よりも、先生の言うことを聞くわけです。学校に行って、先生はともかく、朝から晩までそういう教育をやるんですから。だから教育っていうのは恐ろしいんです。親がいくらいばったって、子どもにとっては親よりも先生の方が偉いんです。

毎月いちの日っていうのは、校庭に全員集まって、それから教育勅語っていうのを校長が読むんですね。恭しく黒塗りの漆の箱に入っている巻物です。素手なんか駄目ですね、白手袋をつけて、頭の上で開いて、こうやって読むんですね。何しろ、天皇のことばは神様のことばですから……。鼻息なんてかけたら駄目なんです。鼻より下においたら駄目なんです。ですから必ず目より高く持って読むんですね。暗唱してるんです。これは今でも全部覚えてます。「朕惟フニ我カ皇祖宗國ヲ肇ムルコト……」と、まあ恐ろしいもんですね、子どもの時の教育というのは……。ともかく、日本国民は天皇陛下の子どもである。だから、いざという時には天皇陛下のために命を投げ出す覚悟をしていなさい。それが日本国民たることの道であるということを教えた勅語です。これが素晴らしいとか、教育勅語が立派であるなんてこの頃言い出した人がいますね。福田赳夫という人なんですけど。あの中には「父母ニ孝ニ兄弟ニ友ニ夫婦相和シ朋友相信シ」と書いてあると言うんです。お父さんお母さんを大切にしよう！　なんかテレビのコマーシャルみたいですが……。兄弟は仲良くしろ、夫婦は仲良くしろ、友達を大切にしろ、と書いてある、だから今だって通用すると言うんですね。だけど、これはひどい「つまみ食いの論理」っていうものです。教育勅語の中のいい部分だけをつまみ食いして、だから教育勅語はいいという。そうではないんです。教育勅語の中にはいいことも書いてあるんですけれども、そういうことを含めて、全体の論理はいざという時には天皇陛下の為に命を投げ出す覚悟をしていなさい、ということを教えたものなんで、その中からある部分を取ってきてですね、こういういいことを言っているんだから教育勅語は今でも値打ちがあるというようなのは、これはずい分ひどい言い方なんですね。それを、しかし、毎月ちゃんと読むんです。

それから「八」の日っていうのは大詔奉戴日といって、この日も全員が校庭に集まってですね、そして開戦の勅語、アメリカとの宣戦布告の。「天佑を保有し、万世一系の皇祖をふめる日本帝国天皇は、ここに忠勇なる汝臣民に告ぐ……」あれも、最初だけ覚えてますね。あとの方は覚えてないんですが……。教育勅語、御神勅は全部言えるんですが、あとはありがたいことに少しずつ忘れつつあります。教育勅語なんてのは忘れたいけど、悔しいけど忘れられないんですね。子どもの時に徹底的にたたき込まれています。もう嫌で嫌で忘れたいんですけど、忘れられないんですね。だから教育っていうのはおそろしいものです。小学校六年間、あるいは生まれてからずっとその教育をやられて、そしていざとなると神風が吹くという。

菖蒲田浜《しょうぶだはま》に米軍が上陸するから、竹槍で突入するって言うんですね。相手は原爆なんですよ。こっちは竹槍なんです。小学校の校庭にワラ人形並べて、竹槍で「ヤーッ」なんて練習した訳なんです。毎日やらされました。ワラ人形を突き刺すんですね。あれも、また変なことばかり覚えているもんですが、人間なんて突き刺した時に肉がギュッと締まるらしいんですね。やったことないから分かりませんが……。突き刺すと抜けなくなるんだそうです。だから、ひっくり返して足をかけて抜かないと抜けないって言うんですね。そんなことをやっていたんでは間に合わない、敵は後から後から攻めて来るって言うんです。だからどうするかって言うと、突き刺した瞬間に抜かなきゃいけないんです。それがコツなんだそうです。だから、ワラ人形に走って行って、「ヤッ」とこうやらなきゃいけないんですね。突き刺したら、こうパッと抜けというんです。でも、走っていって「やー」となると、ひっぱたかれて、「やり直し」「もう一度」なんて言われて、「ヤッ」とやって……毎日やってたんです。ですから軍国主義というものはどんなおそろしいものか……人間の思想までですね、国の考えで全部鋳型にはめてしまう。まだ子どもですよ、正常な、まだ充分な理性的判断力を持っていない者に、全部そうやって無理矢理軍国主義の思想を植えつけて、そしてある方向へと――侵略戦争へ駆り立てて行った、ああいう時代が二度と来ては困るんですが、そういう時代に育ったんです。ですから、日本は勝つし、この戦争は正しいと信じ切っていました、私は……。

それが、その晩、敗戦の夕方母が帰ってきて、正しいはずの戦争に負けて喜んでいる人がいるというんです。「万歳」って言って踊り狂っているんです。私には、本当にあれはショックでした。その時、理屈で考えたものではありません。後から考えたのであってその時はまだ感覚的に、子どもの感覚としてそう感じただけであって、つまり、この戦争は間違った戦争だ。負けて喜んでいる人がいる。ほんとうに正しい戦争なら、負けたらみんな悲しむはずなのに、負けて喜んでいる人がいるっていうからには、この戦争はどこかおかしかったのではないか……ということを、ひとつ感覚としてですね、あとになってふり返ってみれば、そういう感じを持ったんだと思います……あの時。

それから、もう一つは朝鮮人という、この日本の中に、日本が負けてこれで帰れると喜んでいる人たちがいるということ。その時父に質問したわけです、「なんで喜んでいるのか」と。

そしたら、いろいろ説明してくれたんですね、日本が負けるとなぜ朝鮮人が喜ぶのかという理由を。それで初めて私は、日本の中に差別された人がいる――しかもたくさんいる、それが戦争に負けて初めて解放された、という出来事にぶつかったんです。これが、差別という問題にぶつかった、私自身の最初の体験です。もちろんその前にもいろいろあったと思いますが、自分では気づかずに見過ごしてしまったんだと思います。その時、初めて、子どもなりに、そういう差別されている人たちが日本の中にいる、ということに目が向いたんですね。

〔1〕 著者の姉、川端安子氏の話では、この日、著者の母である川端梅代氏が買い出しに行っていた先は蒲生《がもう》ではなく新田《しんでん》とのこと。現在の仙台市宮城野区新田に該当し、JR東北本線東仙台駅、仙石線苦竹《にがたけ》駅、仙石線小鶴新田《こづるしんでん》に囲まれた地域である。

〔2〕 ここでは省略したが、この後、著者の父、川端忠治郎の英語の蔵書を食料と引き換えた話が語られている。しかし、戦時中に敵性語とされていた英語の本が物々交換に使えるとは思えないので、この部分は戦後の買い出しの話が混入したものと思われる。

2　教会と戦争

仙台東三番丁教会の場合

二〇一〇年八月三〇日に東北学院大学文学部キリスト教学科第四回「教職（牧師・聖書科教師）研修セミナー」で行った講演。『教会と神学』第五二号、東北学院大学学術研究会、二〇一一年三月、所収。なお仙台東三番丁教会は、現在、日本基督教団仙台北教会となっている。

はじめに

私は日本史研究者でもなく、教会史家でもありません。聖書解釈学という方法論の分野の研究に信徒として携わってきました。また、実践的には、所属教会のオルガニストという責任から教会音楽の分野に関心を持ち続けてきました。しかし、当然のことですが、現代に生きるキリスト者として、歴史における教会の責任について、自分の生き方との関連の中で私なりに真剣に考えてもきました。父が牧師であったために「戦時下」の教会について、身近に経験したことが私の考えの出発点となりました。以下に述べることは、必ずしも学問的とは言えないかも知れませんが、そのような一人のキリスト者、キリスト教研究者の証言としてお聞きいただきたいと思います。

1　「戦時下」の教会

(1) 戦争の名前

戦時下の教会について考える時の最初の問題は「戦争の名前」の問題です。「戦時下」と言うとき、何という名前の戦争を考えているのかによって以後の論旨はすでに大きく方向付けがなされてしまいます。

日本基督教団（以下「教団」と略します）のいわゆる「戦責告白」では「第二次大戦」となっています。これは、いわば無性格の抽象的名称と言ってよいでしょう。いちばん差し障りのない名前です。しかし、教会の戦争責任について考える場合には、かすかながら責任逃れのようなニュアンスが含まれています。なぜなら、歴史学の世界の用法としては「第二次大戦」は一九三九年のドイツによるポーランド侵攻から始まったとするのが通念になっているからです。そこには一九三一年の日本による「満州」侵略が世界大戦のそもそもの発端であったことについての責任回避が暗に含まれていると思われるのです。

次に一般的なのは「太平洋戦争」という名前です。これは大変危険な名称です。「あの戦争」の本質を太平洋を舞台とする日米戦争にあったとすることになるからです。「太平洋戦争」と言ってしまえば、当然、開戦は一九四一年ということになります。それでは、その前に、一九三一年から延々と行われていた中国大陸での戦争は無視されてしまうことになります。実際、現在の日本の子どもたちは、日本がアメリカと戦争したことは知っていても、中国と戦争したことは知らない子どもが多いのです。「太平洋戦争」というのはアメリカの命名です。アメリカから見れば、まさにあの戦争は「太平洋戦争」でした。しかし、日本にとっては、日米戦争は、一九三一年以来の大陸侵略戦争の最終段階だったはずです。その前段を無視して「太平洋戦争」という名前を使用することは、中国侵略戦争の責任を覆い隠すことにほかなりません。実際に、この名前は日本の戦後史において、まさにそのような役割を果たしてきました。

　当事者である日本は、一九三一年に始まった戦争を「満州事変」、一九三七年に中国本土に拡大された戦争を「支那事変」、一九四一年からの日米戦争を「大東亜戦争」と呼んでいました。すべて、現在では使用できない誤った命名です。「満州事変」「支那事変」は「事変」ではなく「戦争」でした。それを日本政府が勝手に「事変」と言い張ったのです。当時、すでに国際社会では「自衛戦争」以外の「戦争」は違法とされていました。勝手に「戦争」を始めた国には国際的な制裁が科せられる危険性がありました。日本政府は制裁を回避するために「戦争」と言わずに「事変」だと言い張ったのです。そのために正式の宣戦布告をしませんでした。現在では、この二つの戦争を「事変」と呼ぶことは許されません。

　「大東亜戦争」という名前は、白人の植民地支配を打破して大いなる東アジア共同体を形成するための戦争だという意味です。残念ながら、これは事実ではありませんでした。白人を追い払ったのは事実ですが、かわりに日本が支配しただけの話で、アジア諸民族は激しい抗日闘争を展開しました。「大東亜戦争」の結果としてアジア諸民族が植民地からの解放と独立を入手したのは事実ですが、それは日本と共に実現したのではなく、白人に代わって支配者となった日本と戦って、日本を追放することによってアジアが勝ち取ったのです。「満州事変」、「支那事変」、「大東亜戦争」という名前は内実を反映していない誤った名称として、現在では使用不可能な名前です。

それでは、何と呼べばよいのでしょうか。研究者たちは、かなり以前から「一五年戦争」という名前を使っていました。一九三一年に始まって一九四五年に終わった「ひと続きの戦争」という意味だと思います。この名前なら、戦争は一九三一年に始まったのだということも、日米戦争がすべてではなく、一五年間一貫して戦った相手は中国であって、あの戦争の本質は日中戦争だったということも明らかになります。しかし、最近になって「一五年」という数え方は「足かけ」の数え方で、正確には丸一三年と一一ケ月ですから、不正確な名前になるということで急激に使用されなくなっています。それに代わって「アジア・太平洋戦争」という名前が提唱されています。これは大変正確な名前で、まず日本のアジア侵略戦争があり、それが日米の太平洋戦争に発展していったという経過も示されていますし、全体が一つの戦争であったことも明らかにされています。私も、この名前に賛成です。

「戦時下の教会」とは「アジア・太平洋戦争下の教会」ということです。戦争の名前をこのように選択することによって、すでに「教会の責任」についての一定の視角が選択されています。教会が生きてきた日本の近代史をどのように理解するのかということについての、一つの判断が前提されています。「大東亜戦争下の教会」とか「太平洋戦争下の教会」と考える場合には、別な歴史理解が前提されていることになります。本論に入る前に、まずそのことを念頭に置いておきたいと思います。

（2）「国民儀礼実施の件」

戦時下の教会が直面した問題は数多くありますが、私が一番鮮明に覚えているのは「国民儀礼」です。一九四二年（昭和一七）一二月一〇日づけで教団本部から全教会に「国民儀礼実施の件」という文書が送付されました。[1] 礼拝前に国民儀礼を実施せよという通達でした。国民儀礼というのは、一九三七年に政府が決定したもので、日本国民はすべての集会の最初に天皇を礼拝し（具体的には、皇居の方向に向かって最敬礼をする）、日本軍の勝利を祈願することを義務づけたものです。そのために、大勢の人が集まる場所には、方向を間違えないようにと、皇居の方向に「東京」という張り札が貼られていました。最初は、必ずしも強制的なものではなかったのですが、しだいに統制が強化されて、ついに教団も全教会での実施を要請せざるを得なくなったのです。

いつから始まったのかは正確に覚えていませんが、礼拝の最初に父が立ち上がって「最初に皇居遙拝を行います」（と言ったと思います）と言うと、出席者全員が東京の方向に向かって「最敬礼」という父の号令に従って一斉に頭を下げました。最敬礼というのは、お辞儀をする

總發第九六號

昭和十七年十二月十日

日本基督教團
總務局長　鈴木浩二

國民儀禮實施ノ件

近來教會ニ於テ禮拜前ニ國民儀禮ヲ實行シツヽアル處次第ニ増加シツツアルハ洵ニ喜バシキ事ニ有之候　就テハ今回所屬全教會ニ於テ之ヲ實行シ、以テ行フ處行ハザル處アルノ不統一ヲ避ケ度ク存ジ候　申スマデモナク皇國民トシテ　大御稜威ノ下ニ生キルコトハ我等ノ感謝感激ニテ有之、我等ノ教團統理者ガ賜謁ノ光榮ニ浴シタル此ノ機會ニ、一同感激ノ誠意ヲ披瀝シ之ガ全國的實施ヲ決意致度ク茲ニ御通知申上候

出所：注１参照。

ときに手の指先が膝株の下までとどくように上半身を深く曲げるお辞儀のことです。神さまを拝む前に天皇を拝ませたのです。天皇は神とされていました。もちろん、キリスト教としては拝んではならないものでした。しかし、特高（特別高等警察）が監視に来ていましたから、拝まなければ礼拝は中止、教会は解散させられてしまいます。すべての教会に特高の監視がついたわけではないのですが、私の父は、生まれたばかりの日本基督教団の東北教区長をしていたからでしょう、時折、特高が礼拝の監視に来ていました。普通の警察は犯罪を取り締まるのですが、特別高等警察は「思想」を取り締まるのが任務でした。戦争反対とか天皇に対する批判的思想を取り締まったのです。「思想犯」という言葉がありました。「思想」が犯罪だった時代でした。

牧師たちには「教師錬成会」というものが強制されて、合宿して軍から派遣された講師による「国体の本義」とか「大東亜戦争の本義及び大東亜共栄圏建設論」とか「日本精神史」などの講義が行われ、さらに近くの川で「みそぎ」もさせられました。教団議長は伊勢神宮に参拝しましたし、「大東亜共栄圏に在る基督教徒に送る書簡」などという、今読めば顔から火が出るような恥ずかしい文書もありました。『興亜賛美歌』が編集されて「大東亜共栄圏の歌」が「賛美歌」として掲げられました。(2)

一番悲しいのは、教団の中のホーリネス系教会が弾圧された時に、教団がこれを見捨てたことと、朝鮮の教会に神社参拝を強制するために教団の代表が説得を行ったことです。

私の教会は教会堂を軍隊に没収されて軍隊の倉庫か何かに使われていました。礼拝は会堂裏

3

大東亞共榮圈の歌

賀川豐彥　　　　安部正義

力強く ♩=84

三

一
世界《せかい》の闇《やみ》は　深《ふか》くとも
胸底《むなそこ》のぼる　黎《れい》明《めい》に
東《とう》亞《あ》の光《ひかり》　呼《よ》び醒《さ》ませ

二
試《し》煉《れん》の坩《る》堝《つぼ》　滾《たぎ》れども
十字《じふじ》架《か》負《お》ひて　いきむ身《み》に
めぐみの雨《あめ》ぞ　降《ふ》りそそぐ

三
オホツク海《かい》の　結《けつ》氷《ぴよう》も
愛《あい》の血《ち》潮《しほ》に　うちとかし
父《ちち》のみこころ　世《よ》に成《な》さん

四
ねむる印度《いんど》も　ゆりおこし
なやみの鐵鎖《てつさ》　ふりおとし
神《かみ》の國《くに》をば　打《うち》建《た》てん

五
ああ黎《れい》明《めい》よ　黎《れい》明《めい》よ
歴史《れきし》はさめて　みめぐみに
アジヤも遂《つひ》に　光《ひかり》見《み》ぬ

二

一
見《み》よひんがしの　空《そら》明《あ》けて
いまし起《た》ちたる　大《だい》日《に》本《ぽん》
アジヤに住《す》める　十《じふ》億《おく》の
民《たみ》をば救《すく》ふ　大《だい》理《り》想《さう》
御《み》稜《い》威《つ》のもとに　成《な》らんとす

二
道《だう》義《ぎ》日《にっ》本《ぽん》　打《うち》建《た》つる
聖《み》業《わざ》遂《と》げでは　やみがたき
意《い》氣《き》こそこもれ　槌《つち》の音《おと》
共《きよう》存《そん》共《きよう》榮《えい》　公《こう》道《だう》の
大《たい》義《ぎ》あまねく　世《よ》に布《し》かん

三
主《しゆ》の福《ふく》音《いん》の　みひかりを
高《たか》くかかげて　逞《たくま》しき
建《けん》設《せつ》のため　努《つと》めばや
見《み》よほがらかに　信《しん》仰《かう》と
生《いの》命《ち》に明くる　大《だい》東《とう》亞《あ》

出所：注2参照。

の和室で行われていました。あらゆる金属は、鉄瓶から門扉から火鉢の五徳に至るまで、すべて戦争用に献納させられ、教会には戦闘機献納献金の割り当てが来て、すべての教会が競争するように献金をしていました。婦人会は傷病兵の慰問に軍の病院へ駆り出され、必勝祈願祈祷会、必勝祈願礼拝が繰り返し行われました。[3]

（3）仙台東三番丁教会の記録

キリスト者の対応はいくつかに分かれました。ほんの少数のキリスト者だけが、信仰を貫いて「抵抗」の道を選びました。天皇を神とすることを拒んで刑務所に入ったキリスト者は数えるほどしかいません。それでも、バール[1]に膝を屈しなかった人が少しでもいたことに、私は心からの敬意と感謝の思いを表明したいと思います。

私の父と教会の取った道はそうではありませんでした。それは「屈従」の道でした。日曜日ごとに皇居遙拝をし、必勝祈祷会を守り、戦闘機献納献金にはげみました。父の残した「教会日誌」には繰り返し「必勝の信」というようなスローガンが教会の標語として掲げられています。[4]もちろん、私に父を非難する資格はありませんし、そのつもりもありません。あのような時代に、強権的なファシズム政府の圧力に対して屈服しないで信念を通すことのできる人は、よほどの強い人だけです。私のような弱い人間は、すぐに屈服してしまうのだろうと思います。ですから、父の弱さを非難することは私にはできません。ただ、だからこそ、言える時に言わなければならないのだと思うのです。そのような時代が来てしまったら、言いたくても言えな

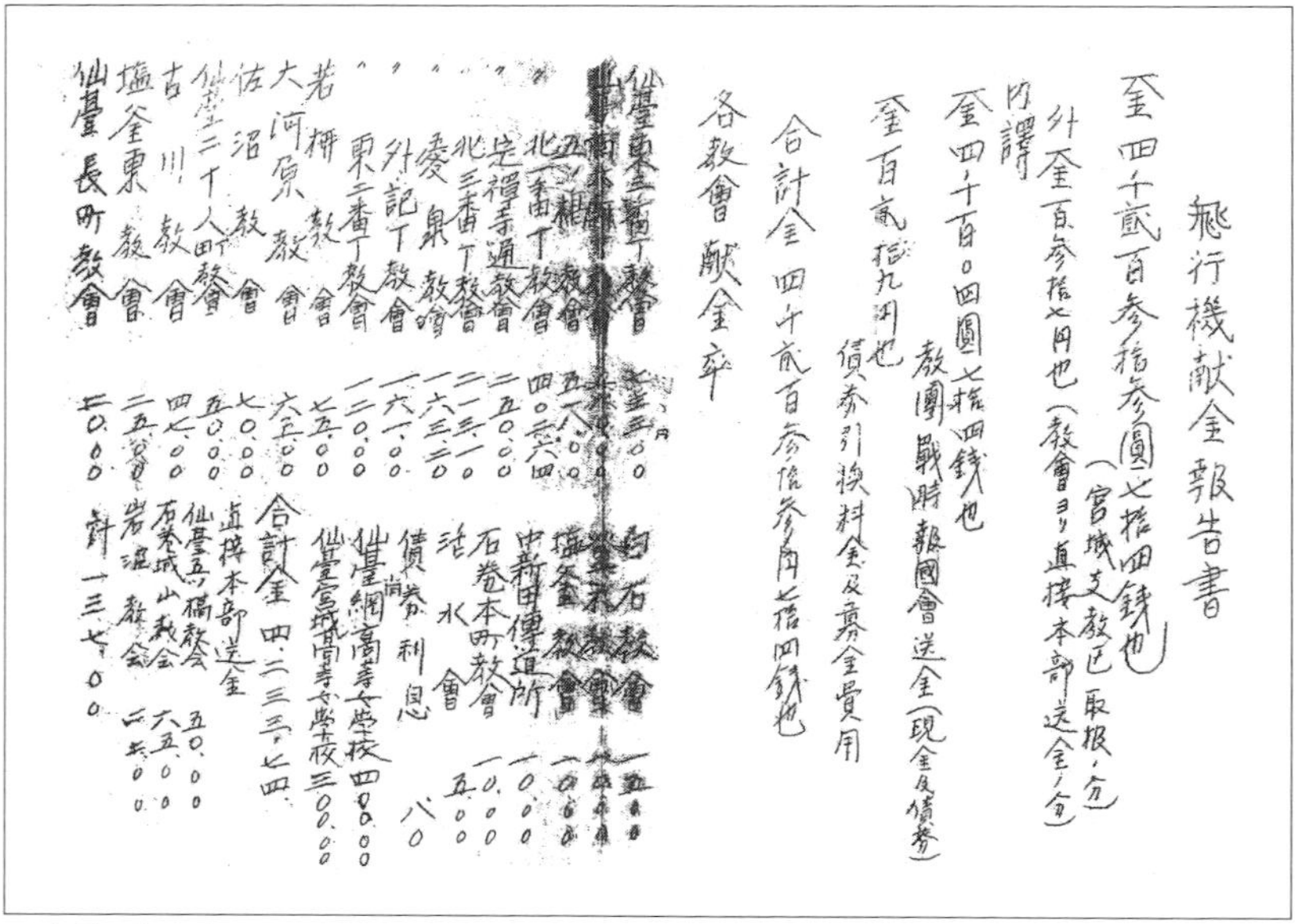

飛行機献金報告書
金四千貮百参拾参圓七拾四銭也（宮城支教区取扱ノ分）
外金百参拾七円也（教會ヨリ直接本部送金ノ分）
内譯
金四千百〇四圓七拾四銭也　教團戦時報國會送金（現金及債券）
金百貮拾九円也　債券引換料金及寄金費用
合計金四千貮百参拾参円七拾四銭也
各教會献金卒

仙臺東三番丁教會　七三三〇.〇〇
[illegible]
五ツ橋教會　五一八.〇〇
北一番丁教會　四〇.六四
定禪寺通教會　二五〇.〇〇
北三番丁教會　二一三一.〇
愛泉教會　一六三.二〇
外記丁教會　一六一.〇〇
東二番丁教會　一二〇.〇〇
若柳教會　七五.〇〇
大河原教會　六五.〇〇
佐沼教會　七〇.〇〇
仙臺二十人町教會　五〇.〇〇
古川教會　四七.〇〇
塩釜東教會　二五.〇〇
仙臺長町教會　二〇.〇〇

白石教會　一五〇.〇〇
[illegible]
塩釜教會　一〇〇.〇〇
中新田傳道所　一〇.〇〇
石巻本町教會　一〇.〇〇
清水會　五.〇〇
債券利息　八〇
仙臺網高等女學校　四〇.〇〇
仙臺宮城第二高等女學校　三〇.〇〇
合計金　四、二三三、七四、

直接本部送金
仙臺五ツ橋教会　五〇.〇〇
石巻城山教会　六五.〇〇
岩沼教会　二二.〇〇
計　一三七.〇〇

出所：注3参照。

いかも知れません。だからこそ、そのような時代が二度と来ないように、今、全力をつくして努力しなければならないのだと思うのです。

しかし、他方では、このような父の歩みをたどるうちに、私の中に、言いようのない大きな疑問が生まれて来るのをおさえることができませんでした。それは、このような父の歩みは、本当に「屈従」だったのだろうか、ということです。「天皇は本当は神ではない。しかし、弾圧が恐ろしいので、心ならずも膝を曲げる」ということではなかったのではないかという疑問です。むしろ本心から天皇を崇敬し、本心から天皇中心の国家体制を誇りに思っていたのではないかという疑問です。もちろ

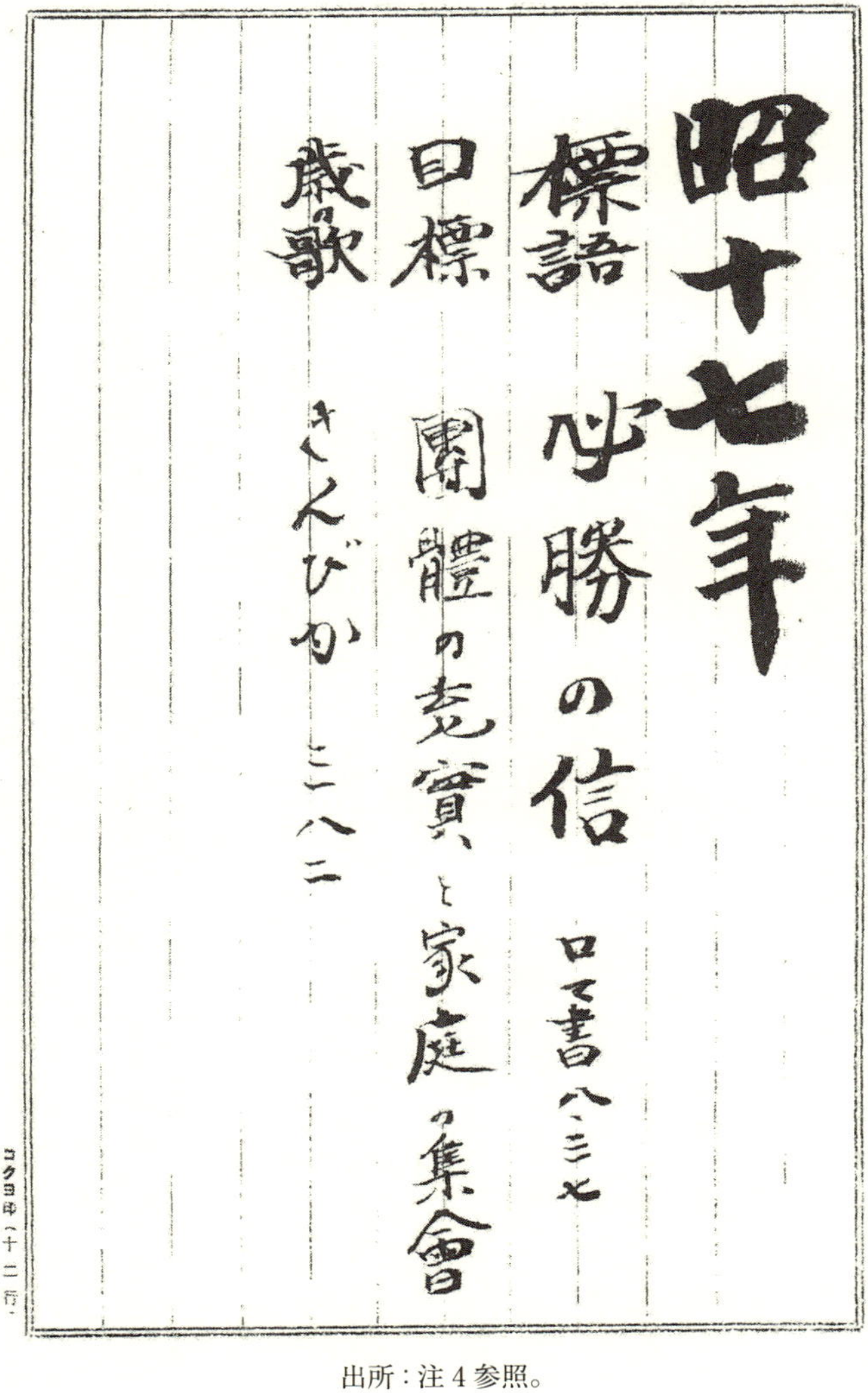
昭十七年
標語　必勝の信　ロマ書八、三七
目標　團體の充實と家庭の集會
歳の歌　さんびか　三八二

出所：注4参照。

ん、私は父の信仰心を疑ったことはありません。明治生まれの典型的なピューリタンでした。ひたすら聖書を読み、熱烈に祈り、禁酒禁煙、貧困に耐えて伝道に励む信仰者でした。しかし、その父にとって、同時に「皇居遙拝」も「君が代斉唱」も「万歳三唱」も、決して「心ならずも」強制されてやむを得ず行っているのではなく「心から」進んで行っていたことなのではないかという疑問です。これは「屈従」ではなく「自発的信従」だったのではないでしょうか。

2 「戦後」の教会

(1)「令達第十四号」

この疑問に決定的な答えを示したのが、戦後最初に出された教団から各個教会あての通知、「令達第一四号」という文書です。(5) 本当なら、この文書は「ついに戦争が終わりました。昨日まで、私たちは天皇を神として崇めてきました。弾圧が恐ろしくて、本当のことが言えなかったのです。ようやく自由にものが言えることになりました。昨日までのことは間違いでした。どうぞお許し下さい。指導部は責任をとって辞任します」という文書であるべきでした。もしそうだったらどんなに良かったかと思います。ところが実際は違いました。「聖断一度下る……承詔必謹……大詔を奉戴し……皇国再建の活路を開くべし」という文書だったのです。戦争が終わったのに、まだ天皇は「聖」なる存在で、天皇の言葉を謹んで守って「天皇の国」の再建に努力しましょう、と言うのです。つまり、天皇を神として崇めたのは、殺されるのが怖

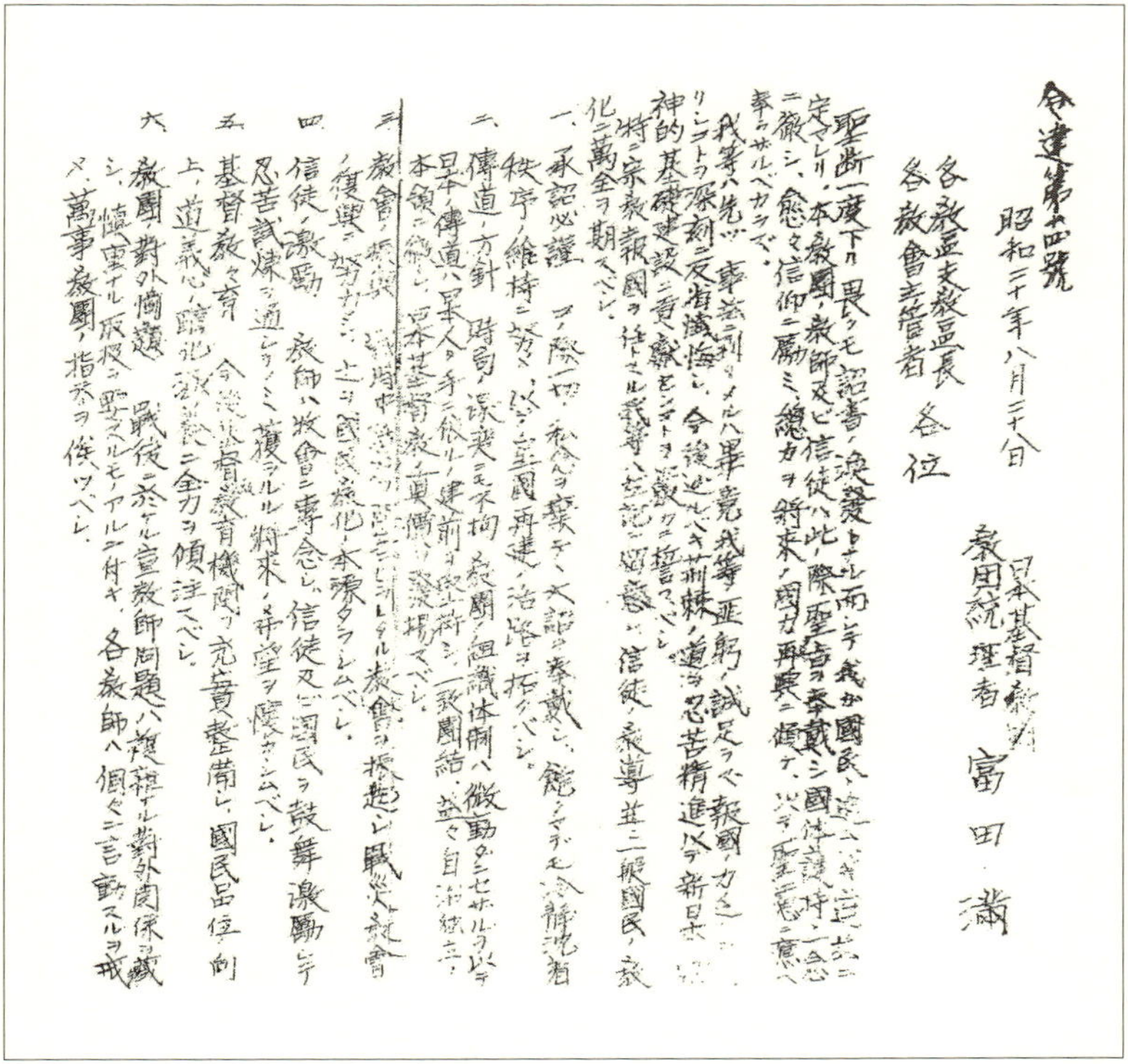
令達第十四號
昭和二十年八月二十八日
日本基督教団
教団統理者　富田　満
各教区支教区長
各教会主管者　各位

聖断一度下リ畏クモ詔書ノ渙発トナル。而シテ我ガ国民ノ進ムベキ道ハ茲ニ定マレリ。本教団ノ教師及ビ信徒ハ此ノ際聖旨ヲ奉戴シ國体護持ノ一念ニ徹シ、愈々信仰ニ励ミ、総力ヲ将来ノ國力再興ニ傾ケ、以テ聖慮ニ応ヘ奉ラザルベカラズ。

我等ハ先ヅ事茲ニ到リタルハ畢竟我等亜躬ノ誠足ラズ報國ノ力乏シカリシコトヲ深刻ニ反省懺悔シ、今後進ムベキ荊棘ノ道ヲ忍苦精進以テ新日本ノ精神的基礎建設ニ貢献セントスル決意ヲ誓フベシ。特ニ宗教報國ヲ任トスル我等ハ茲ニ留意シ信徒ノ教導並ニ一般國民ノ教化ニ萬全ヲ期スベシ。

一、承詔必謹　ノ際一切ノ私念ヲ棄テ、大詔ヲ奉戴シ、飽クマデモ冷静沈着秩序ノ維持ニ努メ、以テ皇國再建ノ活路ヲ拓クベシ。

二、傳道ノ方針　時局ノ深刻ナルニモ不拘教團ノ組織体制ハ微動ダニセザルヲ以テ日本ノ傳道ハ日本人ノ手ニ依ルノ建前ヲ堅持シ、一致團結、益々自治独立ノ本領ニ徹シ、日本基督教ノ真価ヲ発揚スベシ。

三、教會ノ振興　戦時中[illegible]シタル教會ヲ振起シ戦災教會ノ復興ニ努メ、以テ國民教化ノ本源タラシムベシ。

四、信徒ノ激励　教師ハ牧會ニ専念シ、信徒及ビ國民ヲ鼓舞激励シテ忍苦試煉ヲ通シテノミ獲ラルル将来ノ希望ヲ懐カシムベシ。

五、基督教々育　今後ノ基督教教育機関ヲ充実整備シ、國民品位ノ向上、道義心ノ[illegible]ニ全力ヲ傾注スベシ。

六、教團ノ対外問題　戦後ニ於ケル宣教師問題ハ複雑ナル対外関係ヲ蔵シ、慎重ナル取扱ヲ要スルモノアルニ付キ、各教師ハ個々ニ言動スルヲ戒メ、萬事教團ノ指示ヲ俟ツベシ。

出所：注5参照。

くて、やむをえず、心ならずも崇めるふりをしていたのではなくて、本心からだったのです。戦争が終わっても、それが間違いだということに気づいていませんでした。

(2) 第三回臨時教団総会

敗戦の翌年に開かれた第三回臨時教団総会の記録を見てもそのことは明らかです。(6) この総会で「全国基督教大会」の開催が決定されて、その大会の宣言文が起草されました。その冒頭には「我等ハ平和ノ福音ヲ信奉スル基督者トシテ灰燼ニ帰シタル帝都ニ立チ今更ノ如ク自己ノ使命ニ対スル不信ト怠慢トノ罪ヲ痛感シ神ト人トノ前ニ深甚ナル懺悔ヲ表明スル者ナリ」とあります。しかし、実際には、戦時中の指導部に対する責任追及は一切ありませんでしたし、新しく選出された三役も常議員たちも、すべて戦時中の教団指導者たちでした。治安維持法によって弾圧された旧六部・九部の教師たちに教団が辞職を勧告したことも「当時已ムヲ得ザル」事情であったということで片付けられました。米軍占領下にあって切り離された沖縄から代議員が送られてきていないことについても、記録には一切触れられていません。何よりも「天皇を神として拝んだ」ことの重大性の認識はどこにも見られません。私の父もこの総会の代議員の一人でした。

(3) なしくずし「民主化」

戦時中の天皇礼拝は「神のみを神とせよ」という第一戒に違反する罪だったのではないかと

いう問題は、ついに教団において戦後一度も公式に議論されることのないまま、隠されるかあるいは放置されてしまいました。大部分のキリスト者はずるずると方向転換して、明確な総括も悔い改めもないまま、本来の唯一神信仰に立ち返っていきました。天皇は神ではない、戦争は間違いだったということが、いつの間にか当然のこととされ、それならかつて天皇を神として拝みひれ伏した責任、全面的に戦争に協力した責任はどうなるのかということは、だれも触れようとしないまま隠されてしまいました。

ようやく一九六七年になって、当時の鈴木正久教団議長の名前で公表された、いわゆる「戦争責任告白」は戦争に協力した責任について明確にした貴重なものです。しかし、そこでは戦争に協力したことの責任が告白されているだけで「神でないものを神とした」罪については一言もふれられていません。これが一番大切な問題だったはずです。

（4）戦後責任

戦時下に戦争に協力したこと、あるいは天皇に屈服したことは誤りだったと私は思いますが、しかし、すでに述べたように、屈服した人たちを責めることはしたくないと私は思っています。人間は弱い者です。脅迫に屈することはあり得ることです。責めることができるのは、屈服しなかった人だけです。大切なのは、責めることではなくて、それが誤りだったと認めること、そして、なぜ屈服したのかを明らかにすることです。そうでなければ、また同じ誤りを繰り返すことになります。特に、それが「自発的服従」だった場合には問題は深刻です。

そういう意味で、戦争責任は重要な問題ですが、それと同時に戦後責任も同じように重要な問題だと思います。戦時下の誤りについて総括しなかった責任です。「屈服」であったのなら、それは「弱さ」の問題ですから、事情は明らかです。しかし「自発的服従」であったとすれば、問題は複雑です。私の父のように、熱烈な信仰者であって同時に天皇崇拝者であることが、どのようにして可能だったのか、あるいは「戦責告白」に反対した人々のように、大切なのは福音が正しく宣教され、聖礼典が正しく執行されることであって、戦時下の教会もその点では少しも間違っていなかったとする場合には、そのような福音の「正しい」宣教と天皇礼拝がなぜ両立できたのかを明らかにすることが必要です。

私の父も、内面的には悩んだこともあったのかも知れませんが、公的には、ついに一度も戦時下の天皇崇拝について反省の言葉も自己批判の言葉も述べたことはありません。いつの間にか、最初から民主主義者であったようなことになってしまいました。

3　良心的主体の形成と歴史総括

(1)「義認と聖化」の問題

伝統的な神学用語で言えば、おそらく「義認と聖化」の問題なのでしょう。信仰によって義とされた人間が現実の生活の中でどのように聖化への道を歩むのかという問題です。しかし、信仰によって義とされた人間が、天皇を礼拝することができた、しかも、そこに矛盾を感じずにできた、ということはどういうことなのでしょうか。矛盾は感じていた、心ならずも弾圧に屈服したのだ、というのなら分かります。そういう人もいたでしょう。しかし、私は、多くのキリスト者はそうではなかったと思っています。私の父を見ても、「令達第一四号」を見ても、あれは「自発的服従」であったとしか思えません。「屈服」だったというのは、後からの言い訳であって、本当は「神と天皇」と「二人の主」に仕えた、それも矛盾を感じずに仕えたのではなかったかと思われてならないのです。

それは、信仰によって義とされた「人間」の中に、あるいはそれと別に、まだ天皇を崇拝する「人間」が残されていたということではないでしょうか。つまり、信仰によって義とされたのは、全面的人間ではなかったのではないかという問題です。信仰は人間の根本的本質にかかわる一次的な問題であって、歴史や社会はその都度の具体的な、つまり偶発的な課題についての二次的な問題だという考えがキリスト教の中には根強くあります。旧約聖書の預言者たちはそのようには考えませんでした。現実の歴史と社会の中で神に従って生きることが問題であって、そのような現実の中で神に従わないことが罪とされたのです。

(2) 良心的主体の形成

神の前に立つ人間と歴史的・社会的存在としての人間を、いわば二元論的に、別な次元の問題として把握するところに問題があったのではないでしょうか。歴史と社会の中にあって神の前に立たされているのが、現実の私たち人間の姿ではないかと思います。その具体的な場で神の声に応答するのが「良心」であって、福音によって義とされるということは、まさにそのような良心的主体として、神の声に応えない人間が、恵みによって神の声に応える人間へと生まれ変わる、つまり良心的主体としての人間が形成されるということなのではないでしょうか。歴史的・社会的存在としての人間は別にして、歴史も社会も超えた永遠の人間の本質だけを「義認」の対象としたところに、あのような天皇への自発的信従の道が開かれたのではないか、というのが私の考えです。

現在の教団の状況を考えると、この問題は、今も、十分に検討しなければならない問題であると私には思われます。

（1）「国民儀礼実施の件」（『日本基督教団資料集』第二巻、241頁、一九九八年、日本基督教団出版局）。
（2）「興亜賛美歌」（『興亜賛美歌』一九四三年、賛美歌委員会）。
（3）「飛行機献金報告書」。
（4）「教会日誌」。
（5）「令達第一四号」（『日本基督教団資料集』第三巻、36―37頁）。
（6）「日本基督教団臨時総会議事録」（『日本基督教団資料集』第三巻、74―84頁）。

編注
〔1〕正確には「バアル」。イスラエル預言者たちの批判の対象となった異教礼拝のこと。

3　聖書とバッハとマルクス

全日本民主医療機関連合会一九九二年度北海道・東北ブロック新卒医師統一オリエンテーション記念講演の要約。『民医連医療』二四三号、二〇一一年三月、所収。

「聖書とバッハとマルクス」という、まことに奇妙な題ですが、先生方がこれから医療というたいへん重大な分野でお働きになるときに、もし何かのご参考になればということで、なぜ私がこんなことを考えるようになったのかということを申し上げようと思います。

人生変えた貨物船利用

私の父はキリスト教の牧師でした。ですから私は教会で生まれて教会で育つという、日本人としては大変珍しい育ち方をしたわけです。一九三四年の早生まれですから、敗戦の年が小学校六年生です。仙台の東二番丁小学校の六年生でした。仙台駅前にいましたので空襲でもちろん丸焼け、火の中を逃げて歩いた忘れられない思い出があります。小学校六年間毎日いっしょに学校に通った一番仲の良い友達も空襲で死にました。今でも彼の顔を思い出します。そして高校二年の時に父から洗礼を受けてクリスチャンになりました。

大学は東北大学の文学部で宗教哲学の勉強を致しました。ルドルフ・ブルトマンというドイツの二十世紀最大の宗教哲学者、神学者で、実存哲学とキリスト教の関係をもっぱらやった人のことを勉強しました。最初は私も牧師になろうと思っていたのですが、大学四年間勉強したら勉強が面白くなってしまって、結局牧師になるのをやめて、学問を商売にしようと思うようになっていました。そのまま東北大学の文学部で大学院に残って、宗教哲学を勉強してそれでメシを食うことになりました。

昔は大学院は修士・博士と分れていましたが、その博士課程の二年目になった時に、チャンスがあって、ドイツ政府留学生の試験を受けて、まぐれでパスしたものですから、ドイツへ行くことになりました。ブルトマン先生はまだその頃お元気でしたから、直接教えてもらおうと思ったわけです。ドイツへ出発したのは一九六〇年の八月です。三十何年前のことです。あのころはまだ飛行機はぜいたくな乗り物で、日本とヨーロッパの間には船が走っていて、船の方がずっと安かったのです。ですからヨーロッパへ留学する人の半分は船で、半分は飛行機で、カネのあるのは飛行機で貧乏なのは船でと、こういう時代でした。私もなるべく安い船をさがして、結局貨物船で行きました。そして貨物船で行ったことが、結果として私の人生を変えることになりました。

神戸を出帆してインド洋を渡り、スエズ運河を抜けて地中海へ出て、イタリアのゼノアに上陸してから汽車でアルプスを越え、ドイツへ行きました。神戸からゼノアまでちょうど一カ月かかるのです。もちろん真っすぐ行けば、いくら船でも二週間で行くのですけれども、何しろ一番安いというので貨物船に乗ったものですから、港々に寄っていくのです。荷物を下ろして、そこからまた荷物を積んでというぐあいに、ひとつの港に三日か四日泊まっていくのです。ですから一カ月かかるのです。おかげで私はアジア、インド、中近東の国々を、港町を中心にくわしく見ることができました。夜は船に帰って寝ればよいのですから、朝起きて船を降りて周りをぐるぐる見て歩いて、夜遅く帰ってくるのです。

ボンベイで見た現実

この「アジアの旅」で見たものが私の人生を変えてしまったのです。何を見たかと言いますと、一言で言えば「アジアの貧困」という現実にぶつかったのです。これはもう筆舌に尽くしがたい貧しさでした。一つ一つ申し上げると時間がありませんから、一番印象に残っていることだけ申し上げますと、ボンベイという町のことです。インドの西海岸、人口数百万人の大都会で、イギリスのインド支配の根拠地でした。そのボンベイに着いた時、前の晩、船の事務長が客を集めて、客と言っても貨物船ですから五人しか乗っていないのですが、説明をしてくれました。港に着く時には必ず前の晩に説明をしてくれます。「明日は何という港に着く、観光名所はどこどこで、お金は何という単位で一ドルいくらで両替する」という話をしてくれるのです。ボンベイでもそうでした。最後に、ほかの町と違って一つ付け足しがありました。「ボンベイは乞食が多いから気をつけて下さい。降りると乞食がワッと来ます。だれにもやってはいけません。一人にやるとみんなにやらなければならなくなるから、だれにもやらずに通り抜けなさい」と。「ああ、そうなのかな」と思って聞き流しました。次の日、いよいよボンベイに着きました。沖泊りでサンパンに乗って港まで行くのです。上陸して税関でパスポートを見せて、ビザのスタンプをもらって、ドアを開けて出たら、乞食がワッと来ました。来たことには驚きませんでした。「来る」と言われてましたから、「来たな」と思って身構えて、見て驚いたのです。まず数に圧倒されました。予想とはケタが違うのです。あれはワッと言うのではありません。ワワワーッと来るのです。何しろ何人いたでしょうか、七、八百はいたのではないでしょうか。港の広場は広いのですが、そこを埋めつくすような大勢の乞食が殺到してくるのです。愕然として立ち止って、見て、二度目に驚いたのは、あれは文学的に言うと「血が凍るような」と言うのでしょうか、その七、八百の殺到してくる乞食が一人残らず、だと思うのですから、冷静に見てはいないのですけれど、私の記憶では、一人残らず、いわゆる金髪碧眼の痩せこけて骨と皮、栄養失調餓死寸前、ボロボロの服を着て裸足の、五つ六つから十二、三でしょうか、捨てられた混血児たちです。それが骨と皮の手を突き出して「ギブミーマネー」「ギブミーマネー」、ワワワッと来るのです。もう立ちすくんでしまって歩けませんでした。だれにもやるなと言われていますので、気をとりなおして、かきわけかきわけ通り抜けたのですが、通り抜けたら、もう膝はガクガク頭はカッカ、観光気分など吹っ飛んでしまって、近くの喫茶店に飛び込んで、呆然とすわっていました。頭の中に浮かんできたのは「いったいイギリスはインドで何をしたのか」ということです。東インド会社設立は一六〇〇年ですから、ちょうど関ヶ原の合戦と同じ年です。以来三百年、イギリスはインドを植民地として支配し、搾れるだけの富を搾り上げた。あとに残されたのは、捨てられた餓死寸前の混血児だけと、そういうことなのか。しかも、それがキリスト教の国なのだ。これがその時の感慨でした。

深刻な四日間

その晩船に帰って、眠れないのです。明日また上陸するつもりですが、またあの乞食の子どもたちをかきわけ、かきわけして行くのかと。私は二五歳でした。牧師の家に生まれて、洗礼を受けて、キリスト教に関する学問をして、しかも勉強したのは実存哲学ですから、キルケゴールとかハイデガーとか、個人の魂の問題しか考えない、政治とか社会とか経済とか何も考えない、そういう学問をやってきました。ですから、私は二五歳まで、デモというものに一回しか出たことがありません。六〇年安保の年だったのですが、その六〇年安保に友達に誘われて一度デモに行ったことがあるだけです。まことにノンポリの非政治的な、かっこよく一言えば「魂の救い」だけ考えている青年だったのです。それが、あの乞食の子どもたちにぶつかって、その晩ひと晩、眠れずに甲板に上がったり降りたりしながら考えたのは「明日またあの乞食の子どもたちに会う。あの子たちに『神様を信じなさい、そうすれば救われます』と言えるか」という問題です。どう考えても「言えない」という答えしか出てこないのです。なにしろ自分は着るものを着て、食うものを食って、飢えた捨てられた子どもたちに「神様を信じなさい、そうすれば救われます」などと、これは口が裂けても言えないと思いました。言えるとすれば一つだけ言える時がある。それは、あそこで私が船を降りて、着ているものを脱いで分けてやって、あの子たちといっしょに暮らすのなら言えるだろう。しかし、じゃ降りるかといえば降りる気にはなれない。せっかくこれからドイツへ勉強に行くという時に、ここで船を降りてしまったんではどうにもならない。おまけに理屈をこねれば、降りたって何にもならないのも事実なのです。七、八百人の乞食の子どもたちに私の背広一着やっても何のたしにもならない、私の食うものを分けてやったって、ほんの一秒だって飢えが満たされるわけではないのです。だから降りるということは私の自己満足にすぎない。降りていっしょに暮らせば、あの子たちに「神様を信じなさい」と言えるでしょうけど、それでは、あの子たちの現実は何も変わらない。じゃどうすれば良いのか、答えは見つかりませんでした、その時は。悶々と、ともかくボンベイの四日間というのは、私にとっては、まことに深刻な四日間でした。そこまで二五年間身につけてきたキリスト教とか、実存哲学というものが、何の役にも立たないと思えたのです、その時は。今は私はそうは思っていませんが。ですから今でもクリスチャンであり続けていますが、あの時は、結局キリスト教だの実存哲学は食うに困らない人間の「魂の遊び」のようなものかと思えるほどに衝撃を覚えました。

血と汗の上の文明

そのあとアデンでも、ジェッダでも、カイロでも同じような経験を次々と重ねて、ドイツへ行きました。船で行って本当に良かったと思います。飛行機で真っすぐ行っていたら何も見ないでしまって、「ヨーロッパは良かった」とか「シャンゼリゼの何とかいうレストランはうまかった」とか言って帰ってくるのですが、船で行ったおかげで、いわば、だまされないですんだのです。あの光り輝くヨーロッパ文明というものが、三百年にわたる、このアジア・アフリカ・ラテンアメリカの血の収奪の上に成り立っているということ、あの何億という、それこそ有色人種の血と汗の上にヨーロッパ文明というものは成り立っているということに、初めて気づいたのです。うかつな話で、そんなことはちゃんと勉強していれば、なにもヨーロッパに行かなくても日本で分かることなのですが、なにしろ私は実存哲学などというものしか勉強していませんでしたから、アジアを船でまわって、そういう現実にぶつかってみて、初めて気がついたのです。

それでマールブルクという町へ行って、ブルトマンという先生のところで勉強しました。これは偉い先生でした。大学者ですし、ひじょうに謙虚な人ですし、そして戦時中もナチスに屈服しなかった数少ないドイツ人の一人です。ナチスのユダヤ人迫害を大学の講義の中で堂々と批判しています。そのために戦時中はナチス政府の監視下に置かれていました。ところが、そのブルトマン先生でさえ、ドイツの植民地支配の実態について、何もご存じないのです。もちろん私も知らなかったのですが、何しろボンベイであの乞食の子どもを見てショックを受けていましたので、ドイツに着いて最初にしたことは、イギリスはインドで何をやったのか、ドイツは植民地で何をやったのか、大学の図書館で調べたのです、植民地支配の歴史を。すごいことをやっています。今のナミビアがドイツ領でした。南西アフリカといってドイツの何倍とある広い所ですが、あそこを植民地として支配していました。当然独立運動が起きます。そうすると独立運動の指導者を逮捕して処刑するのですが、その処刑の仕方がすごいのです。見せしめのために町へ連れていって、強制的に町の住民を見物に引っ張り出します。みんなが見ている前で、道路に独立運動の指導者を縛って、何メートルおきかに転がしておいて、みんなの見ている前で生きたままロードローラーでつぶすのです。何人かつぶすと血と脂で空回りして走らなくなると書いてあります。すると砂をかけてまたやるわけです。もちろんドイツ人が特別に残酷だということではありません。日本も朝鮮でおなじようなことをしました。アメリカもベトナムで同じようなことをしました。植民地支配というものが、そのような民族差別と弾圧を産み出すのです。

実存哲学では答えはない

そういうものを私はドイツへ行って初めて読んだわけです。ですからブルトマン先生に「ドイツの植民地支配の歴史について何かご存じですか」とおそるおそる聞きました。そうしたら先生は、言下に「何も知らない。私は政治に関心はない」と、こうおっしゃるのです。そう言われても私には文句を言う資格はありません。ドイツへ着くまで私もそうだったのですから。ボンベイでショックを受けるまで私も政治に無関心でした。だけど、ボンベイの子どもたちを見てしまったあとでは、あるいはドイツのナミビア弾圧の話を読んだあとでは、「そうですか」と言って引き下がるわけにはいきません。ブルトマン先生には何も言いませんでしたが、「それでいいのだろうか」と考えました。ブルトマンが真面目に生きている、これは認めます。立派な人で良心的に生きている。だけどいくらブルトマン先生個人が立派に良心的に真面目に生きたとしても、先生が属しているドイツという社会は全体として、アジア・アフリカ・ラテンアメリカの何億という人の血と汗の上で繁栄しているのであって、その繁栄するドイツの中で豊かな生活をしながら「私は知りません、関心ありません」「私だけ真面目に生きていれば」というわけにはいかないのではないか。私にはブルトマンを批判する資格はありませんが、少なくとも、あのナミビアでロードローラーでつぶされた人たちの子どもは、許してくれないだろう。たしかにあなたがやったのではない。それは認める。あなたは真面目に生きている。それも認める。だけどドイツがやったのだ。ドイツがやったことについて、ドイツ人であるあなたは「責任がない」と言えるのか。ドイツ人であるかぎり、もし真面目に生きようとしたら、自分の国がそんなことをやっていることに文句を言わなければならないのではないか。「そんなことは止めろ」、「やるべきではない」と言わなかったとすれば、あなたがやったのではないけれども、あなたを許すわけにはいかないと言われるだろうと思いました。じゃ、どうすればいいのかということは、私に答えはなかったのですが、ともかくドイツで一年、そのことを考え続けていました。結局答えが見つからないまま帰ってきたのですが、ともかくドイツにいて、実存哲学では答えはないと思うようになって帰ってきました。

人間らしく生きる

私がおぼろに手探りで見つけた答えは、宗教とか哲学というものは、人間に人間らしく生きる道を教えようとしている、これが宗教だと思います。神様という超自然的なものを認めるか認めないかは別ですが、ともかく認めるにせよ、認めないにせよ、宗教というのは、人間がほんとうに人間らしく生きる、たとえば愛とか希望とか信頼とか、そういう中で生きなさいと、どうすればそのように生きられるのか、それを教えようとしているのです。哲学だって最後はそうだと思います。しかし、もし人間が人間らしく生きようと思ったら、自分が人間らしく生きるだけではだめなのではないか、やはり自分が属している社会が、人間が人間らしく生きられるような社会になるように努力をしないといけないのではないか、それを何もしないで仮に自分だけが人間らしく生きたとしても、実はいつのまにか、何億という人を踏み付けにして、その犠牲の上で生きていることになってしまう。それでは本当に人間として誠実に生きていることにはならない。これが私のドイツ留学のいわば結論でした。個人の在り方を社会の在り方と切り離すわけにはいかないと思うようになって帰ってきたのです。

日本とドイツの賛美歌

もうひとつ、ドイツへ行って私が発見したのはバッハなのです。実は私は、高校二年の時から、自分の教会でオルガニストをやっていて、礼拝でオルガンを弾いていますので、バッハについては高校時代から何回も弾いていますから、よく知っているつもりでした。しかしドイツへ行って新しいことに気がついたのです。それは今申し上げた植民地支配の問題と深いところでつながっていると私には思えるのです。

最初のショックは賛美歌でした。牧師の息子ですから、生まれた時から、私は賛美歌を歌いながら過ごしました。日本の賛美歌というのは、一曲や二曲はたぶんお聴きになったことがあると思いますが、たとえば「イエス君にまさる友や世にある」というのはどなたでもご存じのメロディです。大変美しい、おセンチな賛美歌です。私の心、私の悲しみ、私の嘆き、私の救われた喜び、そういうものを歌っています。大変美しいものです。嬉しい時、悲しい時、口をついて賛美歌が出てきます。私はなにしろ骨身にしみていますから。そして大学に入って合唱団に入りました。その東北大学の合唱団でバッハのカンタータというものを練習しました。これは難しい音楽で、すごい曲ですが、最後にドイツの賛美歌がくっついています。合唱があって、独唱があって、最後にコラールというドイツの賛美歌がついて終わるのです。そのコラールという賛美歌が、いいなあとは思うのですが、どうもどこか、私たちがふだん歌っている日本の賛美歌とは少し違うのです。何かもうひとつ違うのです。どんなものかちょっとお聴かせしますと、こういうものです。（CD演奏＝カンタータ第七二番の第六曲のコラール）。こういうのがコラールというドイツの賛美歌です。ずいぶん違います。日本のおセンチな賛美歌と比べて堂々として迫力があるのですが、何かちょっと近寄りにくい。「神の決めたことは必ず実現する」という歌詞です。「だから我々はそれを信じて従う」というふうな歌詞になっています。こういうコラールがカンタータには必ずくっついています。合唱団で歌っていて、「いいなあ」と思うのですが、どうも何か近寄りにくい、ちぐはぐな、日本の賛美歌とはどこか違うと思い続けていたのです。

そしてドイツへ行きました。クリスチャンですから日曜日に教会へ行きます。そうするとこういう賛美歌ばかりなのです。これがまた長いのです。こういうめんどうくさい旋律で延々と歌うわけです。三カ月ぐらい、どうにもなじめませんでした。そしてある日、忽然と気がついたのです。ずっと歌っていて、「ああ、これはお説教だ」と。賛美歌ではない、お説教だと。私は賛美歌というのは「私の気持ち」を歌うものだと思っていたのです。私の喜び、私の悲しみを歌うものだと思っていたのですが、ドイツの賛美歌はそうではない。旋律をつけてお説教してるのであって、つまり聖書に旋律をつけて歌っているようなものなのです。私の気持ちではない、キリスト教の言い方をすれば、神のわざがそこで述べられている。「神様はあなたを受け入れておられる」と宣言をしているわけで、「私の感情」を歌っているのではないのです。

「神があなたのためにこうした」という、そういう客観的な、二千年前ナザレという所で、イエスはこうやったという、その客観的な出来事を歌っているのです。ですから、ちょうど牧師が聖書について説教で解説しているように、賛美歌は聖書について音楽で解説をしている。結局は聖書解説なのです。日本の賛美歌はそうではなく、「私の気持ち」を歌っています。たいへん主観的な個人的なものです。ところがドイツの賛美歌というのはそうではない。客観的な、そしてそれをみんなで賛美する。共同の賛美歌であるということに気がついたのです。実は、気がついたのは私ではなく、ルターがちゃんとそう言っているのです。「牧師は言葉で説教する。会衆は賛美歌で説教する」とルターは言っています。それは昔読んだことがあって忘れていたのですが、それを思い出しただけなのです。ドイツの賛美歌というのは、もともとそういうものであったわけです。

職人芸身につけ育つ

そのことに気がついて、あらためてバッハの音楽を考え直しました。バッハの音楽というのも、実はそういう問題を持っています。元来、バッハという人は職人の息子です。これはバッハの音楽の大きな特徴なのです。バッハの親父さんは町楽士で、アイゼナッハという町に雇われて、町の音楽職人でした。町楽士というのは、日本で言えばお寺の鐘突き番です。朝・昼・晩と町役場の塔の上から時間を知らせるトランペットを吹くのが町楽士の仕事でした。各家庭に時計がありませんから、塔の上からトランペットでコラールを吹き鳴らして時間を知らせました。それから消防もかねていました。いつでも塔の上にいて、町の中で火事が起こるとまたラッパを吹くわけです。それから中世ですから、都市は襲撃されます。都市は豊かですから、山賊がいて都市を襲います。それを見張っていなければなりません。バッハのお父さんがアイゼナッハの町当局と交わした就業契約が残っていますが、それにこのような職務がくわしく規定されています。さらに、これも本業ですが、日曜日には教会で礼拝の音楽の伴奏をするわけです。トランペットやヴァイオリンを弾いて。職人ですから徒弟がいます。それを養成しているのです。バッハはこういう職人の息子でした。ですから職人芸なのです。何百年という伝統のある職人一家で、先祖には何十人という親方職人がいます。ですから音楽はどういうふうに作るのか、べつに習わなくとも子どもの時から身についています。そしてあらゆる楽器を弾きます。ヴァイオリンであれチェロであれ、トランペットであれフルートであれ何でも弾く、職人ですから。独創的芸術家ではないのです。ちょうど今の日本で言えばこけし職人のようなものです。こけしを作る人、薪の棒を持ってきてロクロでダアッとやると、きれいにこけしができます。べつに個性のある芸術的なものではない、しかし何百本ときれいに同じものを作る、素人には絶対にできません。ああいうものです。個性のある音楽ではないのですが、礼拝の音楽といえば、それらしい音楽をいくらでも作ってくれる。そして塔の上から吹く音楽なら、これまたいくらでも作る。町でお祭りの時には、踊りの音楽を演奏して町の人を踊らせるわけですが、そのダンスの音楽はいくらでも即興でどんどん弾いていく。そういうのが職人というものです。

ですから、職人の技術というものは、芸術というような個性的なものではないのですが、社会のみんなが安心して認める、共有財産です。共同性を持っています。そうでないと職人は成り立ちません。あんまり個性的なこけしなんか作ってしまって売れなかったらどうにもなりませんから、やっぱり社会の趣味に合わせないと職人というのは成り立ちません。あんまり独創的ではだめなのです。ですから共同性があって、そしてそれは思いつきではありません。長い歴史の積み重ねがある、客観的な理由があるのです。そういうものを持っているのが職人芸というものです。バッハはそういう職人の息子で、そういう職人芸を身につけて育ったのです。

ですから若い頃のバッハは、そういう職人的な音楽を作っていました。若い時のバッハの音楽というのはほとんど残っていませんが、三〇数曲、一五、六歳のバッハが作った曲がありす。それをちょっとお聞かせします。ごく短いものです。たとえば「キリストはわが命」という、これはコラール前奏曲です。（CD演奏＝BWV1112, POCL9024）。まさにワンパターンそのものです。べつにバッハの個性はどこにも出ていません。たとえばバッハの少し前のパッヘルベルの曲と区別がつきません。あるいはヘンデルの先生でツァハウという人がいますが、ツァハウのオルガン曲とパッヘルベルと、この若いバッハの曲と並べて聞かせて、区別はつかないと思います。ワンパターンの職人芸で、しかし素人には決して作れない高度な技術で作られたコラール前奏曲です。バッハもこういうものをいくつも作っています。

芸術に目覚め変身

ところが一八歳のバッハが突如変身するのです。突然、芸術に目覚めて、こういうワンパターンでは満足できなくなるのです。もっと個性的なバッハらしい音楽を作りたいと考えるようになります。そのきっかけになったのは、リューベックのブクステフーデという大音楽家ですが、その人の刺激でバッハは、こういうワンパターンの職人的音楽に満足できなくなって、そしてある日、こういう演奏をしたのです。これは賛美歌の伴奏です。(CD演奏＝BWV 715, POCL9020)。アルンシュタットという小さな人口一万人ぐらいの町の教会です。集まっている町の人たちはびっくりしたでしょう。これには、みんながやっと「アライン・ヨット・インデル・ヘーエ」と歌ったとたんにジャラジャラジャラジャーとすごいパッセージの間奏が入ります。そしてまた「ザイ・エール・ウント・ダンク・フュア・ザイネ・グナーデ」といくとまたジャラジャラジャラジャーと間奏が入って、いったいどこから歌って良いのかわからない、最後には現代音楽でも顔負けのような複雑な和音で、音が八つになります。右手で四つ、左手で四つ弾いて、足をつけて九つ、ジャジャジャジャーと、弾き終わった時バッハは気持ち良かったでしょう。「ザマ見ろ、どうだ」、「聞いたか」というようなものではないでしょうか。しかし早速その日のうちに、教会の聖職者会議にバッハは喚問されます。アルンシュタット聖職者会議議事録に、バッハが詰問されて「今日のオルガンは何であるのか。あれではだれも歌えない。今後はもっと分かりやすく、歌えるように弾くこと」と怒られたことが記録されています。つまり、ここらあたりにバッハの、職人芸で与えられたものを、与えられた技術でサッと弾いて、みんなの共有財産でだれでも納得してくれる、そういうものから抜け出そう、自分の個性、自分の独創性というものを訴えようとしている、そういう努力がよくうかがえます。こういうものが何曲か残っています。

職人でありつづける

さて、しかし、それならバッハは、このまま芸術家の道をひた走って、職人芸に別れを告げたのかと言いますと、そうではないのです。そして、それがバッハという人の巨大さを産み出したのです。

職人芸を克服して芸術家としての個性的創作に足を踏み出したのですが、バッハは決して職人であることをやめようとはしません。それには、もちろん当時の社会的条件からくる制約もありました。現実には、どんなに芸術家ぶってみても、当時の神聖ローマ帝国の中では、音楽家はだれかに雇われて生活するほかに生きる道はなかったのです。ワイマールの殿様のおかかえオルガニストとして、次にはケーテンの殿様の宮廷音楽家として、最後はライプチヒの教会のおかかえのカントール（合唱長）としてバッハは生涯を過ごします。芸術家が自立して、自分の作品の出版と演奏会の収入だけで生活できるようになるのは、モーツァルトが貧困と死という犠牲を払って手に入れるまで待たなければ不可能な時代でした。

しかし、それだけではなく、おそらくバッハ自身の心の中に、芸術家として自分の作りたいものを作り、自由な創作において独創的で個性的な音楽を作ったなら、それは教会の承認する客観的な真理としてのキリスト教から離れた主観的なものになり、他方では民衆から切り離された、共同性を失った単なる個人的音楽になるのではないかという考えがあったのだと思います。その点でバッハは最後まで職人であり続けたのです。職人としての町楽士の息子であったバッハにとって、音楽とは町の公共の仕事であって、市民に時間を知らせ、火事を知らせ、敵を防ぎ、町のお祭りで市民に踊る喜びを提供し、共同の礼拝で会衆の歌であるコラールを演奏する、それこそ音楽だったのです。つまり、音楽は単なる音楽家の個性や独創性の発現にはとどまらず、もっと共同的な、そしてキリスト教世界においては、神の客観的な恩寵の告知として客観性をもった出来事なのです。現代的に言えば、音楽は天才個人のものではなくて民衆のものだと言っても良いでしょう。職人の息子であったバッハにとって、音楽が民衆から離れてしまうことには耐えられなかったのではないかと思われます。

その具体的な表われが「コラール」と「踊り」でした。礼拝のコラールとお祭りの踊りこそ職人音楽家の晴れ舞台なのです。音楽が客観的な神の恩寵と民衆的な共同体に密着していることのしるしがそこにありました。だからこそバッハは生涯「コラール」と「踊り」を手放しませんでした。最高に複雑な音楽の中にいつのまにか踊りのリズムが生き生きと脈打っていたり（CD演奏＝カンタータ一九九番の第八曲のアリア）、難解きわまるアリアのうしろからオブリガート楽器による単純素朴なコラールの旋律が響いてきたりします。

共同性や客観性への問いかけ

コラールの引用で一番有名なのは「マタイ受難曲」の冒頭合唱です。これは複合唱で、何十人という合唱団が二つあって、両方でかけあいをやって、オーケストラがついて、とてもアマチュアの合唱団で歌いこなすのは大変困難な曲なのですが、その合唱の中に少年聖歌隊がいまして、これが両方のかけあいの中で朗々とコラールを歌うのです。「神の子羊われらのために死に給えり」という、その「オー・ラム・ゴッテス・ウンシュルディヒ」というのを歌います。今と違って演奏会をやるわけではありません。キリストが十字架にかかった聖金曜日の午後、教会でやるのです。これには信者は全部来なければいけません。社会の全員が信者なのですから、すべての人が聴くわけなのです。音楽の好き嫌い関係なしです。ですから、その中でこんな難しい合唱をやられても、集まってきた町の人たちにはチンプンカンプンなのですが、その真ん中にこのコラールが朗々と響くと、「ああ、バッハ先生はこのおれたちの歌にああいう音楽をつけたのだ」と、つまり周りのバッハの音楽は注釈で、真ん中のこのコラールが本体なのだ、ということが分かる、そういう作りになっているのです。ですから、バッハの個性と独創性、主観性と芸術性が、いわば市民の教会の客観性と共同性に、きちんと組み合わされた、そういう音楽になっているのです。おまけに歌っているのが町の子どもたちです。「ああ、あそこの肉屋の息子だ」とか「八百屋の子どもが歌っている」ということになります。子どもたちがトマス学校の寄宿舎に入って、そこで訓練されて、ボーイソプラノでコラールの旋律を歌っているのです。町の人には親しみのある聖歌隊なのです。これは長い曲ですけれど、一度お聴きになって下さい。（ＣＤ演奏＝マタイ受難曲、BWV244, 第一曲）。これが「マタイ受難曲」の冒頭合唱です。ＣＤでお聴きになったのではよく分からないのですが、実演を見れば、複合唱があって複オーケストラがあって、真ん中に少年聖歌隊がいます。これが今のコラールを一行ずつ歌っていきます。見ていれば一目瞭然、全体はコラールについての音楽的注釈であるということが分かります。これだけ面倒臭い音楽ですが、ライプチヒの町の人たちは、安心して聴けます。「これは、われわれの知っている音楽だ。バッハが勝手に作ったのではなくて、われわれが先祖伝来何百年と歌い継いできた音楽にバッハ先生がいろいろと説明をつけただけで、基本的には個人の思いつきや主観性でできた音楽ではない」ということがよく分かる仕組みになっています。このあとも独唱やら語りやら何やらいろいろあって複雑なのですが、これまた要所要所に単純な賛美歌が出てきます。（ＣＤ演奏＝マタイ受難曲第七〇～第七二曲）。こういうのがバッハの音楽の全体的な構造です。

こうやって私はドイツに行ってコラールに触れてみて、初めて、バッハの音楽がもう一度あらためて見えてきたような気がしたのです。主観性、個性を客観性や共同性とどうひとつにしていくのか、それがバッハという人の音楽で、ですからバッハの音楽は今われわれが聴くと、われわれが失った共同性や客観性への問いかけになっている。「あなたはいったいどこに共同性を持っているのか」と、ひとりで、ばらばらになっている現代のわれわれに対して、その存在の客観的根拠を失ったわれわれに対する問いかけになっている。客観性と共同性を土台として、その上に最高の個性と主体性を展開するところにバッハの音楽の魅力と現代性があるというふうに思うようになったのです。

人間が主人公になる社会

それで結局その二つの体験を、つまり植民地体験というものを通して、「個人の幸せだけを考えていてはだめなのではないか、社会の在り方というものを考えよう」と思うようになったのと、バッハの音楽を通して、「個人の主観性、個性というものを客観性、共同性とどうやって結び付けるのか」という問題と、この両方を考えるようになって帰ってきたのです。帰ってきてドクターコースの途中に復学しました。国立大学で隣りが経済学部ですから、帰ってきた次の日から、文学部のほうは必要単位にとどめて、隣りの経済学部にもぐりで、授業料を払わずに経済原論から全部聞きました。それまで個人のことしか考えたことがなかったのですが、貧困とか搾取とか収奪がなぜ起こるのか、原因が分からないと除きようがありませんので、経済学の勉強をしようと思ったわけです。

いろんな勉強をするうちに、やっぱりマルクスという人が、資本主義の仕組みの中で、なぜ貧困とか搾取とか収奪というものが起こるのかということについて、一番正確に明らかにしていると思うようになったのです。特にマルクスを読んでみて一番共鳴したのは、マルクスが「人間の解放」、具体的には資本に支配されふりまわされる人間ではなく、人間が主人公になる社会、人間が中心になるような社会というものがどうやったらできるのか、なぜそれが失われたのかということを一生懸命考えている、そこに共鳴したのです。その結論として出てきたものが全部現在でもそのまま通用する正しい結論だとは言えないかも知れませんが、にもかかわらず、マルクスの基本的な目のつけどころ、「この資本主義という社会構造が人間を疎外している、そこから人間を解放しなければいけない。人間が本当に主人公になれるような社会はどうすれば作れるのか」ということを考えようとした、その点に大変共鳴したわけです。そういう社会を作ることの中でだけ、一人一人の人間も人間らしく生きられるようになるだろうと、そう思うようになったのです。

米ソでの実験

それで以後三〇年、宗教哲学と経済学とふたまたかけて勉強しています。宗教哲学の論文も書きますし、先年完結した新日本出版社の『資本論』の全訳にも、ほんの一部分だけですが協力しました。

「人間が主人公になる社会」というものには、近年では二つの実験があったわけです。一つはアメリカで、一つはソヴィエトで、それでどちらも失敗したわけです。ソ連が失敗したことは目に見えています。ソ連では、乱暴な言い方をすれば、人間の経済的平等ということはある程度実現したのですが、自由を束縛してしまった。だから倒れたわけです。アメリカは逆に自由は実現したけれども、その自由が結局はあのロスアンゼルス暴動に見られるように不平等というものをますます助長する、自由競争ですから強い者が勝って弱い者が負ける、その自由が不平等をますます助長していっている。ですから結果としては自由世界でありながら「生存の自由」という一番大事な自由が実現できなくなっている。アメリカとソ連という二つの貴重な実験を人類はやったのですが、二つとも結局、人間が主人になるような、そういう社会にはなれなかったのです。それで二一世紀に向かって、アメリカ型でもない、ソ連型でもない新しい社会というものがあるのかどうか、作れるのかどうか、今われわれは実験の最中なのだと思います。人間が本当に主人公になれるような、資本の奴隷でない、あるいは官僚制度の奴隷でない、本当に国民が、人間が、社会の主人公になるような、そういう社会ができるのかどうか、それを今われわれは手さぐりで実験をしているところではないかと思います。

　社会主義は独裁になるので人間の主体性は実現できない、という考えがあります。たしかにソ連では実現されませんでした。それは事実だと思います。しかし同時に、ではあれが共産主義や社会主義のすべてかと言うと、そうではないと私は思います。マルクスにもどって読んでみると、マルクスという人はやっぱり個人の主体性が本当に、すべての人に実現できる社会というものを共産主義と考えているのです。それをどうすれば実現できるかについては、かなり面倒な問題がありますが、しかしマルクスが理想とした社会は、今のソ連のような社会でなかったことははっきりしています。「私の自由が万人の自由を保障し、万人の自由が私の自由を保障するような」、そういう個人の主体性がすべての人にとって実現できるような社会こそマルクスの追及したものであったということは間違いないと思っています。それをどうすれば実現できるのかについては、マルクスはあの時代の条件の中で、いろいろと考えた。それは今そのまま当てはまらないところもあると思います。時代が変わっていますから、これは、今われわれがマルクスの考えたことを出発点にして、さらに発展させて、自分で考えなければいけない問題なのだと思います。

主体性の発揮が不可能

ソ連でなぜ実現できなかったかというと、一つの問題は官僚主義の経済運営にあったわけです。ひと握りの官僚が国民の合意なしに生産を全部管理してしまう。だから個人の主体性なんて発揮されようがないのです。もう一つは秘密警察です。秘密警察というものがあって、個人を全部監視していました。ですから主体性の発揮など不可能になってしまいました。これは、スターリン型の、つまり権力を国民の権力としないで、共産党の一党独裁という歪んだ形にし、さらに個人に権力を集中した、その歪みが、その権力を維持するために秘密警察を必要としたのです。独裁は必ず秘密警察を必要とします。社会主義が必ず独裁になる理由はないのであって、スターリンの独裁が秘密警察を生んだのです。やっかいなのは計画経済です。これは社会主義に限らず資本主義であっても巨大に発達した生産力は必ず一定の計画を必要とするわけですが、個人の自由にまかせずに、計画経済にすれば、結局その計画をだれが立てるかが問題です。ソ連では、共産党の一党独裁による一握りの共産党官僚がすべての計画を握っていました。そうすれば、ほかの人は管理されるだけです。そうすると主体性は失われます。資本主義では、財界の使用人である政党と官僚が財界のための計画を立てるのですから、国民が疎外されている点は同じなのですが、それが自由競争の土台の上で行われていますので、国民には気づかれず、国民は自分の身のまわりの小さな世界では自由に自分の主体性に基いて生きているように思い込んでいるのです。ですから、計画経済という時の最大の問題は、計画を立てる人たちを本当に民主的に国民が選び、それを監督するということがないと、個人の主体性が露骨にかあるいは無自覚のうちにか、いずれにせよ抑圧されていく危険性があります。それをどうすればできるのか。小さな地域なら簡単ですが、何億人という巨大な社会で、計画を立てる人をわれわれが選挙で選べばよいと言ってみても、実際に今の国会を見れば、選挙で選んでも少しも国民の意志を反映していませんので、同じことになる危険性はあると思います。だから、どうすればそこのところが本当に民主的に「国民が主人公である」という形で計画を立てることができるのか、うまい答えはまだ見つかっていないと私は思っています。しかし、われわれが自分で作っていく世界ですから、個人の主体性を失わない、みんなの主体性が実現できるような世界というものを作れるし、その作る道をわれわれは今探しているのだと思います。

成熟した政党

現実の問題として、そういう問題を、マルクスの理想を引き継ぎながら、同時にマルクスをそのまま教条主義的に守るのではなくて、マルクスの間違いは間違いとして認めて、現実を分析して、できることを一つずつやっていこう、いきなり夢の実現を求めるのではなく、そういういわば科学的なやり方で模索をしている、相対的に見て、一番いまの日本の政党の中で正しい道を進んでいるのは、日本共産党だと、私は思いました。そこでしばらく前から私は日本共産党の後援会の会長をしています。共産党のほうも「クリスチャンでいいです」と言います。共産党は政党であって、日本の政治をどうするのかという点で一致できるなら、哲学が違ってもいいとはっきりと言っているわけです。

現実に今の日本の社会をどうするのか、さしあたり資本主義でいこうと共産党は言っています。真っすぐに社会主義に行くほどには社会は熟してはいない、資本主義でいいから、もう少しその資本主義を野放しにしないで、国民の利益になるように規制しよう、たとえば一週間の労働時間は三八時間あるいは三六時間、こういうことを規制していこう、大資本に対しては一定の累進課税をしよう、その中から労働者の生活を守るような政策をやっていこう。そしてアメリカの言いなりにならない、自立した外交政策、安保〔編注：日米安全保障条約〕を破棄し、軍事費を削り、福祉と教育に重点を置き、非核政策をとる、そういう政策で賛成できる人は、いっしょにやろう。哲学が違ってもかまいません、われわれは政党だから、というふうに共産党が言っているわけです。これは大変成熟した党だと私は思っています。ですから私がキリスト教の信仰を捨てないままで、クリスチャンのままで同時に共産党員であるということが可能な、そういう珍しい共産党なのです。これが本来なのでしょうけれども、実際にはこんな共産党は世界中にどこにもありません。みんなスターリン型の、教条主義の党ばかりなのですが、日本共産党は違います。

ソ連共産党が解体したのだから日本共産党も解散しろという人もいますが、それはおかしいと私は思います。ソ連共産党は社会主義の道をふみはずしたから崩壊したのです。社会主義思想そのものが間違っているわけではありません。世界中の共産党がソ連に追随して同じ過ちをおかしました。日本共産党は途中でその過ちに気づいて、きっぱりとソ連共産党と絶縁して、社会主義本来の精神を独自の方向で発展させようとしています。自由のある社会主義、民主主義の守られる社会主義を目指しているわけです。ですから私も日本共産党の後援会長をやっているわけです。

もちろんキリスト教と共産主義と、私の中で一つになっているかと言われると、完全に一つになっていない部分があります。しかし、やっぱり現実の問題として、キリスト教というものが二千年追いかけてきた、追い求め続けてきた、人間の人間らしい在り方、つまり互いに愛しあい、希望の中で、信頼の中で生きる、それがどうやればできるのかというと、それは私の心だけではできません。そんなことをやらせないような社会の仕組みになっているわけですから、その社会の仕組みを、そういうキリスト教が追い求めてきたような人間らしい生き方ができるような社会の仕組みに変えるように努力をしなければいけない。いっぺんには変わりません。そして人間は有限な存在ですから、完全な社会というものは実現不可能かもしれません。それはユートピアです。しかし、それに近づくように、今可能な一歩前進はどうすればできるのかということを考えることはできます。それについては、私はマルクスから学んだ、そして日本共産党から学んでいるわけです。そういう形で、要するに個人の在り方と、社会の在り方を切り離さずに考えよう、バッハ風に言えば、個と主体性というものを客観性と共同性と統一して表現できるような、そういう道というものを手探りでさがしています。

個の幸せと社会の在り方、これは先生方がこれから医者として歩む道と似ているのではないかと思います。個人の命を救わなければならないのですが、個人の命を救うためにはどうしても社会の医療政策とか医療機構というものと関わらざるを得ない。そこを抜きにはどんな名医だって治せない。治そうと思ったら保険の点数がどうのこうのと言われて、これを治していたのでは経営がなりたたないということが起こってくる。ですから医療というものは否応無しに、個人の幸せを実現しようとすると、社会と関わらざるを得ない、そういう場面に先生方は立っておられる。またこれから立つことになるのだと思います。そういう時に、私のようなつまらない人間の体験ですが、先生方とは少し違う世界の人間ですが、しかしある意味では同じ問題をかかえているのではないか、個の幸せを社会の在り方と切り離さずに考えざるを得ない。そういうところにある共通の問題点があるのではないか、と思いまして、もし何かのご参考になればと、こんな話を申し上げた次第です。

4　歴史を背負って生きるということ

二〇〇三年一二月三日同志社大学キリスト教文化センターチャペル・アワーでの奨励記録。『月刊チャペル・アワー』二四七号、同志社大キリスト教文化センター、二〇〇四年六月、所収。元のタイトルは「さあ、歌いましょう」。

さて、重い皮膚病を患っている人が、イエスのところに来てひざまずいて願い、「御心ならば、わたしを清くすることがおできになります」と言った。イエスが深く憐れんで、手を差し伸べてその人に触れ、「よろしい。清くなれ」と言われると、たちまち重い皮膚病は去り、その人は清くなった。イエスはすぐその人を立ち去らせようとし、厳しく注意して、言われた。「だれにも、何も話さないように気をつけなさい。ただ、行って祭司に体を見せ、モーセが定めたものを清めのために献げて、人々に証明しなさい。」しかし、彼はそこを立ち去ると、大いにこの出来事を人々に告げ、言い広め始めた。それで、イエスはもはや公然と町に入ることができず、町の外の人のいない所におられた。それでも、人々は四方からイエスのところに集ってきた。（マルコによる福音書　第一章四〇―四五節）

はじめに

おはようございます。川端純四郎です。仙台にもこちらと同じキリスト教主義の東北学院がありまして、そこにキリスト教学科の牧師の養成コースがあり、そこで三十五年間、宗教学・宗教哲学を教えていましたが、四年前に定年で退職しました。今は自由の身です。

父も母も同志社大学の出身ですから、生まれた時から One Purpose〔編注：同志社カレッジソング〕を聞きながら育ち、何となく同志社大学に親近感があります。私は同志社で学んだことはないので、入学しない同窓生のような感じです。そして、教師として三十五年働いて、やはり、「良心の全身に充満する人間を育てる」のが教育の根幹であるという点で、終始新島襄に共鳴し、尊敬をしてきました。また、日本キリスト教団の常議員という、教団運営の責任を三十年ほど持っていて、さまざまな問題の中で同志社の精神や、組合教会の精神である会衆主義が、現在の教会政治の精神においてどんなに大切かということを骨身にしみて味わい、同志社というものに大変親しみを感じながら、こうしてお話ができることを楽しみにしておりました。

大学は仙台の東北大学で、文学部で宗教学・宗教哲学を勉強していました。学生の皆さんはそうであると思いますが、大学に入って二、三回生はぜんぜん面白くないのです。大学は楽しいのですが授業は楽しくないのです。私もそうでした。けれども不思議なことに、四回生の夏頃から急に勉強が楽しくなるのです。もっと勉強しておけばよかったと思って卒業するのです。私も四回生の中頃から急に勉強が面白くなりまして、私の場合は面白い度合いが過ぎまして、このまま卒業するのはしゃくだ、やっと勉強がしたいと思い始めたのに、と思いそのまま大学院に残り、学問を商売として一生を過ごすことになりました。キリスト教学科の教員でありましたが、牧師ではなく信徒で、キリスト教に関する学問をしたというだけのことです。信徒として、教会学校の先生をしています。今も毎週子どもたちに、聖書の話をするのが私の神様から預かった仕事だというふうに思っています。

ドイツの山中で出会った学生

東北大学の大学院に残って、四年目にドイツへ勉強をしに行きました。ルドルフ・ブルトマンという二十世紀の聖書学者のことを勉強していましたが、私が勉強していた頃は、ブルトマン先生はお元気でいらっしゃったのです。一九六〇年で、とっくに定年を過ぎていたので八十歳近かったと思います。私はブルトマン先生の授業が聞けないのはわかっていましたが、お元気だということで一度お顔だけでも見たいと思い、四十四年前に初めてドイツへ行きました。ドイツのマールブルクという山の中の町へ行きました。駅に着いたら、外国人係の職員の方がお迎えに来ていて、下宿は見つけておいたから連れていってやると言われ、下宿先のおばさんに挨拶を言ってから、部屋に行ってトランクを空け、ざっと片付けて、町に行ってみようと思い、外へ出てみました。少し歩いたら日本人に会いました。嬉しくて声をかけました。今はそんなことはしません。現在日本人とコカ・コーラは世界中のどこにでもあるといった感じです。四十四年前は外国で日本人に会うということは大変珍しいことでした。ドイツの山中のマールブルクで、小さな大学町の中で日本人を見つけて、声をかけたのです。

「こんにちは、日本の方ですか。私は今日こちらに着いた所です」すると、その人は私をじろっと見てふっと横を向いて行きました。「あー、しまった」朝鮮の人か、中国の人か、ともかくアジアの人だと思い、日本語で話しかけたのが悪かったなと思いました。それから、二、三日経ってまた彼に会いました。何しろ小さい町です。住民の半分は学生といったような町なのです。中心の道も一本しかないので、そこを歩いていれば誰かに会うのです。

そしてその彼に今度は、ドイツ語で挨拶をしました。「グーテンターク（こんにちは）、私は日本から来ました。アジアの方ですか?」ところが終わりまで言わせてから、彼は、ふいっと横を向いて行ってしまいました。その瞬間、私のドイツ語が下手で通じなかったと思いました。けれども、五、六歩歩く内に「そんなはずはない、『グーテンターク』これが、通じないはずがない」、何度考えても文法は間違ってないし、発音だって東北大学にはドイツ人講師が来ていて、ゼミも講義も取っていましたから、そうひどい発音ではなかったと思います。「だとするとわかっていたんだ。わかって知らんふりしているんだ。随分失礼な人だなあ」と思い、三分ぐらいして腹が立ってきました。

それから、数日経って、すでに日本人の方が何人か大学に来られておられ同志社の方もおられましたが、その中のある人に、よく来たと歓迎されてビールを飲みながらその話をしました。「ああ、あの人は中国人らしい。どうも日本人が嫌いらしく、俺も全然付き合っていない。だから、気にするな」と言われました。その時私は、そんなものなのかなあと思いました。

私は貧乏留学生ですから、食事は毎回学生食堂で食べます。ドイツの学食はとてもいいのです。安くておいしい物を食べることができます。ドイツの大学は大変威張っていますので、学生食堂とは言いません。ラテン語で「メンザアカデミカ」と言います。意味は学生食堂ということです。そのメンザというところで毎日食べるわけです。時間がずれますから、毎日彼に会うわけではないのですが、週に二、三度は会います。私は至って愛想がいいので、会う度に「グーテンターク」と言い続けました。けれども絶対に返事がないのです。二、三度無視されると意地になってきて、返事をしてくれるまで挨拶してやろうと思い、顔を見るたびに「グーテンターク」と言っていました。そのうち、挨拶されるのが嫌なのでしょう。私を見ると、遠くから逃げていくようになりました。こっちも遠くから手を振って、「グーテンターク」とやるのですが、絶対に返事をしてくれません。三カ月ぐらい挨拶を続けました。九、十、十一月とクリスマスが近くなった頃、また食堂で会いました。どうせ返事をしないのですから、気楽に「グーテンターク」と言うと、にやっと笑い「グーテンターク」と返事をしました。逃げて歩くのが、面倒になったのです。返事をしないことにはいつまでも挨拶されるのですから。後はみるみる仲良くなり、一緒にご飯を食べたり、散歩をしたりするようになりました。

戦争時の告白

仲良くなってから一、二カ月が過ぎた頃に、「豆腐が手に入ったから、食べさせてあげるから、食べにおいで」と招待してくれました。「どこでその豆腐を手に入れたの」と聞くと「アムステルダムだ」と答えました。アムステルダムで豆腐がすぐに手に入ることを知っている方は、アジア近代史に大変詳しい方ですね。つまり、インドネシアという国は、第二次大戦が終わるまでオランダの植民地であったのです。百五十年間オランダが支配していました。私の子どもの頃は蘭領インドネシア、蘭印と呼んでいました。そのためインドネシアの人は、ヨーロッパへ行く際にはまずオランダに行くのが便利であったのです。その当時は、オランダへ行くにはビザもパスポートもいらなかったのではないでしょうか。だから、アムステルダムには当然インドネシア街があるのです。そこへ行けば、アジアで食べる物は何でも手に入るわけです。そういう仕組みで買ってきたということでした。

その時、明日来いと言われたと思うのです。ともかくその日ではありませんでした。その晩、下宿に帰ってちょっと迷いました。豆腐は好きなのですが、行けば、どうして日本人が嫌いなのかという理由を聞かされるだろう、きっと嫌な話に決まっています。戦争中に日本人にひどい目にあわされたなどといったことを聞かされるだろうと、少し迷いましたが、豆腐の魅力に負けてしまい、結局お土産を持って出かけました。

彼は大きいアパートの三階に住んでいました。男の料理でマーボー豆腐とワインを飲んで歌い、夜中の二時ごろまで彼は何も言いませんでした。私はほっとして、思い過ごしだなと思い楽しく過ごしていました。そして、「とても楽しい夜でした。招待に感謝します。これで失礼します」と言って帰ろうとした時に、玄関で握手しました。その手を彼はいつまでも離そうとしないのです。顔を見たら、彼は少し緊張した表情で、「実は……」ときました。私はきたなと思いました。やっぱり言うつもりで私を呼んだのです。ところが、あまりにも話が進んで切り出しそびれてしまって、帰る間際になったのです。このまま帰したら、豆腐の食い逃げですからね。最後に話し出したのです。後は、握手しながら一気に言いました。

「私の父、母、兄、姉は私の目の前で日本兵に殺されました。」

そういうたぐいの話であろうと思っていましたが、面と向かって握手しながら言われても、どうすればいいのかわかりません。言葉が自由ならなんとかなりますが、不自由な外国語で、進退きわまったというのはこういうことですね。もちろん私もずるいですから、前の晩に作文をしていきました。何か戦争のことでひどいことがあったんだ。だから、何か言わなければならない。「日本が中国に対して行った戦争は、日本の犯罪であったと私は考えている。二度と日本がアジアに対して、戦争をしないように努力をする決意である」といったようなことをあらかじめ考えていきましたので、作文した通りに言おうとしたのですが、一言二言、言おうとした時に彼は、「何も言うな。聞いてもらって感謝する」と言いました。「日本人が嫌いだから友達になったことはない。お前が日本人で初めての友達だ。聞いてもらって感謝する」と言って、握った手をやっと釈放してくれて、ほうほうの態で逃げ帰りました。その晩下宿に帰って、なかなか寝つけませんでした。私の最初の反応は、私がやったのではない、という反応です。多分、皆さんも中国の人に言われたら、そう思うと思います。私がやったわけではない。日本が戦争に負けた年、私は小学校六年生でした。ですから、戦争のことをよく覚えています。空襲で丸焼けになった中を逃げ歩いた被害の感情はありますが、中国人を殺したというようなことは私の家族も私もしていません。しかし私がやったのではないと言えば、彼との関係はもうおしまいだろうなと思いました。彼は間違いなく、「そんなことはわかっている。お前の年をみれば、お前がやったのではないことはすぐにわかる。けれども、日本がやったんだ。日本がやったことについて、日本人であるお前は関係ないのか」そう言われるだろうと思いました。日本がなんて答えたらいいのでしょうか。実に理不尽な問いです。

私がやったのではありません、たとえ日本がやったことでも、知らない人がやったことに対してなぜ私に責任があるのですか、と言いたいのですが、しかしこれを言ってしまえば彼との友情はおしまいだと思いました。私はこのことに関係ないとは言えないのではないでしょうか。

歴史を背負わされて生きる

あの時初めて、人間というのは歴史を背負わされて生きているんだ、ということに気がつきました。歴史という理不尽なものを背負わされている。歴史というものは、私がしていないことにも責任を問われるのです。いやなら、人間であることを辞めるしかないのです。人間である限り歴史を背負わされていて、それを関係がないと言うと、私は生きていくことはできません。

私が生きているのは歴史のおかげであると思っています。今着ている物も、長い歴史の中で、我々の先祖が洋服という物を考えて作ってくれた。私が食べている物も、長い人類の歴史の中で作り上げてきた食文化なのです。それを関係ないと言えば、私は生きていくことはできない。私が生きているのは人類文化の歩みの結果で、今ここでこういう生活を送っているのです。良かれ悪しかれ関係ないとは言い切れない。実に理不尽なことですが、しかしどうにもならない。人間は歴史を背負わされて生きているんだ。あの晩、遅まきながら二十五歳になって初めてそう気づきました。

それまで私はブルトマンという人と実存哲学の勉強しかしていませんでした。実存哲学というのは、瞬間の学問なのです。今ここで神との垂直な関係の中に立って、決断を迫られるという学問で、歴史、時間の積み重ねということは、実存哲学では、なかなか出てこない問題なのです。ですから、二十五歳までキリスト教の学問をしておきながら、そんなことを考えたこともありませんでした。この中国人に出会って初めて、自分が歴史を背負わされているんだということに気がつきました。なんて言っていいかわからないのです。彼と友達であろうと思ったら、「日本のやったことは間違いだったと思う。二度と日本が戦争をやらないようによくするから、許してくれ。そう言う外ない」と思ったのですが、それが、残念ながら言えない。なぜませんでした。だから、なんて言っていいのかわかりませんでした。そんな気持ちのまま二、三日経ってから彼とまた会いました。「この間の話だけど」と言いだしたら、「いいから何も言うな。聞いてもらえばそれでいいんだ。聞いてもらって感謝する」とまた、彼はそう言いました。私は何もしていないということがわかっていて、私をかばってくれた、許してくれたのでしょう。

後でよく聞いてみると、南京大虐殺の時のようです。上海と南京の間の農家の子どもで、日本軍が攻めてきたということで、村の人はみんな逃げたのですが、彼の家だけ逃げ遅れたのです。日本では、小さい子からかばって逃げるのですが、中国では長男、長女を両親が抱えて、一番下の彼は、最後に庭の穴の中に埋められて上から藁をかぶせられて、「ここで待ってろ。必ず連れに戻ってくるから」と言ってご両親が逃げたのです。両親が兄と姉を抱えて逃げていくところを、彼は藁の隙間から見ていたのです。逃げていく途中に畑の中で日本軍に追いつかれて、殺されました。どんな殺され方をしたかも言いましたが、とても人の前で言えるような殺され方ではありませんでした。

私は何もしていなかったので、悔しくて、しばらくこの話は誰にも言えませんでした。この出来事が私に、日本に帰ったら少しまじめに世の中のこと、平和のこと、政治のことを勉強しなければならないと、思わせてくれた直接のきっかけでした。二十五歳まで、学生運動も平和運動も何もしたことがなかったのですが、日本に帰ってから、改めて日本のことを勉強し、それからずっと少しずつそういった運動に参加するようになりました。参加するようになってみて、だんだんとあの時の出来事が、それまで誰にも言ったことがなかったのですが、私にとって大切な出来事であったというふうに思えるようになりました。

自分の過去と正面から向き合うこと

私は、人間は過去を背負って生きていると思います。その過去を忘れたいのですが、あるいは忘れることはできるかもしれませんが、忘れても過去はなくなりません。過去が本当に清算されるのは、忘れることではなくて、過去と真剣に向き合って、そして本当に悔い改めて赦しが与えられる時です。赦しという出来事だけが、私たちを過去から解放して、未来に向かって自由に歩ませてくれるということに、時間が経つにつれてだんだんと気がつくようになりました。その過去は何も中国人の両親や兄、姉を殺した日本人のことだけではありません。

たとえば私はクリスチャンですが、キリスト教の歴史が背負っているさまざまな歴史、魔女裁判であるとか、ヒットラーのユダヤ人大虐殺にも教会は大きな責任がありました。ローマ法王はようやく最近、そのことについて公式に謝罪をしました。やっと今、私たちはそのことに気がつきはじめているのです。

自分が背負っている過去に真っすぐに向き合わなければならない。まるでなかったかのように知らん振りしていたら、人間でなくなってしまいます。気がつかなくても、それでも人間のつもりで生きているのですが、ああいうふうに中国人の彼に会ってみますと、そのことに、真っすぐに向き合わなければ、彼とは友達にはなれなかった。つまり、人間として付き合うことは不可能であったと思います。あるいは、キリスト教は十字軍とかイスラム征伐といった、とんでもない歴史も背負っています。今また同じような過ちを繰り返そうとしています。イラク戦争でブッシュ大統領は、さすがに二度と言いませんが、最初「これは十字軍だ」と口走りました。そんなつもりでイラクに軍隊を出しているのなら、これはとんでもない話です。あるいは日本人として、アイヌ民族をほぼ抹殺してしまった。あるいは沖縄の島の人々を何百年も差別して、今もとんでもない負担を押しつけて、何事もなかったかのように暮らしている。それでは人間とは言えないのではないかと思います。私がもし人間でなければ、沖縄の人とは友達になれません。私がもし過去を忘れていたら、知らん振りをしていたら、沖縄の人と友達にはなれないし、アイヌの人とも友達にはなれなかったでしょう。なぜなら人間ではないからです。人間であるということは、他者と本当に友達になれるということ、そのためには、自分の過去と正面から向き合って、辛いことですけれども、悔い改めて赦していただく。赦しということだけが、過去から解放し、未来へと自由に歩み出すことを可能にしてくれる。その私たちの過去の過去のずっと過去に、アダムとイブという人がいるのです。

キリストと出会う

私は原罪ということを理解できませんでした。ずっと長くクリスチャンでありながら、キリスト教学科の教員でありながら、原罪ということを、実感を持って語ることはありませんでした。抽象的な、人間である責任としか考えていませんでした。しかし、中国人の友人と出会って、その出来事が心に根をおろして何年も何年もの時が過ぎ、ようやくその原罪についても、私たちは過去の責任から逃げることはできないのだ、それと誠実に向き合って悔い改めた時にだけ、赦しにあずかることができるのだ、と理解できるようになりました。

聖書の癒しの物語というものは、ほとんどそういう物語です。辛い過去を背負った病人がイエスと出会って、イエスが共に生きてくれた。その時新しい未来に向かって人間として歩み出すことができた。病気が治ったと書いてありますが、本当に治ったかどうかはわかりません。しかし、たとえ病気が治らなかったとしても、イエスがその人と共に生きてくれたことによって、その人は辛い過去から解放されて、未来に向かって人間として歩み出すことができた。この人間の生まれ変わりの復活の記録が、聖書の物語だと思います。

今教会はアドヴェントという、クリスマスを迎える準備の時に入っています。アドヴェントは悔い改めの時です。ドイツの教会は日曜日ごとに大きな礼拝音楽であるカンタータというものを演奏するのがしきたりですが、このアドヴェントの時だけはカンタータはお休みです。ここは悔い改めの時で、喜びの時ではないからです。ですからカンタータはありません。そして、静かに悔い改めて、赦しの出現を待ち望む。もうすぐキリストがお生まれになる。その時が目の前に来ています。その時に私たちは喜んで歌うことができる。自分の過去から解放されて、未来に向かって自由になって新しく歩み出す。その時私たちは他者と共に歌うことができる。

私は今になって、あの中国の友人は私にとって恩人だったと思います。日本に帰ってから二十年ぐらい文通をしていましたが、いつのまにかだんだんと遠のいていき、クリスマスカードになり、それも忘れ、今は連絡もとっていません。人間というのは本当に恩知らずだと思います。私は今、あの中国人と出会ったことは、あの友人を通してキリストが私に出会ってくださったのだと思っています。私を人間にするために、過去と誠実に向き合って、そして悔い改めて、赦しにあずかって、自由に向かって歩き出す、そういう人間にしてくださったのだと思っています。他者と共に喜びに満ちて歌えるような、そういう出会いを持つということが、聖書が私たちに語っている出来事です。それは神様やキリストに直接出会うことではないのです。私の場合は、中国人の友人を通してキリストが私と出会ってくださった、その時私たちは喜びに満ちて共に歌うことができるのだ、と思っています。

5　日本におけるキリスト教

『経済』二〇〇二年九月号、新日本出版社、所収。

1　キリスト教の社会的影響力

現在の日本のキリスト教の信徒数は、カトリック教会が約三五万人、正教会（幕末にロシアからニコライによって伝来したオーソドックス教会、現在はアメリカ正教会と関係を持っている）が約三万人、プロテスタント諸教会が約六〇万人で、あわせても一〇〇万人を少し超える程度の少数勢力にすぎません。プロテスタントの範囲をどこまでとするかによって人数は変化しますので、正確な統計は大変困難です。たとえば「統一協会」は自分ではキリスト教を名乗っていますが、キリスト教の統計には加えないのがふつうです。その反面「原始福音」のような、政治的には「統一協会」とあまり違わない路線を取っている教団でも、教理的に正統であれば、当然のことですが、キリスト教として認めることになります。教理的正統性の基準は、いちばんゆるやかに見て、聖書を唯一の正典とすること、イエスを何らかの意味で「キリスト」（救い主）として受け入れること、この二つだと考えられます。

このようにわずか一〇〇万人程度のキリスト教ですが、近代日本の歴史の中では、その信徒数からは想像もできないような大きな影響を与えてきました。その理由として考えられることを順不同にあげてみます。

①まず教会が学校や病院、福祉施設等の設立に大きな力を注いだことがあげられます。キリスト教主義大学は全国で五〇校、幼稚園は一〇〇〇以上、病院は約一〇〇施設、育児院・老人ホーム等の福祉施設も約一〇〇施設を経営しています。これらは単に伝道の手段として設立されたのではなく、もっと深い使命感によって設立され運営されてきました。たとえば新島襄の同志社が「良心の全身に充満する」人間を日本に生み出すことを目的として設立されたことを見ても、それは明らかです。なかでも女子教育の面でキリスト教主義学校の果たした役割は大きなものがありました。時とともに建学の精神を忘れて営利主義に堕落したものが多いのも事実ですが、このような教育・福祉施設が近代日本に与えた影響は非常に大きなものがあったと考えられます。キリスト教主義学校の卒業者はおそらく数千万人を数えることでしょう。

②思想的に見て重要なことは、キリスト教によって初めて近代的自我の確立がもたらされたことです。神の前にただ一人立つ自己という考えは、それまでの日本には存在しないものでした。北村透谷、島崎藤村、正宗白鳥等々の思想家たちの、この問題をめぐるキリスト教との格闘の中に、このことが明確に示されています。

③このことはただちに、日本の封建的伝統とは異なるモラルの確立という問題を生み出します。キリスト教がもたらした一夫一婦制のモラルと男女同権の思想は明治の日本に大きなシ

ヨックを与えました。「良心にのみ従う自己」という新島襄の主張は、もっと根本的な衝撃であったと思われます。

④さらに日本のキリスト教が自由民権運動の敗北によって農村から締め出されて都市のインテリの宗教になってしまったことが、逆にキリスト者の知的水準の高さというプラス面をもたらしました。文学・芸術・思想・学問、すべての面で、キリスト者のインテリたちが西欧文化の導入の先頭に立ち、日本全体が西欧文明に追いつくことを至上命題としていた時期に、キリスト教は西欧文明の代弁者のような位置に立つことになりました。

⑤キリスト教の持つ国際性も、それまでの日本には見られないものでした。カトリック教会が世界組織であることは当然のことですが、正教会もプロテスタント諸教会も西洋諸国からの伝道によって生まれた教会として強い国際性を持っていました。近代化をすすめる日本にとって、このような国際性は大きな魅力でした。

⑥最後に、近代日本の歩みの中でキリスト教の社会的活動が果たした役割も見落とすことはできません。禁酒禁煙運動、廃娼運動、部落差別撤廃のための水平社の運動、内村鑑三に代表される反戦平和運動等々、それぞれの時代に大きな社会的影響を生み出しました。

このように見てくると、明治・大正期にキリスト教が日本において果たした役割は、大正期以後にマルクス主義・共産主義運動が果たした役割と非常によく似ていることに気がつきます。そこからただちに生じる疑問は、明治・大正期に、その信徒数に比して非常に大きな社会的影響力を発揮したキリスト教が、昭和期以後、なぜ急激にその影響力を失ったのかという問題です。言ってみれば、キリスト教は、マルクス主義・共産主義運動にバトンをゆずって後景に退いたような感があります。私の理解では、その原因は天皇制との対決にあったと思います。天皇制との対決を避けたキリスト教は、昭和期になって急激に強化された天皇制軍国主義の圧力の中で社会的影響力を失い、天皇制と正面から対決したマルクス主義・共産主義運動が、その支持者が少数であったにもかかわらず、巨大な思想的影響力を持つことになったのではないでしょうか。そこで、もう一度明治の初めに戻って、キリスト教の歴史を天皇制との対決という観点からとらえ直してみたいと思います（誌面の都合でプロテスタント教会にしぼって考えてみます）。

2　アジア・太平洋戦争以前の日本のキリスト教会

江戸時代末期に日本に伝えられたプロテスタント・キリスト教は、アメリカから伝えられたピューリタニズムの自由教会でした。つまりイギリス国教会やドイツのルター主義国教会とは違って、国家と結びつかない自由独立の教会だったのです。このような自由教会は、当然のことですが、政教分離が実現している社会、信仰の自由が承認されている社会、信仰が個人の私事とされている社会でなければ受け入れられることはできません。最初の宣教師たちは、このことをよく理解していました。幕末に来日したヘボンもブラウンもウィリアムズも、本国への報告書の中で、徳川幕府の崩壊なしにはプロテスタント教会は日本では広められないことをくりかえし力説しています。

日本最初のプロテスタント教会は一八七二年（明治五年）に横浜で設立されますが、その時にはまだ「キリシタン禁制」の高札は撤去されてはいませんでした。設立当時の教会規則には、第一条「皇祖土神の廟前に拝跪すべからざる事」、第二条「王命といえども道の為には屈従すべからざる事」、第三条「父母血肉の恩に愛着すべからざる事」という、当時としては革命的な条項が列記されていました。しかし世間の非難を恐れる者たちがいて、結局これは公表することなく、各自が心のうちに堅守すべきものとされてしまいました。ここには、その後の日本におけるプロテスタントの運命が予見されているように思えます。心の中では天皇を神とは認めないが、口に出しては言わないという、一種の二元論がすでに芽生えているのです。

ともかく明治維新によっては、彼らが期待したような、近代的な信仰の自由が保障される政教分離の国家は実現しませんでした。クーデターによって政権を掌握した薩長藩閥政権は、選挙による国会の開設など少しも考えず、権力を独占し、天皇をかついで神道国教政策を推し進めました。押し寄せる欧米の植民地化の圧力に対抗するために富国強兵を最優先の目標とし、そのために必要な近代重工業の大至急の育成は、江戸時代とほとんど変わらない農民の負担によってまかないました。こうして、国会開設（選挙によって選ばれた代表による憲法の制定）と地租改正（農民の負担軽減）を二大スローガンとする自由民権運動が呼び起こされることになります。プロテスタントの多くの人々が自由民権運動に積極的に参加したのは当然のことと言えます。明治藩閥独裁政権を打倒して近代市民社会を実現することなしには、日本のプロテスタント教会にとって道は開かれないからです。自由民権運動の側でも、そのスローガンを「人はすべて神によって生まれながらに平等に造られている」という、アメリカ独立宣言のピューリタン的原則を、「神」を「天」と置き換えて「天賦人権論」として主張することになります。統計を見ると、この時期に、プロテスタント教会は、その歴史の中でただ一度だけ、農村に大きく勢力を伸ばしています。農村が自由を求めて立ち上がっていたからです。

自由民権運動は明治政府の軍事弾圧と上からの憲法制定・国会開設という妥協策、そして農村における地主優遇政策による農民の分断等々によって敗北しました。主体的力量の不足も否定できませんでした。この敗北によって日本の農村は、「アジア・太平洋戦争」の敗北まで半ば封建的な地主・小作関係の中に閉じこめられることになります。キリスト教は農村から締め出されて、多少なりとも自由な都市のインテリの宗教となりました。明治憲法（一八八九年）が天皇制に逆らわないかぎりという条件つきで信仰の自由を認めると、日本のプロテスタント教会はそれに屈伏し、以後内面の自由に閉じこもって政治には発言しなくなります。それでもまだ明治期にはプロテスタント的自由の精神は生きていて、足尾鉱毒事件での田中正造（一九〇〇年前後）、日露戦争に際して非戦論を展開した内村鑑三（一九〇四年）、さらに日本労働運動の草創期（一八九七年「労働組合期成会」発足）に重要な役割をはたした片山潜、村井知至、安部磯雄、川上清、木下尚江、西川光二郎等々のキリスト者たちがいましたが、全体としては教会はしだいに社会に背を向けて魂の救いに閉じこもるようになったのです。

「アジア・太平洋戦争」以前の日本社会では、天皇制神話が侵略戦争の土台であったのですから、ごく少数の例外者を除いて天皇制神話への批判を捨てた教会が戦争に反対することは不可能でした。同時に教会は、未解放の農村における基本的人権の未成立（絶対的地主権力、絶対的父権、女性の隷属、身売り）に対しても無関心になりました。わずかに都市における売春制度とのたたかい、未解放部落の解放運動との連帯等の例外が見られただけで、都市においてすら思想・言論・集会・結社の自由というような基本的人権のためのたたかいは教会の関心の外にありました。魂は神にのみ従うが、身体は天皇に従うという二元論が、プロテスタント教会に、神とキリストへの忠誠と天皇への忠誠という本来両立不可能な二つの忠誠の同居を可能にしたのです。神のみを愛することをやめた教会は必然的に隣人への愛を失いました。日本による朝鮮植民地化に対しても、内村鑑三、吉野作造、乗松雅休のようなわずかな例外を除いて、多くのキリスト者は無批判でした。

3　アジア・太平洋戦争における教会の責任

一九四一年日本政府は戦争目的に全国民を協力させるための国民総動員の一貫として、宗教団体法に基づいて日本のすべてのプロテスタント教会の合同を強制しました（ナチス・ドイツの Gleichschaltung〔編注：強制的同質化〕の模倣）。天皇制国家に対する批判原理を失っていた教会は、何の抵抗もなしに合同して「日本キリスト教団」（以下「教団」）を成立させました（聖公会を除く）。教理的一致も職制上の一致も存在しない合同でした。創立礼拝においては、礼拝に先立って天皇への礼拝が行われました。翌年正月には、初代統理富田満は教団の成立を皇祖の霊に報告して感謝するために伊勢神宮に参拝したのです。

一九四二年には教団の構成メンバーであったホーリネス教会が、天皇も最後の審判の時には裁かれるという信仰をゆずらなかったために弾圧され、二六〇人を超える教職信徒が逮捕されましたが、教団はこの人たちを見捨てました。自発的に教団脱退届を出すように強要して、教団は無関係であるかのように装ったのです。教団のすべての教職者が政府による研修を強制され、政府から派遣された軍人講師による「日本精神とキリスト教」「大東亜新秩序論」「ユダヤ人問題」等々の講義を受講させられました。教会は争って戦闘機献納献金とか必勝祈禱会を行なって戦争に協力しました。神社参拝も行い、すべてのミッション・スクールにも奉安殿（天皇礼拝施設）が設置されて全員の礼拝が強制されました。

矢内原忠雄、明石順三等のように良心的抵抗を貫いた人たちがいたことは忘れてはなりませんが、全体としては、キリスト教会は侵略戦争に明確な抵抗をしなかったと言うほかありません。ドイツにおいて、ヒトラーに対する抵抗として、人種や民族や特定の指導者を神格化することを拒否して、ただ神のみを神とすることを宣言した「バルメン宣言」も、それに基づいて形成された「告白教会」も、日本には生まれませんでした。天皇に対する批判が存在しないということは、アジアの人々の人権を守る視点が存在しないことと同意味でした。朝鮮をはじめとする日本の植民地支配に対して、教会は何の抵抗も批判もしませんでした。神への忠実を失った教会は、隣人への愛も失ったのです。

4　戦後責任（敗戦後の責任）

敗戦によっても日本の教会は変わりませんでした。戦争に協力したのはやむをえなかったのだという声が支配的でした。反対すれば殺されたのだから仕方がなかったという人々と、国家がすることには、教会は国民として従うのが当然という人々がいました。戦争時の教団統理も辞任せず、その責任を追求する人もいませんでした。反対に、米軍占領下にあって、キリスト教はアメリカの宗教として全盛時代を迎え、教会は人であふれていました。教会自身も、米軍による上からの民主化路線に便乗して、戦時下のことは記憶にないかのごとくに、キリスト教こそ民主主義の思想的土台であると主張しました。戦時中の指導者が引退し、若い世代の牧師が第一戦に立つようになった一九六七年に、ようやく教団は「第二次大戦下における日本基督教団の責任についての告白」を発表して、自己の戦争責任を明確に認めてアジアに対して謝罪をしました。

しかし、これをめぐって教団内に大きな分裂が生まれ、結局、反対側の声が通って、政治問題については教会の判断は相対的であって、意見がわかれてもよいとすることで決着しました。つまり、戦争責任を認める人もいてもよいが、認めない人もいてもよいというのです。再び二元論へと逃げ込んだことになります。これを発火点としていわゆる「教団紛争」が始まりました。政治・社会問題を信仰と切り離せないものとするか否かをめぐって、二〇年におよんで論争が行なわれました。全共闘のような暴力的路線が持ち込まれたこともあって、問題は紛糾しましたが、結果は、信仰が第一であって政治・社会問題は相対的な問題だとする人々が多数を占めつつあるのが現状です。

5　基本的問題点の変化

「アジア・太平洋戦争」敗戦までの日本社会のキリスト教会の最大の対決点は、天皇制にありました。戦争責任の問題も、天皇制と対決したか否かにかかっていました。「アジア・太平洋戦争」以後には、基本的対決点に微妙な変化が生まれたと言えます。天皇制との対決だけでなく、アメリカへの従属問題が一番重要な問題になっています。

戦後日本の根本問題は、第一には、アジアに対する戦争責任の忘却にあります。アメリカとの軍事・政治同盟の中で、アメリカ一辺倒の国家体制が作られ、アジアに対する戦後補償も謝罪もほとんどないと言って良いような状態です。その原因は、アメリカの占領下に置かれたために、最大の被害を与えた中国との交流が長く遮断され、中国に対する日本の侵略行為について正確な認識が国民の中に形成されなかったこと、戦時中の指導者がアメリカの対ソ戦略によって免罪されて戦後も指導者として温存されたこと、国民の中に「第二次大戦はアジア解放のための戦争であって侵略戦争ではない」という認識が根強く生きていること、戦前から意図的に養成されたアジア蔑視感情が強く残存していること等にあります。

第二の問題は、民主主義の未成熟の問題です。そのことが新しいアジア侵略を生み出そうとしています。日本の社会に民主的な人間関係がまだ成熟していないこと等を巧みに利用して、巨大資本は産別組合を押しつぶして企業別組合を強制して労働運動の戦闘力を弱体化させることに成功して、欧米には見られない前近代的な労働条件によって巨大な利潤を蓄積しました。一方では公明党・創価学会を利用して社会党と日本共産党を分断することによって、社会党を保守党との連立政権に引き込み、抵抗力を奪ってしまいました。こうして日本共産党以外に反対勢力の存在しない状況を作り出しておいて、今や、日本の巨大資本はアメリカの軍事的傘の下で、日本自身も軍事的分担を行いながら、アジアに対する経済的支配に乗り出しています。

このような状況の中で、日本のキリスト教会にも、過去のあやまちを繰り返してはならないという自覚が生まれつつあります。戦争責任の反省に基づいて、ようやく二元論的態度を克服して、現実の諸問題と真剣に取り組もうとしている人々が多く生まれています。信仰に徹することが宗教の第一原則ですが、もし信仰に徹するならば、おのずと隣人の幸せと権利のために立ち上がらずにはいられないことが、明確に認識されてきています。もし日本のキリスト教が、神への誠実な服従を抽象的な魂の中での誠実にとどめることなく、具体的な現実の中での服従として真剣に生きようとするなら、平和と人権、民主主義の問題は避けて通ることのできない問題です。神への忠実が隣人への愛として実を結ぶ信仰が求められているのです。そのためには明治以来の二元論の克服が最大の課題となっています。

最後に日本のキリスト教の現状を簡単に紹介します。全体として明確な二分化の傾向があります。平和と民主主義・人権の問題に敏感な教会と鈍感な教会です。敏感な教会は主として戦前に渡来した主流教派です。具体的にはカトリック教会、聖公会、日本キリスト教団、日本基督教会、バプテスト教会諸派、ルーテル教会等の諸教会です。

もちろん、この中には、現在の日本キリスト教団主流のように、社会的問題に対して二元論的な態度をとる人々も多くいますが、人権の問題、平和の問題に熱心に取り組んでいる多くの人々がいることも事実です。

それに対して一群の親米・反共意識の強烈な教会が存在します。一つは戦前に渡来したファンダメンタルな諸教派です。中でも「ものみの塔」とホーリネス教会は、戦時下の天皇神格化には命がけで抵抗しましたが、現在の資本主義社会の矛盾には鈍感です。さらに戦後にアメリカから渡来した諸教派があります。もちろんいくつかの例外はありますが、その多くは、最初から反共意識最優先の伝道目的（ビリー・グラハム等々）を持って来日しました。戦争に協力した経験を持ち、従って戦争責任についての自覚的反省をせまられている教会と、戦後に反共意識の育成を目的としてアメリカから持ち込まれた教会との違いが、ここには明確に見て取れます。カトリック教会の場合には第二ヴァチカン公会議が社会正義を目指すための転換点になりました。ヴァチカン自体の意図にはさまざまな政治的たくらみや計算もあったと思いますが、現場の教会は、そのような背景とは無関係に、真剣に正義と人権の課題に取り組んでいます。

このような新しい動きを見せているキリスト教にとって、もう一つの重要な問題は、同じように平和と民主主義・人権のために努力している無宗教の人々や他宗教の人々との連帯・協力その関係をどのように作り出すのかという問題です。NCCを中心とした最近の平和運動は、その一つのモデルケースです。今回の「有事法制」とのたたかいにおいても、「平和を実現するキリスト者ネット」や「平和をつくり出す宗教者ネット」が結成されて大きな力を発揮しました。信仰に徹しつつ、同時に平和と民主主義・人権の課題については、他宗教の人々、無宗教の人々との連帯・協力を惜しまないこと、日本におけるキリスト教再生の道はここにしかないと私は思います。

6　同志社と東華学校

『同志社時報』第二四号、一九六七年二月、学校法人同志社、所収。

明治の半ばに、仙台に「東華学校」と称する同志社の分校があったことは、今では一部の人をのぞいては、ほとんど知られていない。先年の『同志社九十年小史』にも、東華学校についてはひと言もふれられておらず、仙台の同志社関係者は淋しい思いをした。筆者は不幸にして同志社に学ぶ機会は持たなかったが、父も母も、また兄も同志社に学んだという家族の中に育ち、日頃、同志社を心から敬愛している。編集部から、東華学校について何か知っていることがあったら書くようにと命じられて、喜んでその大略を御紹介申し上げることにした。なお文中の敬称は略させていただいた。

新島・富田・デフォレスト

元治元年（一八六四）禁を犯して出国した新島は、滞米八年後の明治五年（一八七二）には維新政府の嘱を受けて、文部理事官田中不二麿に随行して、欧米の学事を視察調査することになった。北米合衆国の視察をおえた新島は、明治五年五月十一日ニューヨークを出帆してヨーロッパに向かった。この時のニューヨーク駐在領事心得をしていたのが仙台出身の富田鉄之助という人である。新島と富田、そして宣教師デフォレスト、この三人が後に仙台東華学校設立の中心になるのであるが、その新島と富田が相識ったのは、この時がおそらく最初であると思われる。新島は三十歳、富田は三十八歳であった。もう一人のデフォレスト（J. Hyde DeForest）は、この時二十七歳で、前年にエール神学校を卒業して、結婚し、ニューヘヴン郊外のマウント・カルメルで牧師となっていたが、この年の春に産後の病気のために妻と長子を一時に失い、悲嘆のどん底にあった。自身もマラリヤにかかり、一時は自分の使命に疑惑を感じ、二度と説教はすまいと決心したほどであったが、教会員の深い愛情に支えられて立ち直り、その後二年間の熱心な牧会活動の後に、アメリカン・ボードの要請に応えて宣教師として日本に渡る決心をした。明治七年（一八七四）のことである。この年にアメリカン・ボードが日本派遣を決定した宣教師はデフォレスト夫妻（日本への出発直前にエリザベス・スターと結婚）、そしてもう一人が実は新島であった。彼らの送別会が行われたのがラトランドにおけるアメリカン・ボード第六五回年会で、この時に新島は有名な演説を行なって、日本におけるキリスト教主義学校設立のために五千ドルの寄金が献げられた。新島とデフォレストは同じコロラド丸で日本に向かい、明治七年十一月二十六日日本に到着した。デフォレストはその後大阪に伝道し、しばらくは新島と直接の関係は持っていない。

富田鉄之助（天保五年～大正五年、一八三四～一九一六）は、仙台藩の桃生郡小野村三千石の武士で、藩命により江戸に出て勝海舟に学び、慶応三年（一八六七）三十三歳の時に幕府から遣わされてアメリカに留学したが、維新の報により帰国、後に外交官として、ニューヨーク総領事、駐英公使館一等書記官、明治十五年（一八八二）大蔵省に転じて、その後日銀総裁、東京府知事等を歴任した。新島の運動に常に好感と敬意を抱き、大学設立にあたっても種々援助を惜しまなかったことは、新島書簡集からもうかがえる。富田は在米中、ニューイングランドにおけるキリスト教主義の学校教育に深い感銘を受け、郷里仙台にもこのような宗教的基盤の上に立った学校が欲しいものとかねてから考えていたらしい。外交官生活十年の後に富田は帰国して大蔵省に転じ、日銀設立の準備にあたっていた。ちょうどその頃新島が彼を訪問し、東北に英学校を開きたいが、仙台がよいか福島がよいかと相談を持ちかけた。富田は言下に仙台を推し、援助を約した。明治十八年（一八八五）十二月十三、四日のことである。

新島はこの時四十三歳、同志社設立後十年を経ており、新しい伝道活動の拠点を求めていた。前年来欧米巡遊中であったが、デフォレストの記すところによれば、明治十七年冬クリフトン温泉で療養中に、持参の日本地図を壁にかけて眺めながら、仙台を中心とした東北地方への伝道のインスピレーションを得たと言われる。事実、翌年二月二十四日の市原盛宏宛の書簡には、この東北伝道の志が告げられている。市原は後に東華学校副校長として仙台に来たのであるから、新島はこの時にすでに、市原を仙台に派遣する考えでいたのかもしれない。この欧米巡遊から新島が帰国したのは明治十八年十二月十二日（横浜着）である。先の富田訪問は、その翌日のことであって、新島がいかにこの東北伝道に熱意を持っていたかがわかる。ともかく、新島と富田のその後の折衝によって、富田は郷里仙台にはたらきかけて、学校のための敷地、校舎設備等をととのえ、新島は教師陣を立てることとアメリカン・ボードに交渉して外人宣教師数名を派遣してもらうことになった。この宣教師の一人として、当時大阪にあったデフォレストが派遣されることになり、ここに新島、富田、デフォレストの東華学校設立の三人の中心人物がそろうことになる。

設立と消長

当時の仙台には、すぐれた内容をもった中等教育機関が不足していた。明治十年に設立された県立仙台中学校（後に宮城中学校、さらに宮城県尋常中学校と改称）が唯一の中等教育の機関であった。貧弱な地方財政では、学校をもう一つ立てることは不可能であったので、東京の富田鉄之助から英学校設立の趣旨が初代仙台区長松倉恂、宮城県知事松平正直等に伝えられた時、彼らはただちに賛成した。かくて明治十九年五月に新島とデフォレストが仙台を訪れ、松倉、松平等と協議した結果、富田鉄之助と松倉恂が設立者となり、理事には松平正直をはじめ、書記官和達孚嘉、遠藤敬止、大童信太夫等の仙台の官民有力者があたり、教師の選任は新島に一任ということに決定した。つまり、非キリスト者理事会とキリスト者教師陣との協力という形で発足することになったのである。ボードはこれを一つの新しい試みとして注目していたようであるが、結果としてこれは失敗に終わることになる。この時の会合でデフォレストは、学校において礼拝を行なうこと、聖書を教科の一つとして置くことを確認している。ここに一つの問題は、明治十三年来仙台に伝道していた押川方義が、ちょうどこの頃、ジャーマン・リフォームドの宣教師ホーイの協力を得て仙台に学校の設立を計画していたことであった。新島、デフォレスト、押川、ホーイの四者は相会して二つの学校が競争することを避けるために協議し、結局押川は神学校（現在の東北学院）を、新島は普通中学校を設立することになった。

こうしていよいよ準備成り、明治十九年十月十一日、仙台清水小路九番地に同志社の分校としての「宮城英学校」が設立された。設立申請書によれば、敷地五千坪余、校舎及寄宿舎百二十五坪、収入予算七千円（内授業料千八百円）、支出予算中教員七人の俸給六百円となっている。校長は新島襄、副校長市原盛宏で、新島は京都にいるため、事実上の責任者は市原であった。教師にはデフォレストのほかに和田正幾、田中兎毛（現同志社神学部長遠藤彰教授の尊祖父）等があった。学生数は一一八名、予科二年と本科五年とからなる課程で、聖書講義、聖教証拠論、神学綱領等の教科が含まれている。和漢学科以外はすべて英語で教授された。越えて明治二十年（一八八七）六月一七日、二階建の本校舎の新築を記念して、正式に開校式が行われ、新島を迎えて盛大な式典が祝われた。ちょうど同志社の卒業式と重なったため、新島は卒業式に不在となったので、特に卒業生一同に宛てて仙台から手紙をしたためたが、その文中にも「東華学校の開校式も華々敷く相済み……慶賀の至り」とある。宮城英学校として発足したが、この正式の開校式の時に、万葉の歌にちなんで「東華学校」と名づけられ、理事会は

「東華義会」と称した。命名者は松平正直である。新築された本校舎の正面白壁には〝Seek Truth and Do Good〟と刻まれ、講堂には新島の知友、敬宇中村正直の筆による「修実徳勿求虚栄」の額がかかげられた（この額は現在仙台キリスト教育児院に伝わっている。なお東華学校の建っていた場所は現在では専売公社の土地になっているが、その構内に昭和七年、徳富蘇峰等によって東華学校遺址碑が建てられた）。この本館は、当時の仙台には珍しい洋風建築として注目を浴びたが、その後移転したために、幸い空襲にもあわず、現在宮城県第二女子高等学校図書館として残り、往時をしのばせている。

新島の令名と優秀な教師陣、美しい校舎等によって、多くの人材が東華学校に惹きつけられた。特に明治二十一年宮城県尋常中学校が種々の理由から閉鎖されたために、東華学校は仙台における唯一の中等教育機関となり、優秀な青年がすべて東華学校に集まるようになった。教師たちは、教育活動と共に活発な伝道活動を行なった。まず市内東二番丁の本願寺を借りて教員の礼拝を行ない、安息日学校をはじめた。翌二十年（一八八七）三月十三日には、同じ仏寺で正式に教会を設立し、「日本組合教会宮城教会」と称した。現在の仙台東三番丁教会である〔編注：現在は仙台北教会〕。当日、東華学校生徒六名がデフォレストより受洗した。その中の一人が後に河北新報の創設者となった一力健次郎である。

このように順調に発展してきた東華学校が急転直下閉校のやむなきに到ったのには、いくつかの理由がある。直接最大の原因は、明治二十三年の新島の死である。新島校長の名声が学校を支える最も大きな力であった。しかし閉校の背景として陰に陽に大きな力を及ぼしたのは、やはり明治二十三年教育勅語発布以後の急速な反キリスト教感情の波であった。内村の不敬事件に端を発して、ついに明治二十四年には聖書科を廃止し、さらに同年十月には外人教師が総辞職せざるを得ない所まで至った。それに追い打ちをかけるようにして、明治二十四年勅令第二百四十三号を以って中学校令が改正され、一県に必ず中学校一校以上を置くべきことが定められ、宮城県も二十五年より県立の中学校を仙台に設置することになった。これが後の仙台一中、現在の仙台一高であるが、この設立にあたって、県当局と東華学校理事会との話し合いの結果、ついに東華学校は閉鎖して、その校舎書籍器具一切を新設の県立中学校が引き継ぐことに決定した。生徒ももちろん全員が優先的に編入され、教員も何名かはそのまま教師として残った。こうして明治二十五年（一八九二）三月末をもって東華学校は閉鎖させられたのである。教師の大部分は京都に帰ったが、デフォレストと田中兎毛は仙台に残り、伝道のために働き続けた。デフォレストは生涯仙台を根拠地として活動し、明治四十四年東京で没すると、遺言によって仙台の北山に葬られた。

この大事な時に市原が渡米中で留守であったことも心残りなことの一つであった。しかし、設立の当初から仙台市民と同志社の協力という複雑な形で出発したために、仙台市の事情の変化と共に閉校させられたのもやむを得ないことであった。特に理事者の多くは、西洋文明を受け入れる手段としてキリスト教を利用したにすぎないのであるから（理事長松平は後に熊本県知事としてキリスト教の大弾圧を行なって悪名高い松平正直その人なのである）、キリスト教に対する世論の変化と共にキリスト教を切り離そうとしたことも、これまたやむを得ない。しかし東華学校は無駄に消えたのではない。

まかれた種子

東華学校の精神は生徒を通じて県立中学校に受け継がれ、今なお仙台一高の中に余韻を残していることは、「仙台一高六十年史」等によっても明らかである。また一力健次郎（前出）、山梨勝乃進（学習院長）、早川萬一（仙台の財界指導者）、栗原基（英文学者）、真山青果（作家）等のすぐれた人材を東華学校は世に送った。

しかし最大の遺産は仙台東三番丁教会である。後の同志社神学部教授日野真澄も当教会で受洗した。本年は正に教会創立八十年、その歴史の中に東華学校と新島の精神は今もなお生き続けている。

東華学校遺址碑

東華学校遺址碑は、昭和七年十月、仙台市清水小路の専売公社仙台地方局の敷地内に建てられた。当時、東華学校第一回卒業生である黒沢良平氏が書いた「旧東華学校沿革略並に址碑建立始末」によれば、昭和四年五月に開かれた同窓会の席上、記念碑の建立が決議され、募金の結果できたもので、「石工菊地平五郎氏に托し良石を稲井に求め名工を同地に索め礎石の雅致ある物を鳴子峡中に獲、伊東一郎氏能く工人を督励し基礎を三尺深のコンクリート上に据へ、文界の雄鎮蘇峰翁の名文を筆にするに臨地の大家梧竹門下の鬼才高橋天華翁の霊筆を以てし、久光宮司に依し十月二十六日先づ天地神祇を祭りて地鎮祭をなし其冥護を祈り、十二月三十日を以て工成るを告ぐ」とある。

碑文はつぎの通り、

東華学校遺址碑

育人才　補風教　必有待於黌堂焉　是所以有仙臺東華學校之設也　明治十九年　富田鐵之助　松倉恂　有見于此　與宮城縣知事松平正直　書記官和達孚嘉及遠藤敬止　大童信太夫等胥謀　相地建黌　名曰東華學校　推新島襄先生爲校長　市原盛宏爲副校長　聘米國博士的法列斯徳等爲之教師　掲二目曰　敬天愛人　獨立自助　入斯黌者　無慮五百有餘名學風頗興　人材輩出　成名天下者弗尠　明治二十五年　逮宮城縣興中學校　本校遂廢　今既閲四十餘年　其遺跡亦將湮滅　同窓之士深惜之欲建碑得予文以記經營之始　仍係之銘曰

東華開學　尚文起士　鑱詞于石　誌其始　　徳富蘇峰撰

7 「合同のとらえなおし」と日本基督教団の歩み

一九九四年五月三日に日本基督教団九州教区総会において行った講演の記録。

はじめに

「日本基督教団と沖縄キリスト教団の合同のとらえなおし」の何が問題なのかということ、その一番中心の問題はただ一つです。それは「合同」と言いながら「復帰」させたことです。実質は間違いなく「復帰」なのです。本土側の教団も「復帰」だと思っていましたし、沖縄の方も「復帰」だと思った人が多かったに違いありません。なのに「合同」と言ったんですね。しかも今考えると「復帰」ではなくて「吸収合併」だったという、もっとひどい実態で、つまり本土側の教団は嘘をついたわけです。あの時に「復帰」だと言っていれば、何も問題はなかったはずです。しかし、本当はそれが大問題なのです。実は「復帰」なぞできるはずがないのです。だから「合同」と言わざるを得なかった。そう言っておいて「復帰」させたのです。どうしてそんなことになったのかということが、一番の問題なのだと思います。本当のことを言わない「教団」（以下本土側の教団を「教団」と略します）、そして「教団」がなぜ言えなかったのか、そこが問われています。そうなりますと、これはもうあの時だけの問題ではない。日本のプロテスタントの歴史全体、特に一九四一年の合同にまでさかのぼって「教団」の在り方が問われているということなのだろうと思うわけです。そこで「合同のとらえなおし」と日本基督教団の歩みという、少し大きな題にさせていただきました。

1 前史

まず前史として、「教団」が成立するまでの日本のプロテスタントの歴史をちょっと申し上げなければいけないと思います。第一に、アメリカから伝わったキリスト教です。このことには大変大きな感謝を持たなければいけないと思っています。日本のプロテスタント教会はドイツでもイギリスでもなくアメリカからやってきた。つまり自由教会です。ドイツやイギリスですと国教会ですが、そうでない自由教会というものの伝統を受け継いでいるわけです。国家から自由な教会、国家に対して自立した教会という伝統を引き継いだのです。このことは私たちにとって本当に感謝すべき伝統だと思っています。その国家から自立した教会が、歴史の中では教派教会と呼ばれたわけです。デノミネーショナル・チャーチと。つまり国教会には国教会と異端、セクトしかありません。教派教会というのは、教会が国家から自立している所でしか存在しません。ですから、この世的に言えば、国家から自由な、思想信条の自由が認められている社会で、同じ信仰の仲間が集まって自由に教会を作ったのが自由教会、教派教会ということなると思います。もちろん私たちの信仰の立場から言えば違います。教会は私たちが勝手に集まって作るものではなくて、キリストの恵みによって召されて呼び集められたものです。私たちの信仰の立場で言えば、この日本なら日本という現実の中でキリストに召された、その召しに忠実にお応えするためにはどういう信仰告白やどういう教会制度が必要かということをめぐって、分かれていくのです。長老主義でないとこの日本でキリストの召しに忠実に従うことはできないと思う人、会衆主義でなければだめだと思う人、そういうことで教派というものは分かれていくものなのだと思います。それが教派教会というものです。このような国家から自立した教会、これが日本に伝えられたプロテスタントでした。このことは大変貴重な歴史的遺産だと思っています。

ところが片っぽうでは、新しい開拓地では教派に分かれる必然性は存在しないという側面があります。これも事実だと思います。たとえばイギリスの国教会に対して、あの状況でキリストに忠実であるためには、会衆主義教会であるとかメソジストであるとか、そういう必要があると思った人たちがいたわけです。しかし日本という別な状況の中で、ヨーロッパで成立した教派教会がそのまま入ってくる理由はないわけです。日本の現実の中でキリストの召しにどのようにお応えするかという所で分かれるのなら、それは理解できますが、それなしにヨーロッパやアメリカで分かれたものがそのまま持ちこまれる理由はないというのも当然だと思います。実際、日本の最初のクリスチャンたちはそう思いました。ですから無教派主義というのが日本のキリスト教の出発点だったのです。このことには宣教師たちも深い理解を持っていました。最初の宣教師会議も、日本のキリスト教は一つであるべきだという決議をしています。個人差はありますが、ブラウンやバラという人たちはそういう考えだったようです。ですから、日本最初の教会は「公会」と名乗ったわけです。日本基督公会です。これが公会主義と言われて、のちに高く評価されたものです。しかし「公会」と言っても、あの最初の教会で洗礼を受けた日本人の信者たちは、自分では無教派のつもりでいたのですが、実際には、教派ということについて何も知らないわけですから、無教派とはどういうことかも知りませんでした。そして洗礼を授けたのはバラですから、どうしても長老主義の教会形成になります。最初の「公会」の記録を読みますと「教会の制度はすべからくメリケンの制度にならって」民主的な選挙で長老を選んで行なうべきだということになっていて、さらに肝心の戒規については、教会員の戒規は長老と牧師で判断することになっていますが、長老や牧師が何か違反した場合の戒規はアメリカに相談して決めることになっています。日本には一つしか教会が存在しませんから、上級会議が作れないので、アメリカの上級会議に戒規権を置いていたのだと思われます。と言うことは、日本基督公会は、長老主義そのものではないとしても、ゆるやかな形ではあれ、やはり長老主義の傾向を持つ教会だったということになります。決して無教派ではなかったわけです。同志社の土肥昭夫先生が詳しく論証しておられますので、そちらをご参照下さい。つまり、教派についての十分な理解なしには、現実には教派性を持たざるを得なかったということです。日本の教会は、出発の時から、教派というものについての十分な反省なしに、ずるずるっと無教派でいこうとした。これが日本基督教団まで尾を引いたと言えないこともないと思います。教派というものについて、なぜ教派が存在するのかということについて、きちんとした反省なしに、ずるずると大同団結型の合同をめざすことになります。もちろん善意であり、無教派ということの必然性もあったわけです。こういう微妙な状況の中で日本の教会は出発をしたのだと思われます。

次に、アメリカの宣教師の皆さんの海外伝道の熱意を支えた背景は、ご存じのように大覚醒運動（グレート・アウェークニング）といわれる運動、あるいはリヴァイヴァリズム、多少違う運動ですが、大きく見れば同じ流れの中にあった運動だと思います。その運動の最大の長所は世界伝道、地のはてまでも神の恵みを宣べ伝えずにはやまないその熱意です。祈りと敬虔な信仰と伝道の情熱に支えられたこのような宣教師たちのおかげで日本に福音の種がまかれたことには、どんなに感謝しても感謝しきれないものがあります。同時にしかし、それを受け入れた日本の教会も、同じように敬虔な信仰と祈りと聖書に土台を置く教会として形成されることになりました。無教派主義というところから出発した日本の教会は、教会制度の違いに無関心でした。そもそも監督制と長老主義と会衆主義というような制度があることも知らなかったのです。これを日本で初めて自覚したのは新島襄でした。アメリカで会衆主義の訓練を受けて帰国した人ですから、教派というものについて明確な理解を持っていました。このことが最初の合同運動の失敗につながっています。関東の「公会」と関西の「公会」が合同しようとして、最後のところで関東の「公会」が、気づかずに長老制度を持ち込もうとしていたことに、新島襄が反発して、うまくいかないことになったのだと思います。ともかくそういう意味で日本の教会は、教会制度というものについて十分に考えていませんでした。聖書と信仰があればそれで十分という考えでした。今でもそういう考えの人はたくさんおられると思います。長老主義だろうと会衆主義だろうと監督制だろうと、そんなことはあまり関係ないというわけです。

本当は、この世に教会がある限り、何らかの制度というものがどうしても生まれますし、しかもやむを得ず出てくるのではなくて、ある意味で信仰を正しく守り、現実と対決していく上で、こういう教会制度でなければならないというような、積極的なものとして生まれることになります。そういう意味で、日本のあの明治の厳しい状況の中で、日本のキリスト教がどう戦っていくのかという時に、教会という戦う組織の制度をどうするのかということについて、十分に考えないまま、伝道の熱意と聖書と祈りだけでというのは、いわば徒手空拳で戦いを挑むようなもので、大変困難な問題を背負いこむことになったわけです。その結果として、石原謙先生の有名な規定が出てきます。日本の教会の特長は、伝道を重んじ、敬虔な祈りを大切にし、聖書を大切にするが法意識が弱いというのです。

たしかに日本の教会ぐらいよく聖書を読む教会は少ないと思います。ドイツの教会に行って驚いたのは、信者が聖書を持ってこないことです。教会に賛美歌が備えつけてあって、賛美歌のうしろに礼拝で読む聖書の言葉が印刷されていますので、持ってこなくてもかまわないわけです。祈るということもドイツの教会は少ないです。いわゆるピエティスムスという敬虔主義の流れの人々は祈りますが、国教会は祈祷会のようなものはあまりやりません。日本の教会はこれをアメリカの教会から学びました。パイアスな祈りと聖書に養われる信仰です。そのかわりどうしても個人主義的になります。国家と戦うのに組織なしに戦えるわけがないのです。教会という組織が戦う組織として確立されていなければならないのですが、その辺は私たちは弱かったのです。石原謙先生の言うとおり、伝道主義、敬虔主義、聖書主義という美しい長所と同時に、法意識の弱さという弱点を持っていました。教会に法律などというものがある事がそもそもおかしいというのが私たちの常識で、信仰は法律など関係ないと言いたくなるのです。しかしそれでは教会は成り立ちません。教会法というものが必要です。教会総会が会員の何分の一で成立するとか、何歳以上しか被選挙権がないとか、役員の定数は何人であるとか、信仰の訓練をどうするのか、そういう法なしには教会は成り立ちません。ですけれども私たちは、伝統的に信仰と法はなじまない、と思うのです。教憲・教規なんてどうでもいいじゃないか、と言う方がたくさんおられます。感覚としては私自身もそうですからよく分かるのですが、けれどもそれでは教会は成り立たないということも事実だと思うのです。その意味で、三つの長所と一つの弱点についての指摘は、正しい指摘でないかという気がします。つまり、日本の教会は現実には教派教会でありながら、その教派教会が本来持っているはずの信仰告白と職制——職制というとちょっと教師制度に偏って受け取られる危険性がありますから、職制というよりは教会制度と申し上げた方がよいと思われますが——、信仰告白と教会制度への関心が大変弱かったのです。この日本でキリストに従って生きるのに、この告白で生きるのだという、そういう告白、たとえば最初の公会、横浜で九人が洗礼を受けた日本基督公会の最初の規則の原案の中には、「皇祖土神の廟前」にひざまずかない、つまり天皇を拝まないという項目がきちんと入っていました。しかし、これを表に出すと危険だと言って削ってしまって、不文律として各自が守る、ということになってしまいます。それでは本当には戦えないはずです。この告白、この日本で、最近の書物の題名で言えば「天皇の死ぬ国で」キリストに従って生きようと思ったら、何をどのように告白するのかということを求められているわけです。そこをいい加減にして、私の心の中で信じていますというだけではどうにもならない。口で告白して戦わなければならない。そこの点についての、そしてそれを戦う教会という組織についての認識というものは、どこかあいまいなままにされてきてしまったのではないかと思うのです。もちろん例外はたくさんあって、これらのことを真剣に考えた方たちも多くおられたのは事実ですが、全体とすれば、伝道第一、祈り第一、聖書第一で、法とか組織とか制度というものはどうもなじまない、というような所があったのではないかと思うのです。

もう一つ申し上げておきたいのは、日本におけるピューリタニズムの運命です。アメリカから伝わったキリスト教は、ご存じのようにピューリタンの信仰でした。ピューリタンというのは、正に文字通りにピュアな生活を、福音にふさわしく日をすごせという、あのパウロの言葉に従って日常生活を形成しようとする人々のことでした。行いによって救われるわけではありません。ただ恵みによってのみ救いにあずかるのですが、その恵みにふさわしい人間になろうとする。そういう情熱に燃えた人たちでした。ですからピューリタニズムというものは、当然現実に対して、現実形成的な、心の中の信仰だけではなくて、信仰にふさわしく生きようとする、そういう強いエネルギーを持っていたわけです。そうなれば、神様の前で人間みな平等だと信じれば、この世も平等でなければいけないはずです。天皇などいては困るわけです。みんな平等の社会にしたい。ですから自由民権運動というふうなものに、最初のクリスチャンたちは積極的に参加していったわけです。いたるところでクリスチャンたちが、たとえば東北で言えば本多庸一、青山学院の創立者でもありますが、弘前の人ですから、弘前で国会開設請願書三百数名の署名を集めて政府にかけあいに行くというような形で、具体的に福音にふさわしい世の中を作ろうとします。もちろん、この世がそのまま理想の世界になるわけではありません。罪の世ですから、神の国が来るまでは不可能です。しかし、それにもかかわらず、あるいはそれだからこそ、世の終わりが来るまで、一歩でも福音にふさわしく前進しようという強烈な意志がピューリタニズムというものの中にあったと思います。それを受けて、日本の教会も、自由な日本、民主主義の日本の実現に向かって、自由民権運動という戦いに参加したのだと思います。その自由民権運動が敗北して、徹底的な弾圧の中で明治憲法が発布されて、天皇制絶対主義というものが確立していきます。自由民権運動の中心は農村にありました。徳川三百年、封建制度の中で搾りあげられた農村に、初めて自由への道が開かれようとしていたのです。しかし明治政府は農民の期待に反して、実質的には農村を解放しませんでした。そこで、明治政府に対する自由と民権を求める運動が燃え上がったのです。ある詩人が歌ったように「山村に自由の気あり」という時代でした。明治で言えば二十年位までのことです。ですから農村に次々と教会が生まれました。宮城県でも二十近い教会が農村にできて、やがて全部なくなります。日本中どこでも同じような状況がありました。農民がキリスト教の中に、いわば自分たちが独立の人格になれる、そういう希望を託していたわけです。ところが自由民権運動が敗北して、農村が地主小作制度の中にきちっと再編成されて、封建的な家族制度、村の制度が、天皇を頂点として、天皇が親で国民が子どもだというふうな、疑似家族制度の中に徹底的に作り上げられていくと、もう、農村に自由の空気はなくなってしまいます。そうなれば、農村でクリスチャンであるなどということは、ほとんど不可能になってしまいます。キリスト教は急激に都市の宗教に変質していきます。かろうじて自由であった都市に、しかも都市の中でもかろうじて自由であった中産階級に、医者とか弁護士とか教師とか、そのあたりにだけキリスト教は根をおろすことができたのです。

特に問題なのは、明治憲法で信教の自由が「国家の安寧秩序を妨げず臣民たるの義務に背かざる限りにおいて」承認されたことです。ここで日本の教会は、臣民の義務に背かざる限りという枠つきの自由に屈伏してしまったわけです。自由民権運動の敗北の中で、国家と戦うエネルギーを失って、条件つきの自由の中に、自分をいわば閉じこめてしまったのです。これ以後、日本の教会は、大きく見れば、社会とか国家には関わらない、信仰は魂の問題、内面の問題である、というところへ後退して行ったのではないかと思います。つまり二元論です。魂は神様に、肉体は天皇にという二元論が、ずるずるとここから入りこんで来ることになったのではないでしょうか。もちろん、これにも例外は多くあります。大正デモクラシーの中でもいろんな運動がありました。しかし、長い目で見ると、明治憲法というものは一つの大きな曲がり角であったと思います。以後、ピューリタンは、福音にふさわしく生きようと思うと、禁酒禁煙というせまい所でピュアな生活を守るほかなくなったのではないでしょうか。天皇がいようが、地主小作制度があろうが、朝鮮の植民地支配があろうが、それはもう日本の国家体制の中ではしかたのないことで、自分は禁酒禁煙、福音にふさわしくピュアに生きる、という所へ閉じこもらざるを得なかったのだろうと思います。

もちろん日本のキリスト教の歴史には、すばらしい神の恵みがあって、私たちは先輩の歩みに対して、本当に心からの感謝と尊敬を捧げなければいけないと思っています。批判するだけが能ではないと肝に銘じていますが、今日は「合同のとらえなおし」ということで、沖縄キリスト教団を日本基督教団が吸収合併しておきながら、なぜ「合同」と言ったのか、そこの所を考えるのが目的ですので、それにつながる、いわば影の部分だけをひろっていますので、悪い所だけを申し上げているわけです。日本のキリスト教の歴史に本当にすばらしい信仰の先輩の歩みがたくさんあったことは、これは当然のことで、その事については深い感謝をもって歴史をふりかえらなければならないと思っています。

2　「日本基督教団」の成立

このような前史の中で、日本基督教団の一九四一年の合同は行なわれました。それは、何といっても宗教団体法への屈伏・迎合であったと私は思います。教会の中に自発的な合同運動が存在したことは事実です。さきほど申し上げましたように、日本のキリスト教の最初から、日本の教会は一つであるべきだ、という強い願いを持っていました。ただ、この自発的な合同運動は、これもさきほど申し上げましたように、一つであるべきだということは正しいのですが、それなら教派というものはどうなるのかということについて、その一つとなる教会はこの日本の現実の中で何をどう告白するのか、どういう制度で戦っていくのかということについては、露骨に言えば何も考えなかったのだと思います。それは考えないで、ただ一つであるべきだという正しい看板だけがまかり通ってしまいます。これが大同団結型の合同運動というものです。当時存在した「日本基督教連盟」を中心に、大きな合同運動がありましたが、いざ実際に合同しようとすると、信仰告白はどうするのか、長老制度でいくのか会衆主義なのか、そういう話が出てきて、全部ばらばらになってしまいます。ですから中からの合同運動は、現実に実を結ぶことはあり得ない合同運動だった、あるいは気分的な合同運動だったと思います。この点は、やはり土肥昭夫先生がくわしく論証しておられます。つまり教会の本質をよくふまえて、信仰と職制の違いを克服した合同ではなくて、いわば教会は一つであるべきだという理念が先走った運動でした。だから現実の手立てになると、どうしても一致しなくなってしまいます。その現実の手立てなどどうでもいいから、合同しろと圧力がかかったのが宗教団体法です。ですから宗教団体法がなかったら、中からの力だけでは決して合同はできなかったと思います。

実際、合同の直前に開かれて、合同への道を開いたと言われる、あの青山学院での信徒大会は、一九四〇年十月十七日、実に「紀元二千六百年奉祝信徒大会」という、まことに不思議な大会で、天皇支配を奉祝することとキリストの主権に従う信徒の大会という全く矛盾する信徒大会をやって、そこで合同宣言をしたわけです。その合同宣言文はこうなっています。「神武天皇国ヲ肇メ給ヒシヨリ、ココニ二千六百年皇統連綿トシテ世々光輝ヲ宇内ニ放ツ。此栄アル歴史ヲ懐ヘテ吾等転々感激ニ堪ヘサルモノアリ、本日全国ニアル基督信徒相会シ虔ンテ天皇陛下ノ万歳ヲ寿ギ奉ル……」途中飛ばしますと「今ヤ此世界ノ変局ニ処シ国家ハ体制ヲ新ニシ大東亜新秩序ノ建設ニ邁進シツツアリ。吾等基督信徒モ亦之ニ即応シ教会教派ノ別ヲ棄テ合同一致以テ国民精神指導ノ大業ニ参加シ進ンテ大政ヲ奉賛シ奉リ尽忠報国ノ誠ヲ致サントス。」これが合同宣言です。ここのどこに信仰の告白があるのでしょうか。『ボクラ小国民』という本を書いた山中恒という評論家がいますが、あの人は、これを「キリスト教が神道の軍門に下った降伏文書だ」と言っています。まさにそうだと思います。ですから、あの青山の信徒大会をもって、「教団」合同は国家の圧力によるものではなく、内部からの要望によって行なわれたものだと主張する方がおられますが、それは「神道への降伏文書」で合同したということだと思います。中からの合同運動では合同できなかったのです。中からやろうと思えば、信仰告白と教会制度についてもっと突っ込んだ議論をして、それを克服する努力をしなければならないのです。それはしないで、ただ大同団結という運動では教会の合同はできません。合同できたのは、国家の圧力があったから、信仰の違いも制度の違いも言ってる余裕がなくて、それは全部棚上げにして合同するということになったのであろうと思います。

その合同は屈伏なのか自発的服従なのかという、大変つらい問題があります。屈伏であったのならまだ救いがあります。力に負けてやむを得ず屈伏したので、本心はそうではなかったと言えるのなら、どんなに良いかと思います。しかし、残念ながら、そうではなかったと私は思っています。私の父は日本基督教団仙台東三番丁教会という——今の仙台北教会ですが——旧組合教会の牧師でした。日本基督教団合同当時の東北教区副議長で、次の次の年に議長に任命されましたから、戦時中の「教団」の戦争協力の最前線の責任者でした。私は敗戦の年に小学校六年生ですので、かなりの程度戦時中の出来事を覚えています。あの父の姿を見ていると、決して屈伏ではありませんでした。自発的服従だったと思います。父の信仰は、本当に熱心な信仰でした。明治生まれのピューリタンで、飲まず打たず買わず、ともかく新年は朝五時に起きて初週祈祷会、受難週は断食でした。私も中学校を卒業するころまで断食させられました。聖書は子どもたちにも暗唱させました。おかげで私も聖書のさわりの部分はほとんど暗唱できますが、文語でないとできません。ともかく本当に熱心なクリスチャンでした。その熱心な信仰と戦争協力が、何の矛盾もなく一つに併存できたのです。そこの所が、やはり私たちが本気で考えなければならない問題なのではないかと思うのです。

宗教団体法が一九四〇年に施行されます。これはもちろん、いよいよ太平洋戦争を始める、国家総動員体制を作る、そのためには国内で戦争反対などという人たちがいては困りますから思想統制をする。キリスト教もいくつにも分かれていたのでは監督が行き届きませんから全部一つにまとめて文部大臣がきちっと押さえてしまう。そのために出てきたものだということは、もう今ではどなたもご存じのことです。キリスト教側はずいぶんためらったようです。最初は日基は日基だけで日基教団を作ろうとしたふしがありますが、そこへ救世軍の弾圧がやってきます。救世軍は世界組織ですからロンドンに本部があります。敵国に本部がある組織、しかも軍などと名乗る組織は許さないということで、救世軍はロンドンと縁を切る、軍隊組織をやめて天皇に忠誠を尽くすということを誓約して、かろうじて許してもらうわけです。これを目のあたりに見て、日本のキリスト教会は、もう政府の言うことにさからうわけにはいかない、言われた通り全部一つになるしかないということで、一気に合同に踏み切るわけです。それを後押ししたのが、さきほどの皇紀二千六百年奉祝信徒大会の合同宣言でした。中からの要求だという絶好の口実ができたのです。しかし、その合同した「教団」の創立総会（一九四一年六月二四日）は、ご存じのように君が代斉唱、宮城遥拝、戦没者への黙祷、天皇への忠誠宣言、それからようやく礼拝でした。この礼拝の中で採択した教団規則第五条が「教義の大要」でしたが、第七条には生活規則として「皇国の道に従いて信仰に徹し、各々その分を尽くして、皇運を扶翼し奉るべし」となっていました。これが逆であってくれたら、信仰に徹して皇国の道に従いというのであれば、まだ分かります。信仰に徹した結果、信仰の中から日本人として日本の国に尽くそうという気持ちになるというのなら分かるのですが、順序が逆で、まず皇国の道に徹することが先なのです。皇国の道に徹して信仰に従うのですから、皇国の道という枠の中でしか信仰には徹し得ないということになっているわけです。これではキリスト教でも何でもないはずです。これが「教団」発足の時の規則です。しかも次の年には、固有名詞をあげて大変申し訳ないのですが、富田満先生は「教団」初代統理として伊勢神宮に参拝なさいました。「教団」の成立を皇祖の御霊に報告し教会の発展を「祈願」したのです。富田先生という方は偉い先生だったそうです。私はお目にかかったことがあるのですが、子どもでしたからよく覚えてはいません。東北教区設立総会においでになりました。頭の大きな方だったという印象があります。「教団」の最高責任者として、伊勢神宮にお参りしなければ「教団」がつぶされるというお考えだったのでしょう。あの頃、勅任官とか奏任官とか判任官とかいう役人の区別があって、勅任官は伊勢神宮に参拝しなければならないことになっていたのだそうです。そして、宗教団体法で「教団」が結成されると各教団の代表者は自動的に勅任官になることになってしまって、そこで富田先生も行かざるを得ないことになったのです。しかし、それだから行ったのだ、で済むのでしょうか。これは本当につらい問いで、お前がその立場に立ったら断れるかと言われると、私のような意気地なしにはとっても断る勇気はないと思いますが、だから良かったとは言えないのです。私ならやはり行ったかも知れないけど、やっぱりそれは間違っていたと、これだけははっきり言わなければいけないと思います。富田先生を非難するのではなく、神社に参ったことは間違いであったということだけは、きちっとしておかないと一歩も先に進めないと思います。私の父はその時、東北教区副議長を拝命しました。選挙など何もありませんでした。任命です。「教団」設立総会に参加して、その場で東北教区副議長を命ずと言われて帰ってきたわけです。その任命書がここにあります。

そして次の年に、いよいよホーリネス教会の大弾圧が起きます。日本基督教団第六部・第九部でした。最初は信仰告白が一つになれませんでしたので、部制で、十一の部に分かれて「教団」は連絡組織になっていました。次の年に部を解消して一つになるのですが、その第六部と

第九部が旧ホーリネスの方たちで、ご存じのように再臨信仰に立っておられます。そこで、再臨の時に天皇も裁きにあうのかということでのっぴきならなくなったわけです。六月二六日の朝、全国一斉検挙で二百六十何人の方たちが逮捕されました。仙台でも、今は青葉荘教会という教団の教会ですが、そこの中島先生という方が逮捕されました。私は子どもでしたから、その時のことはよく覚えていませんが、戦後、父が死んでから母に聞きました。父は個人的にはご家族をお見舞いに行っていたけれど刑務所には行かなかったと思う、ということでした。政府をはばかったわけです。副議長という立場の人間が治安維持法違反で逮捕された人を刑務所に尋ねたら、組織に迷惑がかかると思ったのではないでしょうか。それで良かったのか、ということが問題です。私の父のことですから、本当につらい問題です。そして、さらに東北教区では、こんなこともありました。教区が設立されて常置委員が任命されます。ここに設立総会の議事録がありますが、常置委員の中に辻啓蔵という名前が入っています。当時弘前におられたホーリネスの先生です。辻宣道前「教団」総会議長のお父様です。逮捕されて青森の刑務所の中で飢え死に同然に亡くなられました。死体を引き取れという通知があって、辻宣道先生はお母さんといっしょに引き取りに行って、縄をかけた棺桶を馬橇にのせて雪の中を歩くと、棺の中でお父さんの死体がごろんごろんと転がる、その音を生涯忘れないと語っておられました。その辻啓蔵先生が最初の常置委員のメンバーに入っています。ところが二年後の第一回総会、——実は第一回総会が二回あって、設立総会も第一回総会と書いてありますが、これは設立総会で、次が本当の第一回総会ということになります——二年後のこの第一回総会の常置委員の名簿からは、辻先生の名前は黙って削られています。何も報告されていません。辻委員は常置委員であったが、この間、治安維持法違反で逮捕されたので常置委員を補充したとか、一言書いてあればまだ救われるのですが、何も書かずに削られているのです。これが「教団」でした。ましてやホーリネスの方たちの裁判が始まって「教団」の幹部の人たちが証人に喚問された時に、ホーリネスの信仰を弁護するような証言は望めませんでした。裁判官から、ホーリネスの信仰は「教団」の信仰と同じなのかという質問をされます。同じだと言えば自分たちも全部やられます。ですから「教団」の幹部の人たちは、一人をのぞいて、みな口をそろえて「違う」と言いました。たとえば「私どもの見る目では、ホーリネスの関係教職者よりも、かえって信者の中に不逞教義に対する妄執強く、それを清算し切れぬ者が多い、今回の事件は比較的学問的程度が低く、且つ聖書神学的素養不十分のため、信仰と政治と国家というものを混同した結果とはいえ、まことに悲しむべき出来事であり……。ただ、一面、キリスト者にとって今後の向かうべき方向を明確に示されたような気もいたしますので、却って好結果をもたらすことになるのではないかと思います。」こういう証言が「教団」の最高幹部の証言です。あるいは「ホーリネス結社禁止は、当然の処置であると思う。日本においてキリスト者が再臨問題を取り上げて説く事がそもそもの間違いである。」これも「教団」最高幹部の発言です。「この事件の影響によって、日本基督教団が完全に合同でき、日本的キリスト教が確立される機運に向かってきたことは、日本キリスト教のためには、幸福な事件であったと思う」と言うにいたっては、もはや言うべき言葉もありません。ただ一人渡辺善太先生だけが、「ホーリネスの信仰は正統的信仰である」という証言をしておられます。ホーリネスは、信仰に忠実に戦って「教団」に見捨てられたという結果になったのです。

そしてその十一月には、片っぽうで弾圧しておいて、ムチとアメです。片っぽうでは、畏くも天皇陛下におかせられては「教団」代表に拝謁仰せつけられるということになります。「教団」の代表が、日本歴史始まって以来初めて、天皇に直接会って優渥なる（丁寧なという意味です）お言葉を賜ったと、欣喜雀躍、各教会に通達がきています。あの頃ですからガリ版ですが、これがその教団令達第三号で「畏クモ聖上（天皇のことです）陛下ニハ特別ノ思シ召シヲ以テ去ル十一月二六日各宗教団体代表者ニ拝謁ヲ賜リ、本職モマタ教団統理者ノ資格ニオイテソノ光栄ニ浴シタルハ、本教団教師及信徒一同ノ光栄ニシテ、真ニ恐懼感激ニ堪エザル所ナリ、マスマス一致協力、皇国ノタメ、大東亜共栄圏建設ヲ目指シテ、究竟ノ節ヲ尽クサレンコトヲ望ム」ということになってしまうのです。これを、ただ幹部だけではなくて、全教職に徹底させるために、全国で一斉に錬成会というのが開かれます。要するに川にジャブンと漬かってミソギをやって、神道の教義を教わって、大東亜戦争が正義の戦争だという理屈を詰め込んでもらうのです。ここに東北教区の第二回錬成会の文書がありますが、三泊四日で「国体の本義」が二時間文部省教学局、「日本精神とキリスト教」文部省宗教官、「大東亜新秩序論」陸軍大佐なにがし、「戦局の将来とわが海軍」海軍大佐なにがし、以下「大東亜経済建設論」「日本精神の発展と仏教」「ユダヤ人問題」「思想・国防問題」等々、こんなのを全部で三二時間、徹底的に詰め込むのです。すべての教師を呼んで個別に指導して、天皇制絶対主義の中へ組み込んでいきました。それは強制であると同時に自発的でもありました。その結果、私の父も一生懸命、戦闘機献納献金とか必勝祈願祈祷会とか、熱心にやっていました。それが熱心な信仰だと。本当に信仰において人後に落ちない熱心な信仰者だったと、私は父のことを思いますし、その意味で誇りにも思っていますが、その信仰と、何の疑問も持たずに侵略戦争に協力するその姿勢と、そこの矛盾がどうなっているのかということについて、キチンと考えてみなければ、いい加減に先へ進むことはできないのではないかと思います。このことを真剣に考えないまま、また伝道だ、宣教だと言ってみても、それでは何を伝道するのかというふうに思うのです。そして一九四五年には、ついに「教団」朝鮮部も設立されます。その前の一九四三年には、悪名高い「大東亜共栄圏にある基督教徒へ送る書簡」が発表されます。大東亜戦争は正義の戦争で、日本が世界を支配する資格がある国だということを、聖書に基づいて論証したとする、まことに無茶苦茶な文書です。この文書を書いた人たちは、戦後の「教団」の大指導者ばかりです。だれも自己批判もせず、間違っていたという告白もなく、そのまま戦後の「教団」の指導者を続けられました。こうして見ると、一九四一年の合同というのは、国家への屈伏であったことは間違いないのですが、単なる屈伏ではなくて、自発的な服従・迎合という側面を持っていたと思います。その証拠がまずホーリネス弾圧の時です。ホーリネス教会弾圧の時に、いわば弱い者を切り捨てる側に「教団」も立ったのです。「教団」も国家と同じ側に立って、ホーリネス教会を切り捨てていったのです。ですから「教団」は被害者であるだけではなくて、同時に加害者の側にも加担していたことは、間違いない事実だと思うのです。

もっとはっきりしているのは、朝鮮人教会との関係です。在日朝鮮人教会は、「教団」合同の前に、いちばん教派的に近かった旧日基とまず合同します。一九三八年のことです。その時に、旧日基教会がつきつけた条件が、礼拝に日本語を使うこと、教職は再試験をして合格した者だけを受けいれる、ということでした。教会までが、在日朝鮮人教会の言葉を奪って、支配者の言葉である日本語を押しつけたのです。やむを得ず日本語で礼拝をした結果、「自分たちの言葉で悩みを語りたいのに、日本語の説教では心がかよわない」というような不満がいっぱい出てきたと記録に残っていますが、当然のことだと思います。皇民化政策という、言葉を奪って日本に同化させる政策と同じことを、国家が朝鮮民族に対してしたのと同じことを、教会も朝鮮人教会に対してやったわけです。「教団」は単に国家に屈伏しただけではなく、国家と同質の立場に自分も立ったのです。

もっとひどいのは、朝鮮のキリスト教会に神社参拝を強制したことです。日本の教会の代表の人が乗り込んでいって、神社は宗教ではない、国家の儀式にすぎないのだから、神社にお参りしても信仰とは何の矛盾もないと、朝鮮教会の代表を集めて延々と演説をなさったわけです。相手は誰も納得しませんでした。その日本の教会の代表は、いったい日本政府がキリスト教を棄てろといつ言ったか、もしもキリスト教を棄てて神道になれと言われたら私はいつでも殉教すると、啖呵をお切りになりました。しかし、キリスト教を棄てろとは言わなかったけど、神社に参拝しろとは言われたのです。ですから仕方がない、神社は宗教ではない、という理屈で切り抜けようとした。ですけど、神社が宗教であることは、これはもう誰が見たって明らかなことです。朝鮮の教会は、組織としては屈伏して神社参拝を認めたのですが、各個教会は屈伏しませんでした。その結果、神社参拝を拒否したために二百の教会が廃止され、二千人の信徒が投獄され、五十人が殉教の死をとげました。その人たちに対して、キリスト教の信仰をやめろと言われたらいつでも殉教してみせると言った信仰が、いったいどういう信仰なのかということも、やはり問われているのではないでしょうか。「教団」自身が植民地支配の側に立ち、抑圧者の側に立ったのです。

私の父も、社会科学の知識がなかったのですから当然だと言えば言えるのですが、あの戦争が間違った戦争だということに全然気がついていませんでした。アジアを解放する正義の戦争だと心から信じていました。天皇を神とは認めませんでしたが、心から尊敬していました。礼拝の前の「国民儀礼」も本心からでした。国民儀礼というのは、宮城の方角に向かって拝む儀式で、礼拝の前に必ずしなければなりませんでした。礼拝の最初に父が立ち上がりまして、「初めに皇居遥拝を致します」と言うと、皆でぞろぞろと東京の方に向かって最敬礼、それから「父、み子、みたまの」となったのです。うしろには特別高等警察が来て、タバコをくわえて見張っていました。礼拝堂は軍隊に没収されて倉庫にされていました。牧師館の畳の部屋で、机の上に聖書を置いて礼拝をしました。特高が見張っていますから、やらないわけにはいきません。しかし、だからといって、神様を拝む前に天皇を拝むことが正しいことなのかという問題は残ります。やむを得なかったのだ、仕方がなかった、だけでは済まされないものがあります。父を非難する気持ちにはなれません。半分は教会を守り、信徒を守るためにやむを得ず、そして半分は明治生まれの愛国者として本心から行なったのだと思います。しかし、それで良かったのだとは、どうしても言えません。私が父の立場に立たされたら抵抗する勇気はないと思います。しかし、だからこそ、少なくとも、あのような時代が二度と来ないように頑張らなければならないのではないでしょうか。来てしまったら抵抗することは困難です。今のうちに、まだ自由にものが言えるうちに、あのような時代を来させないために、戦わなければなりません。その努力をせずに、仕方がなかったんだ、では済まされないと思うのです。

3　日本基督教団と沖縄キリスト教団の合同

最後に、いよいよ日本基督教団と沖縄キリスト教団の合同の問題です。「教団」は、戦後は戦後ですんなりと、戦争責任無反省のままに、戦後の歩みを始めました。完全に無反省ではなかったのですが、しかし、やはり全体としては深い反省はありませんでした。特に腹が立つのは、敗戦の十日後、一九四五年八月二五日に「教団」の戦後最初の常議員会が開かれます。そして全教会に通達が来ます。ここにその令達第十四号というのがありますが、これが凄いのです。「聖断一度下リ畏クモ詔書ノ渙発トナル而シテ我ガ国民ノ進ムベキ道此茲ニ定マレリ……聖旨ヲ奉戴シ国体護持ノ一念ニ徹シ……承詔必謹……大詔ヲ奉戴シ……皇国再建ノ活路ヲ拓クベシ……。」何だかまるで判じ物のような呪文のような言葉がならんでいます。要するに天皇陛下が恐れ多くも御決断をなすったんだから、心を謹んでそれを承って、天皇の御心を奉じたてまつって、大日本帝国再建のために頑張りましょう、ということです。敗戦後にまだこんなことを言っているのです。もしこれが、こうでなくて「喜べ、ついに解放された。憎い天皇制国家は倒れた。昨日までは心ならずも屈伏していたが、今こそ正直に言う。伊勢神宮を拝んだのも天皇を拝んだのも本心からではない。屈伏した罪をここにお詫びして指導部は総辞職する」とでもいう文書だったら、どんなによかったかと思います。それなら戦時中の屈伏もまだ許せるのですが、戦争負けて十日もたって、まだ承詔必謹だの大詔奉戴だの国体護持だの、何を寝言を言っているのでしょうか。全教会にこの文章は回ってきました。本心だったのです。無理強いされたのなら、負けたら正直に本音が言えるはずです。負けて十日たってまだこれなのですから、天皇制国家への屈伏は、屈伏ではなくて本心からの服従だったのです。指導部もだれも辞任しませんでした。追いかけて「東久邇総理の宮殿下キリスト両教団（プロテスタントとカトリックということです）両代表へ令旨を賜う」というのがあります。これが傑作な文章なのです。よっぽど嬉しかったらしくて、わざわざこんなオンボロ紙に謄写版印刷で全教会に配布されました。「東久邇総理の宮殿下には去る二十日午前十時日本基督教団及び日本天主公教団の代表者を首相官邸に召させられ、令旨を賜った……富田統理者別室に於いて特別接見を賜はりて後（他の人たちは別室に待たされていたのです）、殿下には莞爾として（ニッコリ笑って）臨場、富田統理者の前数歩の個所に御佇立……」そしておっしゃるには、大東亜戦争はわが国の降伏で終わった、この際、一切の憎悪を捨てて世界永遠の平和のために宗教が大切だから頑張ってくれと、こういう話をされた。そこで心からの喜びをもって皆さんにそのことをお伝えする。光栄の至りである、とこういう文書です。だいたい、一切の憎悪を捨てて と言うのですが、憎悪を捨てるのは侵略された側の言い分で、侵略した側が一切の憎悪を捨ててなどと言えた義理ではないはずです。傑作なのは、最後に追伸がありまして「終わって殿下を中心に、唯一人の婦人と言ふので植村環女史は御側近く召され一同其の左右に居流れて記念の映写が行なはれ、午前十時三十分、殿下の御退席と共に一同官邸を御暇申し上げた」というのです。天皇制への屈伏が本心からのものであったことは明らかです。

そして今度は逆に、アメリカ軍が来ますと、キリスト教はアメリカの宗教であって、キリスト教こそ民主主義の精神的支柱であるということになって、戦後の大伝道が始まります。まことに軽薄なことでした。最も象徴的なのは賀川豊彦先生です。私の父は賀川伝道の熱烈なファンでした。何回も私の教会へいらっしゃって、小学生の私を膝の上に抱いて頭を撫でていただいた、なつかしい思い出のある先生です。しかし、八月十六日、敗戦の次の日です、「八月十六日銀座街頭にて必勝祈願音楽礼拝・説教者賀川豊彦」という広告が残っています。八月十四日に出たのです。次の日に戦争が負けましたから、当然中止になったわけですが、その先生が、九月には、今度は「日本人をキリストに」ということで、キリスト教こそ民主主義の基本精神であると、日本全国をまわって説教して歩かれることになります。私も戦後の賀川伝道で感激した一人です。何とも不思議でしょうがないのです。どうして、こうくるっと変われるのか。戦時中のことは本心ではなかったのだと言うのなら、なぜ戦争が終わってからまで「承詔必謹」などと言ったのでしょうか。どこで変わったのか、その事について、やはり責任ある立場にいる人たちは、公にする義務があると思うのです。私はこういう理由で変わったんだと、あの時は間違っていたのだ、だから今日からは悔い改めてこうする、と言って下されば、何も問題はないのです。人間ですから、間違うわけですから、間違ったと認めて悔い改めて下されればよいのです。何もせずにずるずると、何か最初から民主主義者だったような口振りで、占領軍の威光をかさにきて、戦後の教会の大繁栄時代がくることになります。私の教会も人があふれてあふれて入りきれませんでした。アメリカ兵が礼拝に来るのが楽しみでした。かならずランションという野戦携帯弁当を置いていってくれるからです。若い方はご覧になったことがないでしょうが、ロウで塗りかためてあって、ヒモをひっぱると開くのです。インスタントコーヒーというものを初めて見たのもその時です。本当にアメリカ主義の時代でした。その勢いでキリスト教大伝道をしたのです。

さて沖縄はどうなったかと言えば、これはもうご存じのとおりです。沖縄は敗戦後は米軍の直接占領下におかれて、本土から切り離されていました。ですから沖縄は日本国憲法のおよばない土地になりました。同時にアメリカの領土ではありませんから、アメリカ合衆国憲法も適用されない、憲法のない島になりました。憲法のない島ということは、基本的人権の保証のない島ということです。以来三十数年の沖縄の苦難の歴史が始まるわけです。日本基督教団が生まれた時には、沖縄は九州教区沖縄支教区でした。いくつ教会があったのか諸説ありますが、当時の支教区長でいらした松田先生は十二と書いておられます。やがて戦争が激しくなると、本土出身の牧師は疎開命令が出て全員引き揚げてしまいます。命令でやむを得なかったわけですが、しかし羊飼いが羊を置いて離れていったのは事実です。後に残ったのは四人の沖縄出身の牧師だけ、その牧師のうち二人は戦死し、一人は戦病死して敗戦時に残っておられたのはたった一人だけ、しかも病気で入院中でした。ですから、戦争に負けた時、沖縄には牧師はいなかったのです。あの廃墟の中から、信徒だけで教会を再建したわけです。信徒が集まって礼拝を再開しました。占領軍のチャプレンが協力してくれました。そうやって沖縄の教会が悪戦苦闘しているさなかの一九四六年六月七日、第三回教団総会が開かれました。敗戦後最初の総会です。沖縄と本土の交通は遮断されていましたから、沖縄は代表を送ることはできませんでした。その沖縄の代表がいない総会で、これまた本当に悲しいことですが、教団総会の記録のどこにも沖縄代表がいないことについての記録がないのです。そのことについての議場での発言もありません。沖縄代表がいないことに気づかなかったらしいのです。議席も作ってなかったみたいです。最初からいないものとしてやっていたようなのです。そうして、この総会で変更された新しい規則には沖縄支教区の名前はありませんでした。削られていたのです。戦時中の東北教区が辻常置委員の名前を黙って削ったのと同じ事が、ここに起きています。

教会がキリストのからだだと言うのなら、自分の腕一本、足一本切り離された時に、何の痛みも感じなかったのと同じではないでしょうか。いくら米軍占領下にあって、政治的に切り離されていたからと言っても、同じ一つの教会だったのです。そして良い悪いは多少問題はありますが、ドイツの場合には、東西ドイツに分裂しても、教会は一つだということを長く守っていました。国家が分裂しても教会の分裂は認めませんでした。後で、西の教会がＮＡＴＯを承認した時に、東の教会はそれに反対して分かれるのですが、それまでずっと両ドイツの教会は一つでした。つまり、教会には国家とは別な論理があるというのがドイツの教会の主張だったのです。それに比べてみると、私たちはあまりにも国家のやることに無批判に従ってきたのではないでしょうか。国家に合同しろと言われれば合同する、戦争だと言われれば戦争に協力する、神社にお参りしろと言われればお参りする、朝鮮は植民地なのだから日本語を使わせろと言われれば教会も使わせる、国家が沖縄切り捨てだと言えば教会も切り捨てる。どこに国家と違う、国家から自立した、あの最初に申し上げた「教派教会」の意地があったのでしょうか。国家から自立していない教会は教派教会ではないはずです。それがなかったと言うことは、やはり、この国家に対してどういう告白をぶつけて戦うのかという、その告白がなかったということと、一緒なのかも知れません。ともかく、苦闘する沖縄の教会を見捨てた格好で「教団」は戦後の出発をしてしまいました。沖縄はやむを得ず、沖縄基督教連盟、沖縄キリスト教会、そして沖縄キリスト教団と、自主的な独立の発展の道を進みます。

そして一九六九年に「合同」するわけです。だから「合同」と言わざるを得なかったのです。「復帰」などと言えた義理ではなかったのです。向こうが勝手に出ていったのなら「復帰」を呼びかけて「復帰」しろと言えます。こちらが切り捨てたものを「復帰」とは言えません。ですから、あの時「教団」は、この歴史的事情を配慮して「合同」と言わざるを得なかったわけです。例えてみれば、親が子を捨てたようなものです。捨てた子どもが立派に成長して再会した時に、「復帰」などと言えるわけがありません。親の方があやまって許してもらって、親子の縁を復活してもらうほかないはずです。その事が分かっていましたから「合同」と言いました。「復帰」とは言えない。だけど実際は「復帰」だと思っていたわけです。それがおかしいのではないでしょうか。それがその後のこじれの元なのです。「復帰」させておきながら「合同」と言ったのです。「合同」と言ったのなら「合同」すれば良かったのに、言葉だけ「合同」と言っておいて中身は「合同」ではなかった。「復帰」させたり「吸収合併」したりしてしまった。向こうが「復帰」してきた、あるいは「加入」してきたというのです。それなら「復帰」とか「加入」とか言うべきなのに、そうは言えないものだから「合同」と言った、そこのずれが「合同のとらえなおし」と言う問題の中身なのだと思います。合同の時点で名前も「基督」から「キリスト」に変えて欲しい、という要望が沖縄から出されていましたが、「教団」は耳を貸しませんでした。変えたらお金がかかるという理由で拒否したわけです。ですから沖縄の方が漢字に変えました。弱い教会の方がお金の負担を負って、強い方は名前も変えない。規則も変えない、何も変えなかったのです。もちろん沖縄の側にも問題はありました。あの頃「本土復帰」という嵐のような動きの中で、教会も「教団」に「復帰」することに疑問を持たなかった人たちが大勢おられたのです。あの時点では、沖縄の中にも問題に気づいていた人は少なかったのだと思います。後になって、おかしいと気づかれた。「復帰」したのは間違いだった。「合同」と言ったのだから「合同」すべきだったのだと気づいたのです。「復帰」では米軍占領下の苦労は無になってしまいます。旧「合同」時に十二だった教会は二度目の「合同」の時には二十三になっていました。信徒だけで礼拝を再開し、悪戦苦闘の中で独立の自主的沖縄キリスト教団を形成してきた。その歴史はまさに「合同」にふさわしい独立の教会の実質を持っていたのです。このことに気づいた時に、まさに「合同のとらえなおし」が求められることになったのです。

日本基督教団は、国家のやることに何でも従ってきて、国家も間違うのだということについて、一度も気がついたことがなかった。その同じ間違いを沖縄との関係でもまたやってしまったのです。あるいは、日本基督教団が、国家がしたのと同じように、朝鮮の教会を「吸収合併」し、ホーリネス教会を「切り捨て」てきた。その同じあやまちを、一九四六年には沖縄教会を「切り捨て」、一九六九年には「吸収合併」することで繰り返してきたところに、問題の本質があるのではないかと思います。国家との関係が信仰告白の問題と無関係でないことは明らかです。教会の合同であれば信仰告白と教会制度についての真剣な検討が必要だったのですが、「復帰」なら何も問題はないことになります。国家への服従が「合同」という名前の「復帰」を生み、そのことが信仰告白と教会制度についての真剣な討議を不必要にしたのです。

4 問題と今後の課題

時間がなくなりましたので、今後の課題について短く申し上げます。具体的には、今問われていることは、第一には名前をどうするのかということです。「合同」したのなら新しい名前になって当然ではないか、「日本キリスト教団」とか「日本合同キリスト教会」とか、何か新しい名前にしようではないか、という声があがっています。これは十分議論しなければいけないことで、簡単に合意には達しないと思いますが、このことを考えることが「合同のとらえなおし」を考える手がかりになりますので、大変大切な問題だと思います。時間はかかっても、いずれ名前は変えなければならないと私は思っています。

第二は、創立記念日をどうするのかという問題です。これは今のところ、旧日本基督教団の創立記念日、沖縄キリスト教団の創立記念日、両教団の合同記念日と三つの記念日を持つのが一番良いのではないかと、私個人は思っています。これも今後の討議が求められています。

第三は、今、直接問題になっていることで、「教憲前文」と「教団の沿革」です。お手元に「教団の沿革」の改定案があると思います。ともかく、「教憲前文」にも「教団の沿革」にも教団成立の歴史が書いてあるのですが、そこに一九六九年の合同のことが何もふれられていないのです。これはいくら何でもひどすぎますので、書きなおさなければなりません。これだけはまずやってしまって、名前の方は少し時間がかかりますが、ちゃんと議論して、本当に合同の実質にふさわしい名前にすること、これが具体的に処理すべき問題だと思います。

もっと根本の問題は、第一には、先ほどから申し上げていますように、この日本という現実の歴史と社会の中で、キリストの恵みに本当に従って生きようと思ったら、どういう信仰をどのように告白し、どんな教会を作っていくのかということについて、本気で考える必要があるということです。教会が合同するということは、信仰と教会組織において一つになるということです。そしてその信仰と教会は、真空状態の中に存在するのではなくて、この日本の歴史と社会の中で告白し形成されるものです。旧長老主義でも、旧会衆主義でも、旧監督制でもない、本当にこの日本の現実の中で、「天皇が死んでいく国」で、本当にキリストに忠実に生きようと思う時に、どういう信仰とどういう教会制度を私たちは持つべきなのかということについて、これから本気で考えていかなければなりません。第二には、国家との関係です。もう一度同じあやまちを犯してはなりません。第三に、ホーリネス教会を切り捨てたり、朝鮮人教会を抑圧した、あの歴史をふまえて、抑圧されている人々、差別されている人々、アジアの人々との連帯をどう実現していくのか、以上三つの問題が「合同のとらえなおし」の中で、日本の教会が本当にキリストの教会となるために問われている問題ではないかと思います。大変粗雑な、一方的な私の感想だけお話したみたいで申し訳ありませんが、皆さんの議論の材料として、何かの手がかりにしていただけたらありがたいと思います。これで終わらせていただきます。

8　私の信仰告白と「信仰告白文」

一九九九年六月二〇日に日本基督教団神戸教会夏季特別集会にて行った、主日礼拝説教「神はわがやぐら」および発題講演「私の信仰告白と『信仰告白文』」。日本基督教団神戸教会伝道部委員会作業・編集『土の器に盛られたいのちの言葉――聖書をどう読むか』二〇〇三年三月、所収。他の文章との重複部分を削除の上、収録した。

神はわがやぐら

詩篇四六篇に基づいてマルチン・ルターが作った賛美歌が、有名な「神はわがやぐら――」であります。これは多分たくさんある賛美歌の中でキリスト者にとって最も愛されている賛美歌の一つであると思います。世間一般では「きよしこの夜――」とか「いつくしみ深き――」とかが知られているかもしれませんが、教会の中では、この「神はわがやぐら」ほど愛され歌われた歌は少ないと思います。

第二次大戦が終わって、ドイツの教会は新しい賛美歌を編集しました。日本もそうでした。文語の賛美歌から戦後新しい口語の賛美歌になり、またこのたび『讃美歌21』に変わるわけです。ドイツも、一年前に新しい福音主義賛美歌に変わりましたが、その前に第二次大戦が終わって最初に、福音主義教会賛美歌集を新しく編集しました――ドイツの教会の大変優れた賛美歌集です。ところが大変驚いたことに、この賛美歌を編集するときにドイツの賛美歌委員会は、この「神はわがやぐら」を含めるかどうかで大変悩んだのです。私たちからすると、これを含めないなどということは考えられません。ドイツ教会が、いわばドイツ教会の土台を据えたといってもよい、この「神はわがやぐら」を、どうして新しい賛美歌に入れるべきか入れざるべきかで悩んだのでしょうか。それにはわけがありました。第二次大戦の最中、ナチス・ドイツのヒットラーの軍隊の若者達が、この歌を歌って戦場に出ていったからです。「神は我々の味方なのだから、我々は絶対に勝つ、国は永遠に残る」と。この「国」という言葉は日本語の賛美歌では「神の国」となっているのですが、ルターのドイツ語歌詞の日本語訳では「御国」となっています。しかしドイツ語には敬語はありませんから、原語はただ「国」です。そして当時（一九三〇～四〇年代）の国と言えば「第三帝国」なのです。つまりヒットラーの帝国です。ですからこの賛美歌の最後の一行の「国はとこしえに残る」というのをヒットラーは意図的に、ヒットラーの国は永遠に残るというイメージで歌わせたのです。ドイツの青年たちはこの歌を歌いながら出て行き、その多くは二度と帰って来ることができなかった。つまり、この歌はナチス・ドイツの戦意高揚の歌に利用されたのです。

ですから、第二次大戦後、ドイツ賛美歌委員会はこの歌を賛美歌集に入れることを非常にためらったのです。この名曲を入れないわけにはいかない、しかし、これがナチスの戦意高揚の歌に使われた――、そのことについてどう総括するかということに迫られました。それでドイツの賛美歌委員会はあらためて、詩篇四六篇についてルターがどのように仕切りをしたか調べたのです。ルターは詩篇四六篇について「詩篇講解」というものの中で詳しく講解していますし、あちこちでこの詩篇四六篇について説教しています。そういう、ルターが詩篇四六篇について書いたものをすべて集めてもう一度研究し直しました。その結果、ドイツの賛美歌委員会は、ルターは詩篇四六篇を勝利の歌とは決して解釈していない、ルターは慰めの歌として解釈しているということに気がつきました。ですから、勝つのは我々が勝つのではなくて、この苦難の中にある私たちを神が助けて下さる、詩篇四六篇の「神はわたしたちの避けどころ、私たちの砦、苦難の時必ずそこにいまして助けて下さる」について、ルターは「苦難の時、神が助けて下さるというのは、苦難を取り除いて下さるということではなく、苦難の中にあって我々を慰めて下さる、それが詩篇の信仰である、それが十字架の信仰である」と考えました。ルターはすべてのものを十字架から解釈しました。これは歴史学的にはおかしいのですが――旧約聖書はキリスト以前の書物なのですから――、キリストから解釈する、これがルターの解釈でした。歴史学的には間違った解釈ですが、信仰の目からすれば、我々キリストによって生かされているものは、すべてのものをキリストを通してみる、これは真実だという、ですからルターは詩篇四六篇もキリストの十字架を通して読みました。

主が勝つのであって、我々が勝つのではない。主が勝つのはどういう勝利かといえば、十字架こそ主イエスの勝利である。十字架について自分を捨て、人々のために命を捨てることが主の勝利でありました。我々も同じようにキリストに従って生きるとき「我々にはこの世では苦難が多い」とイエス様もそうおっしゃった。「あなた方はこの世にあっては悩みが多い。しかし勇気を持ちなさい、私は世に勝っている。」イエス様は「世で」勝つとはおっしゃいませんでした。「この世で」勝利者になるのではなく、「世に」勝つ、すなわち「人に勝ちたい」「人の上に立ちたい」「人よりも多く持ちたい」という「世の欲」に勝つということですから、世に勝つということはこの世では「持てない」ことです。この世に勝つものはこの世では出世しませんし、この世では金も儲かりませんし、この世では名誉も得られません。しかしそれが喜びなのです。イエス様にとっては十字架こそ喜びだったのです。なぜなら「十字架は神の愛のしるしであり、愛は勝つことを求めない」、ルターはそう言いました。確かにそうだと思います。親が子に勝ってどうするのでしょうか。夫が妻に勝ってどうするのでしょうか。恋人が恋人に勝ってどうするのでしょうか。愛は勝つことを求めないのです。ですから、私たちイエス様に従って生きるものは、キリストに従って生きるものは、この世では苦しみが多い、しかしそれこそ喜びである、キリストの故に苦しむことこそ喜びであり、その苦しみの中にあって、私たちがキリストの故に苦しんでいるときに、私たちに慰めが満ち溢れているのです。それが詩篇四六篇だとルターは言うのです。であるとしたら、この「神はわがやぐら――」という賛美歌も、決して私たちが敵に勝つ賛美歌ではなくて、私たちのその苦難の中で神が勝つ、その勝利を信じて苦難の中に生きる、それがこの「神はわがやぐら――」という賛美歌の中でルターが歌いたかったことであります。

ドイツ賛美歌委員会はそのことを発見して、もう喜びに満ちて新しい賛美歌集にこの「神はわがやぐら――」を改めて収録したのです。しかしこれは宗教改革記念日のところには入れませんでした。そうではなくて「神の慰め」という項目のところへこの賛美歌を入れました。

今、私たちは「神はわがやぐら――」というこの賛美歌を『讃美歌21』でも当然収録したのですが、収録にあたって、今申し上げたようなことを学び直して、改めて賛美歌委員会でもう一度、そのことを皆で確認して、この賛美歌を新しい『讃美歌21』にも入れるということを決めました。

主にあって私たちがこの世の苦難の中で慰めを与えられて生きる、そこに私たちの喜びがあります。生涯この歌を高らかに歌いながら、信仰の証をしていくことができますように。お祈りをいたします。

私の信仰告白と『信仰告白文』

歴史の責任を考える

私は二五歳になって、恥ずかしい話ですが、自分が歴史を背負わされていることに初めて気づいたのです。真空の中で生きているのではない。ボンベイでも私は社会の中でキリストに従うということを考えざるを得なかった。あの中国人の友だちと出会って〔編注：「歴史を背負って生きるということ」を参照〕、私は歴史を背負っている、その歴史の中でそういう歴史を背負った日本人として、キリストに従って生きている、ということを考えなければ、私の信仰は人に語られない信仰である。中国人に対して私はクリスチャンですと言うなら、今背負っている歴史はどうするのかと聞かれるだろうと思いました。

ドイツに留学したとき、船で往復したのはよかったと思っています。もし、飛行機で行き、飛行機で帰ってきたら、「ヨーロッパは良かった」などと言って、ヨーロッパかぶれのインテリで終わっていたと思います。多分大学で研究者として本を二、三冊でも書き、めでたく終わっていただろうと思います。船で行ったおかげで、キリスト教的にいえば、この歴史と社会の現実の中でキリストに従うとはどういうことかを考えるようになりました。もっと一般的にいえば、私が本当に人間らしく生きようと思ったら、私一人が人間らしく生きるだけでは駄目で、私の属している社会が人間が人間らしく生きられる社会になるように、私にできる小さな努力をしなければいけない。そういう努力をする中にだけ、私自身も人間らしく生きられるようになる。そういうふうに考えるようになり帰ってきました。

その後、ＷＣＣ〔編注：世界教会協議会〕の中央委員をやっているときに、一度マザー・テレサにお目にかかりました。本当に素晴らしい人ですね。あの人は言う権利があるというか、言うことができる。何もかも捨て、インドのスラム街に飛び込んで一緒に暮らしているのですから、神さまを信じなさいと言う資格がある。黙って奉仕していらっしゃる本当に偉い人だと思います。心から尊敬しておりますが、なお同時に、私の経験に照らして言えば、一つ足りないものがあります。マザー・テレサがインドの捨てられた惨めな貧しい人たちのために幾ら一生懸命に努力されても、あとからあとから幾らでも捨てられた貧しい人が出てくる。その社会には一切手をつけない。それではなお一つ足りないのではないか。そういう人たちが出てこないような努力をしないと。両方必要だと思います。そういう人たちが出てこないような社会をつくる努力は百年かかりますから、そういう社会ができるまでは毎日毎日捨てられた貧しい人が出てくるわけで、そのお世話は絶対しなければいけない。だから片方でそういう捨てられた人のお世話をする人がいなければ絶対困るし、同様に、そのような人が出てこないような社会をつくる努力をする人も神さまに喜ばれる人なんだろうと思います。一人の人が両方に生きるということは大変なことですが、とにかくその両方が必要なんだと思うようになり、ドイツから帰ってきました。そうすると、飢えとか貧困とか、戦争とかがなぜ起きるのか、その理由がわからないと除きようがありません。やはり飢えとか貧困とかの問題は経済学の勉強をしなければならないと思うようになりました。復学して、幸い総合大学ですから、中庭を隔てた隣は経済学部ですから、次の日から経済原論から全部聞きなおして経済学の勉強をしました。文学部の大学院の講義は週一~二回しかありませんので、残った時間は全部経済学の勉強に充てました。以後三十九年、宗教哲学と経済学を二股かけて勉強してきました。そして、その後の日本で自分ができる、この歴史と社会の中でキリストに従う生き方を、手探りで探してまいりました。

ドイツ人夫婦にインド・コンプレックスを癒される

もう一つだけ申しておきますと、ドイツに九月に着きまして、クリスマスが近づいたとき、実はインド・コンプレックスで悩んでおりました。インドで船を下りなかったということ〔編注：「聖書とバッハとマルクス」参照〕が私の負い目になっていました。インドの飢えた子どもたちを想い起すと、あれを見捨ててドイツに来てしまった、ドイツで幾ら貧乏な留学生でも、ドイツ政府の奨学金は割と豊かなものですから、優雅な生活をしていて、あのインドの子どもたちを想い起すと罪悪感があり、非常に重荷になっていました。

ある日のことです。私は月曜日から土曜日までは学生食堂で昼食をとるのですが、日曜日は学生食堂が閉まりますので、朝に教会に行き、昼は週一回の贅沢ということで町のレストランで食べるのです。二～三回そうしているうちに安くてうまいレストランを見つけ、そこの常連になり、礼拝が終わると必ずこのレストランに行き、新聞がありますから、それをとって、昼食を食べ、コーヒーを飲んで新聞を読みながらねばるんです。おばさんとも顔なじみになり、食べる物も決まってきました。新聞を読みながら、二、三時間ねばるんです。あれはヨーロッパのよいところでしょうか。いつまでいても構わないのです。何も言わないのです。そうやって三カ月がたった、クリスマス目前のある日、コーヒーを持ってきたおばさんが、「ダンケシェーン」と言って、コーヒーを置いたまま立ち去らないんですね、どうしたのだろうと私が顔を上げますと、おばさんは「訊きたいことがある。おまえはクリスマスイブにどこから招かれているか」と。私はびっくりして「いえ、どこからも招かれていません」と答えました。クリスマスの二五日は主任教授から家に招待されていたのですが、二四日はどこからも招かれていませんでした。ドイツはクリスマスイブは大体家族だけで祝うものなんですね。そしたらおばさんは、「私の家に来ないか」と言うんです。びっくりして、「行ってよいのですか」と言ったら、「いいよ」ということで、地図を書いてもらい、クリスマスイブの晩に出かけました。

町外れの大変貧しい家で、夫婦とも五〇～六〇歳代でしょうか、それとまだ一〇歳くらいの、親の年の割には小さな男の子がいました。簡素ですが、手づくりの心のこもったもてなしをしていただきました。愉快に飲んで、私は聞きました。当然「なぜ招いてくれたのか、クリスマスイブの大事な晩に」と。夫婦はかわるがわる答えてくれました。まず奥さんが言うには、「私はウィーンの空襲で火の中を逃げているうちに家族離れ離れになってしまい、次の朝、家に戻ると我が家は焼け、待てど暮らせど家族はだれも帰ってこず、一人ぼっちになってしまった。戦争が終わり、ドイツが繁栄しているというのでドイツへ行き、ウエイトレスをやりながら生活し、このマールブルクに来て、あのレストランで旦那と出会った」と言いました。一方旦那は、「いや、俺はベルリン子で大工だ。ソ連戦線に引っ張っていかれたが、負けて捕虜になり、ソ連で三年ぐらい捕虜生活をして、ベルリンに戻ってきたら、家族はだれもおらず、俺は孤児になってしまった。腕に職があるため、西ドイツで大工をやりながら、このマールブルクの町に来て、毎週あのレストランで昼食をとるようになった」と。奥さんが言うには、「毎週日曜日になるとやってきて、寂しそうに新聞を読み、コーヒーを飲んで何時間もねばるので、余りかわいそうなので、声をかけて知り合いになった。声をかけてみたら二人とも天涯孤独であることがわかり、結ばれて今では子どもも生まれ幸せに暮らしている。一〇年たち、一〇年前のこの人と同じような男が毎日曜日になるとやってきて、昼食を食べてコーヒーを飲んでいるという話を旦那にしたら、旦那が呼んでやれと言った」と奥さんが言うんです。すると旦那が演説を始めました。ドイツ人は演説が好きですから。「きょうはクリスマスである。イエス・キリストが生まれた日だ。イエス・キリストは寂しい人を慰めるために、この世に生まれてきたのだ。私たちは寂しいということはどういうことかよく知っている。だからおまえを呼んでやったのだ」と、こう言うんです。私はキリスト教の専門家だと言い出しにくくなって、はあ、そうですかと聞いていたんですが、あの晩は本当に嬉しかったです。

私はあの晩、氷点下一〇度の道を歩きながら、インド・コンプレックスから解放されたのです。私はインドへ行かねばならないかとずっと思っておりました。そればっかり考えていて、目の前には寂しい人がいる、インドに行かなくても目の前に私の慰めを必要とする人がいるのに、そこから目をそむけて、インドのことばかりを言うのは間違っていたのではないか。歴史と社会の中でというのは、今私が生かされているその場所でということなんで、インド、インドと考えることは、逆に言えば、現実から目を外すことではないか。インド・コンプレックスから解放されるということは、自分の生きている場所で私の助けを必要とする人、私の慰めを必要とする人と出会わされているのではないか。そこから目をそむけるということは、聖書にある「よきサマリア人のたとえ」のレビ人や、祭司のように、自分の助けを求める人が目の前にいるのに、そこから目をそむけるということになる。Hさんというのですが、Hさんが目の前に寂しい男がいるときに、それを慰めてあげようと思ってくれた。その心に私は癒されたのでした。Hさんとの出会いは私にとって、忘れられない体験でした。

歴史の中でキリストに従うことに目覚める

そうやって私は、高校生のとき洗礼を受けたときから二五歳になって、ようやく歴史と社会の中でキリストに従うということに目覚めました。

もう一つだけ申し上げたいのは、宮城刑務所という大きな刑務所が仙台にあります。これは全国でも数少ない死刑囚を収容している刑務所ですが、死刑囚で無実の方がおられます。宮城県の人から再審のメッカと言われているところで、有名な人が帝銀事件の平沢さんです。その「平沢さんを守る会」に入ったのが私が再審問題に関わるきっかけでした。

一番深く関わったのが、佐藤誠さんという短歌の歌人で、大変有名な方ですが、牟礼事件という殺人事件の犯人とされ、死刑の宣告を受け、宮城刑務所で三七年間無実を訴え続け、七回再審請求をやったのですが、七回とも却下され、ついに刑務所の中で脳卒中で亡くなってしまいました。私は守る会の会長をやって、十数年再審運動をやったのですが、この佐藤さんもカトリックの信者なのです。再審運動をやっているときに、無実の人が刑務所にいますよと言われ、ありとあらゆる調書を弁護団を入れて調べてみましたが、どう考えたって無実なんです。それだけど国家は面子にこだわり、一度判決を下したら絶対にひっくり返さないんですね。それをニュースに書いて、全国につてを求めて、広げていく。それは本当に一文の得にもならない。

だけど、この同じ空の下に無実で死刑になる人がいる、それは許せない、と思う人がおられるんですね。そういう人が会報を買ってくださる。署名を集めてくださる。一年に一回守る会の総会を仙台でやるのですが、全国から自腹を切って集まってくださる。集まってくださるかなりの方はクリスチャンですが、そうでない方も半分以上おられます。そういう会合で私は、クリスチャンであるかないかということは実は問題ではないのではないか、神さまの目から見たら……。私はクリスチャンとしてクリスチャンであることによって救われ、喜びを与えられている。だけど、クリスチャンでない人を神さまは排除しているなどということを、我々に決める権利はないと思うようになりました。ですから、伝統的キリスト教とは少し違うような考えですね。現実にそういう人と接する中で、自分では自覚的なクリスチャンではないにもかかわらず、神の導きによって、自分を捨て人々のために働いている人がいる。そういう人ももちろんエゴイストで、家に帰れば夫婦喧嘩をやったり、親子喧嘩をやったり、嘘をついたりしている。だけどもその人の中に無実の人が死刑になることは許されないんだと思う心を呼び覚ましてくださる神の恵みが働いている。クリスチャンでない人にも神の恵みが働くと思うようになりました。

伝統的なキリスト教から言うと、十字架もオベリスクではないということになっておりますので、私はそう信じています。私にとっては十字架もオベリスクではありません。だけどもそのことは神さまの自由を妨げることとは違うのではないか、神様はクリスチャンではない人の心の中にも働く自由を持っておられる。そのことを私は受け入れよう。クリスチャンとしてずい分抵抗もありました。クリスチャンでない人も救われるとしたら、何のために信者になったんだと思いたくなりますが、それは神の御業を私が狭めることになる。現実にそういう運動の中で、そういう人々に触れていく中で、神さまはそういう人々の中にも働いておられる、と思うようになりました。それが私の信仰の告白であります。

そういうことですから、私にとっては佐藤誠さんのために自腹を切って働くことが信仰告白であり、平和運動のためにデモ行進することが信仰告白であり、もちろん教会学校で子どもたちに聖書のお話をすることも信仰告白であります。

しかし、そういう一人一人の信仰告白だけでなく、信仰告白文というのが求められる場面があるんです。

信仰告白文が求められる状況

教会として信仰告白が求められる場面があります。これは伝統的に二つでした。すなわち教会と国家が対立する場面、そして教会と異端が対立する場面です。国家の弾圧が来たとき、例えば天皇が「天皇を礼拝しろ」と言ったとき、教会は一人一人ではなく結束して、教会として「我々は神以外のものを神としてはならない」ということを告白しなければならない。そういうときがあるんです。それは、教会がはっきりした言葉で共同の告白としなければならないことです。もう一つは、歴史的には異端と言われているものです。異端という言葉は間違っていると思いますので、私自身は使わないのですが、歴史の中では異端と呼ばれています。要するに、別な信仰ということです。

これは現実の問題として起こってきます。例えば、私たちの教会の中にも統一協会に心がひかれる人がいたとしますね、「いや、それは違うんだ。私たちの信仰はそういう信仰ではない」と言わなきゃいけない。それは違う信仰だということを公にしなければならないときがどうしても出てきます。これは歴史の中でキリスト教が何回もぶつかったんです。

ただし、それが国家とくっついたとき、違う信仰が処罰されたり、それを信仰している人のいのちが奪われたりすることがあったんですね。それは間違ったことだと思います。ただ、そうではなくて、「統一協会はキリスト教とは違います」、それは異なる信仰です、ということは言わなければなりません。相手がどうしても納得せぬときは別れるほかありません。しかし、別れるだけの話であって、刑務所に入れるとか、焼き殺すとか、そんなことはすべきでない。それは間違っていることです。ですから、異端だなんて言う必要はありません。しかし、異なった信仰だと言わねばならないときがあることは事実です。そのときに言わないのは罪だと思います。

ですから、教会としての信仰告白を求められる状況があるということです。これはスタトゥス・コンフェシオーニスと言って、昔からラテン語で言われている告白状況、告白が求められる状況というものであります。ということは、逆に言えば、信仰告白文というのは、ある状況の中で告白されるものであります。状況抜きの抽象的真理ではないんですね、信仰告白文というものは……。ですから、信仰告白文というのを状況抜きにだれにでも完璧に認めるというのは、信仰告白の本質に反している、と私は思います。やっぱり歴史と社会の中で、教会が、個人としてではなく、教会としての信仰告白を求められているときがあるはずで、そのときにしなければいけないと思います。

日本キリスト教団は残念ながらしなかったのです。戦争中しなければならないときにしなかった。戦後しなくてもよいときにしたんですね。そこが日本キリスト教団の信仰告白の問題なんだと思います。日本キリスト教団の信仰告白の文章そのものは、どこにも間違いはありません。さすがに北森先生が作られただけあって見事な文章です。教理からいえばどこにも間違いのない、文句のつけようがない文章ですが、なぜあのとき、あの場で、あの文章を告白しなければならなかったのか。信仰的理由はありません。教団の分裂を防ぐため、政治的理由だけであります。それは信仰告白にはならないと私は思います。ですから、信仰告白文は必要なものですけれども、状況を超えて抽象的な真理ではないということによく用心しなければいけない。形式的に、あの文章を認めればクリスチャンとして認める、というわけにはいかないんだと思います。ですから、それぞれの教会が信仰告白文をずっとつくってきたのは、それぞれの状況の中でやむを得ざる決断をして、告白してきたからです。それを我々はそれぞれの教会の戦いの歴史として尊重する。これは当然のことであります。しかし、だからといって、我々もそのまま機械的に反復すればよいのかといえば、そんなことはありません。アウクスブルク信仰告白なんて分厚い本ですが、読んでみるとあほらしいことがいっぱい書いてありますね。しかしそれは、あの時点では、血を流して戦っていたプロテスタント同士がどのようにしたら和解できるのか、戦争をせずに、両方がお互いを尊重しながら、しかも自分の信仰を曲げずに告白するにはあれしかなかったんですね。ですから、あの時点の信仰告白としては実に立派なものです。しかしこれを今、機械的にそのまま認めるわけにはいきません。心から尊重しながら、同時に、我々には我々の告白が求められているんだと思うのです。

信仰告白と言葉

信仰告白は必ず言葉になります。もちろん信仰は言うに言えないものです。と同時に、私の中に響きによって呼び起こされたものを形にあらわすとき、その言うに言えない響きが言葉になります。人を愛しているとき、その愛の思いを言葉で告白することが、その愛の思いをいわば出来事として具体化することになります。ですから、信仰は言葉を求めるのですが、しかし言葉は大変危険なものでもあります。二年ほど前に、八木誠一さんが、教団出版局から『宗教と言語・宗教の言語』という大変面白い本を書かれました。言葉というものについて八木さんらしい分析をしているのですが、大雑把に言って、言葉は客観的事実を述べる言葉と、我が身に起こることを述べる言葉と二種類あるんですね。だから、例えば、犬は哺乳類であるというのは客観的事実です。私には何の関係もない。犬が哺乳類であろうとなかろうと、私の生き方には無関係です。そうでなくて、ポチが飢えている、あるいはポチが車にひかれたということは私に衝撃を与える。私の生き方を変えるといった事実なんです。ですから、私の、いわば実存に関わる言葉と、客観的事実を表現する言葉と二種類あるのですが、それがいつの間にかごっちゃになって、私の実存に関わる信仰が言葉になってしまうと、いつの間にかそれが客観的事実であるような錯覚を起こしてしまうのです。ですから、主イエス・キリストが処女マリアからお生まれになった。これは私の実存に関わることです。客観的事実を述べている言葉ではありません。私にとっては、あのナザレのイエスというお方はもう特別なお方で、神からお生まれになった方です。ですから処女マリアから生まれてくる……。それは信仰の言葉による表現であって、これが客観的事実の言葉だというふうにすり替えられたときに、教義主義といいますか、教義というものは全く信仰の表現なのに、これとは無関係な客観的事実を述べた言葉であるかのようになるんです。しかし、そういうふうなことが起こるにもかかわらず、言葉にしなければならない。信仰告白という言葉にしなければならない。ですから、言葉に対しとても批判的にならねばなりません。私たちはいつの間にか、いわば錯覚を起こしてしまう危険性を持っているからです。

言語・翻訳の問題

今申し上げた言葉は、言語として存在しています。日本語、中国語、英語、ドイツ語、韓国語等々の具体的な言葉です。そうなるとただの言葉よりももっとずれてきます。私たちは日本語で告白します。日本語で告白したとき、私たちの告白はそれこそイエスさまが語っておられたアラム語の告白とはずい分ずれてくる。これは避けられないことであります。英語で「God」というのを日本語の「神」と言って同じかというと、やっぱり全然違うんですね。ドイツ人がゴットという言葉で思い浮かべること、我々が「神」という言葉で思い浮かべることは、ずい分ずれています。重なるところがあるから翻訳できるだけで、重ならない部分がいっぱいあるんです。これは避けられないと思うのです。

聖書はギリシャ語で書かれています。イエスさまはギリシャ語は全然話されなかったと思います。ですから、ギリシャ語は翻訳です。イエスさまはアラム語でしゃべっておられたので、それをギリシャ語に翻訳したとき大きなずれがあります。有名なのは、同志社におられた有賀先生〔編注：有賀鐵太郎〕がおっしゃった「ハヤトロジー」と「オントロジー」というものです。旧約聖書でモーゼが燃ゆる柴の中で神さまと出会います。そのとき神さまに「あなたは何というお名前ですか」と聞いたら、神さまは「我はありてあるものなり」と答えたということになっています。しかし、ヘブル語のハーヤーという言葉は「ある」という意味ではないんだ、と有賀先生はおっしゃっているんですね。「なる」とか「なるであろう」という意味なんです。英語でいえば〝I am, what I am〟（私はあるところのものである）と、キングスバージョン〔編注：英国欽定訳聖書（King James Version）〕で言われていますが、有賀先生に言わすと、それは誤訳でヘブル語の原典は、〝I will be, what I will be〟（私はあるであろうところのあるであろう）または〝I become, what I become〟（私はなるものになるであろう）だというんですね。ユダヤ人の感覚では、ヘブル語には静止した存在はないというのです、ダイナミックに動いている神の創造の中では……。一方、ギリシャ人は停めて考える、永遠の相の中で……。ユダヤ人はすべて歴史の中で、神の御業が働いている中で考える。だからこれはギリシャ語に直して考えるとわからなくなる。神の御業を停めて分析することになるというのです。確かにギリシャ語にはそういうところがあるんですね。だからギリシャでは哲学が発達したんです。ギリシャ語で考えるから、神の本質なんて変なことを考える、神の本質、神の御業を停めて、「神とは何か」、そんなことへブル人は考えたことがない。そんなことは人間が考えなくても神はご自分を現してくださる。神がご自分を現す現し方は、これはもう我々には理解できない現し方をなさる。それを停めて神の本質を分析する……、三つで一つだとか、神が人だとか……、全部ギリシャ人がそういうことを考えたのです。だからそういう言葉というものが持っている制約があるんですね、確かに。そこが大変厄介な問題です。しかも言語は長い歴史を背負っていますから。

『讃美歌21』にもそれが出ています。21には欠点がいっぱいあるんです。だから使いたくない、嫌だという方がたくさんおられます。確かに自分が編集に関わった中では、三割ぐらいのものに欠点があり、今の讃美歌よりも悪くなっている。そこだけ見れば21は悪くなったと言われても仕方ない。だけど七割は良くなっています。良いところと悪いところ両方あるので大変微妙ですが、私は悪くなったところは使わないで、良くなったところだけ使ってくださいと、いつも申し上げるのです。良くなったことの一つに今の問題があります。

例えば、「神よ牡鹿の谷川の、水を慕いて歩むごと、我が魂の……」という詩編がありますが、これはどうでしょうか、「神よ牡鹿の……」、確かに原文は鹿になっています。あれを牡鹿と訳したのは男性中心主義者なのでしょうか、単に鹿で良いはずです。「谷川の水を慕いて……」、そう言われればだれだって美しい谷間の緑の中にさらさらと小川が流れ、そこに鹿がいると思いますね。だけど原文を読めば、あの川に水はないんです。枯れた川です、砂漠地帯ですから。だから鹿は水を慕って歩み、そこへ神の恵みが雨のように降ってくる、という詩編です。つまり、「神よ牡鹿の谷川の水を慕いて……」はとても良い訳ですが、ものすごく日本的読み込みがあるわけです。だから歪んで受け取られる危険があります。『讃美歌21』では、「枯れた谷間に野の鹿が……」と訳し直しました。これは21の良い部分です。なるべく日本的な物の考え方を持ち込まぬようにしようということです。

先ほどご一緒に歌った、「山辺に向いて……」、これは素晴らしい歌で、私の愛唱歌ですが、あれを別所梅之助先生が訳されました。先生は外国文学者でしたから、見事な日本語になっているんですが、「我が助けは天地の御神……」という箇所がある。この「天地の御神」について、実は国学院大学の神道の教授から公開質問状がありました。「天地の御神と書いてあるが、これは神道用語である。キリスト教は神道の神さまを認めるか」と、こう来たんですね。言われてみれば、「天地の御神」は確かに富士山の神さま、山の神さま、自然の神さま等、そういう伝統的、日本的イメージがすごくあります。原文は詩編ですが、今度の新共同訳では、「山々に向かって目をあげると……」と訳していまして、これがまた複雑なんです。ユダヤ教では山は悪霊の住みかです。「恐ろしい悪霊の住む山々が私を脅かしにくる、どんなに山が恐ろしくたって、その山も、天地を造られた神の御手の御業に過ぎない。たとえどんなに悪魔の山が脅かそうと、私には天地の造り主たる神からの助けがある」というのが詩編の意味です。が、確かにこの意味は伝わってこない。ですから、『讃美歌21』では、「目を上げ、私は見る、山々……」となってしまいましたが、これは大変な訳です。こんな訳では恥ずかしくて歌えないですね。『讃美歌21』は、今までどおりのそのまんまのものと、直訳すればこうなりますよというのと二つあるのです。しかし、これもまた必要な過渡的措置かと思います。つまり今は昔と違って、言葉というものに敏感になっている。言葉というものが歴史的制約を背負っていることが明らかになってきています。言葉は、抽象的にいつでも通用するものではありません。歴史的制約を背負っているので用心して使わないと、またうっかり無意識に使うと変なものを読み込んでしまう危険性があります。もともとなかったものを読み込んでしまうということになります。

私たちは信仰告白文を、使徒信条であれ何であれ、すべて日本語でやります。これ以外に方法はないんですが、同時に日本語に対して批判的でなければなりません。無条件にそのままではいけないということだと思います。

信仰告白とローマ帝国

最後に、その歴史的信仰告白が国家との関係でどうなったかということを述べます。国家の弾圧に対して「主以外のものは、神としない」、と信仰告白した場合はすっきりしています。ところが逆に、国家がキリスト教になったらどうなるか。皇帝がクリスチャンであった場合、皇帝の命令で信条を作り、告白文を作らされたら、皇帝の気に食わない信仰告白はどうなるのか。ここに、国家がキリスト教になったときの怖さがあります。実はキリスト教が背負っている歴史的信仰告白のうち、幾つかの重要なものはそういうものです。ニケヤ信条、コンスタンチノープル信条、カルケドン信条、この三つを三大信条といいますが、これらはすべてローマ皇帝が主催して召集した会議で決められたもので、ローマ皇帝の意向のもとで作成された信条です。もちろん、実際にそれらの信条を調べてみると、そういう人間の間違いを超えて神の御業が入っている。ですから、ニケヤ、カルケドン信条はキリスト教に関して、もっとも重要な正しい信仰が表現されていると私は思いますが、しかし、同時にそこに非常に歪んだ力が働いたことも事実です。

カルケドン信条が一番ひどく、ここでは、イエスは真に神であり真に人であるということを決めたのですが、実にややこしい。ありとあらゆる規定を並べているんですね。その規定を要求したのは当時のローマ皇帝です。そしてコンスタンチノープルのローマ帝国がエジプトやシリヤを植民地として支配していたのです。ですから、エジプトやシリヤの人たちは、その信仰告白の文言に対してではなくて、それを強要してくる皇帝に反発しました。ですから、カルケドン信条を認めないということになったのです。皇帝は軍隊を送って、そういう司教を勘当したり、投獄したりしましたが、すればするほど反発するんです。向こうから見れば、あっちはキリスト教ではなく皇帝信者なんです。マルクートと呼ばれていますが、マルクートとは向こうから呼んだら皇帝派です。メレックは王様という意味です〔編注：ヘブライ語〕。こちらカトリック教会は、単性論は異端であると断罪して交わりを絶ってしまいました。そして、今世紀になって、トルコ帝国が倒れ、ヨーロッパから大勢の人がトルコやエジプトに行くようになりました。そこで彼らはクリスチャンに出会い、「あなたはいつからクリスチャンですか」と尋ねると、「いや、私たちは紀元何年の昔からキリスト教徒ですよ」と言われてびっくりしたのです。つまり、ヨーロッパのクリスチャンは、あの地域にはキリスト教はないと思っていたのです。単性論の教会は排除されてなくなってしまって、イスラムになってしまったと思っていたわけです。しかし単性論の教会は今もあります。ローマ教会はようやく誤りを認めて、今から一〇年ほど前にローマ法王がコプト教会の大司教と会談して和解しました。だから単性論は今では異端ではありません。大変時間がかかったのですね。

国家の圧力が、そういうふうに逆に働いたんです。キリスト教を認めないというふうに働いたときは信仰告白は強いのですが、キリスト教が保護されたときは大変危険な状況が生まれるということだと思います。これはカール大帝においても同じです。ヨーロッパを統一して、ヨーロッパをキリスト教によってまとめようというとき、国家と教会の関係に問題が生じる。信仰告白文というのは必要なものなのですが、ニケヤ信条であれ何であれ、無条件、無批判に読んではいけないんだろうと思います。そういう信条がどういう歴史的、社会的状況の中で出来たかということを常に考えながら読むことが必要です。

今は告白的状況

そして今、私たちには信仰告白が求められようとしていると私は考えています。戦後五四年、今の日本は大きな曲がり角に立っています。戦争をしない国から戦争のできる国に変わろうとして、その曲がり角に立っています。君が代、日の丸が法制化されて強制されるときが目前に来ている。国旗に敬礼することが強制される。私は小学校のＰＴＡ会長だったことがあります。卒業式、入学式の壇の上に必ず日の丸があります。先生たちに、あれはおかしいのではないか、職員会議でそう言ったらどうかと言うと、いや言ってもだめなんだ、校長が教員委員会から言われているからだと言うのです。それで、校長も来賓も必ず正面の日の丸に一礼してから壇に上がるんですね。私もＰＴＡ会長挨拶とか言われて壇に上がるのですが、私は絶対に一礼せずに上がります。みんなはあっという顔をしますが、これは私の信仰告白なのです。君が代も歌いません。私は来賓ですから、一番前に立っているのですが、絶対歌いません。私が歌わなければみんな安心して歌わない。かなりの人が歌わなかったですね。しかし、今は処罰されます。ついに自殺する校長さんも出てきました。これがいよいよ法制化されて、歌え、拝めと言われたときにクリスチャンの先生方はどうするだろうか、これは深刻な問題です。

かつて私の父の教会も礼拝堂が軍隊に押収され、物置にされて、牧師館の畳の部屋で礼拝をやっていたのですが、そこに日の丸を貼らされました。そして礼拝を始める前に宮城遙拝をやらされました。拝むべきではなかったと私は思っています。父はある妥協をしたのだと思います。「拝むのではない。形だけだ。これを拒否すれば教会はつぶされてしまい、信徒に迷惑がかかる。だから我慢するんだ」と。その気持ちはわかる。そしておまえはあの場に立ったら拒否できるかと言われたら、できないと思います。だから父を非難するつもりはありません。その場になったら拒否できないからこそ、今、そうならないように努力しなければいけないと思います。それをやらずに、あの時代だからやむを得なかったんだというのは、だめだと思います。やっぱりそういう時代が来ないように努力しなければならない。そういう時代が近づいているのではないでしょうか。

その意味で今、私たち一人一人の告白、自分の生き方をかけた信仰告白が問われている。それがやがて、もっと広がっていきます。クリスチャンの先生が君が代を歌わない、日の丸に頭を下げないということがこれから起きると思います。それが一〇人も二〇人も起ってくれば、日本キリスト教団として言わざるを得なくなるでしょう。そして国家に対してどうするんだ、日本キリスト教団をつぶすのかということになる。そういうのが、告白が求められている状況です。信仰告白と信仰告白文は微妙な関係にあって、告白文は生まれざるを得ないのですが、生まれたら固定化されてしまい、現実と社会から遊離してしまう危険があります。だからといって告白文が無意味なのではなくて、どうしても必要なものです。過去の告白文を教会の闘いの歴史として大事に尊重し、次の人たちに引き継いでいく必要があると思っています。過去の教会が教会の闘いの記録として信仰を告白したように、今、私たちの教会も闘いの記録として告白できるような教会でありたいと思います。

9 「信仰告白に関するステートメント」について

一九七二年八月に開催された第八回日本基督教団教会制度研究協議会において、著者が「信仰告白と聖書学の問題」について行った発表のためのメモを文章化したもの。福田正俊・雨宮栄一編『福音を恥とせず——聖書・信仰告白・戦責告白』日本基督教団出版局、一九七三年、所収。

一九七二年二月二十一日、日本基督教団信仰職制委員会は「信仰告白に関するステートメント」を発表した。(1) これは、「まえがき」「信仰告白に対する基本姿勢」「信仰告白と聖書学との関係」「信仰告白と戦争責任告白との関係」という四つの部分から成り立っているが、中でも第三の「信仰告白と聖書学との関係」は論議を呼び、この問題をめぐって多くの見解が表明されている。(2) 筆者も「ステートメント」本文に沿いながら一つ一つ慎重に検討してみたいと思う。(3)

1

「ステートメント」のこの部分は次のように書き出されている。「聖書が人間の手になる側面をもつものであるかぎり、歴史的文書として、他の文献と同じように歴史的研究の対象となるのは当然である。このような歴史的研究が聖書の理解を深めた貢献をも認めねばならない。しかし信仰は、聖書のテキストそのものが呼び起こす力によるのであって、そのことに歴史的研究は仕えるべきものである。『旧新約聖書は、神の霊感によりて成り、キリストを証し、福音の真理を示し』という『信仰告白』(4)の一節は、このようなことをも含むものと信じる。」(傍線引用者)

この書き出しの部分はすでにいくつかの問題を含んでいる。

(イ) 傍線を引いた「聖書」ということばの持つ二重の性格がここでは明瞭に区別されていない。聖書は、教会的・信仰的にはまさに「キリストを証し」する聖なる書である。しかし「ステートメント」も認めるとおり、それは同時に人間によって書かれた歴史的文書として一つの相対的な文献でもある。歴史学的にはしたがって聖書はけっして聖なる書ではなく、他の文献と何の区別するところもない一つの歴史文書なのである。それでは「歴史的研究が聖書の理解を深めた」と言う時の、その「聖書」はどちらの聖書なのであろうか。歴史的研究が「歴史的文献としての聖書」の理解を深めるのは、これはあまりにも当然である。問題は、歴史的研究が「教会的・信仰的意味での聖なる書としての聖書」の理解を深めてくれるのかというところにある。本文は続いて「しかし信仰は、聖書のテキストそのものが呼び起こす力による」と言っているが、この場合の「聖書」は明らかに教会的・信仰的意味での聖なる書である。そうだとすれば、問題の箇所の「聖書」も、やはり教会的・信仰的な意味での聖書であろう。あるいはここには概念の移行が起こっているのであろうか。前者は歴史的文献としての聖書で、後者は教会的・信仰的意味での聖書というような。おそらくそうではあるまい。なぜなら本文はさらに続けて「そのことに歴史的研究は仕えるべきである」と言っている。つまり信仰を呼びおこすことに仕えるべきであると言うのである。

したがって歴史的研究は、教会的・信仰的意味での「聖書」をその対象としていることになる。この場合には、歴史学は何らかの形で、信仰に直接に結びつけられている。そのことは本文の構成からも読み取れる。本文の趣旨はくだいて言えばこうである。「聖書も人間の書いたものであるから、歴史学の対象になる。したがって歴史学的に研究することはさしつかえない。しかし、信仰の立場からすれば、聖書は同時に神の言なのであるから、歴史学はそのことを明らかにしなければならない。」ここでは聖書の持つ二重の性格が一応認められながら、その両者が何の媒介もなしに、また何らの明確な根拠づけもなしに無雑作に直結されている。そのために聖書学の自由も、一応は認められながら、ただちに信仰の立場からその方向と基本的性格についての注文がつけられることになる。これでは聖書学の学的自由が尊重されているとは言えないばかりか、逆に信仰もまた聖書学から直接に影響を受け、それに依存することになりはしないであろうか。聖書の持つ二重の性格の区別と統一こそまさに「信仰告白と聖書学」の問題の根本であって、この点をあいまいにしては問題の解決は見いだされないであろう。それは同時に「歴史と啓示」の問題でもある。この両者の「分離されえざる区別」を明らかにすることにすべてはかかっている。

（ロ）　次の問題は「信仰は聖書のテキストそのものが呼び起こす力による」という文章である。これもまたいささか不用意な表現であって、十分な吟味を必要とする。日本語としてもこの文章の意味はあいまいである。聖書のテキストそのものがある力を呼びおこし、その力によって信仰が成立すると言うのであろうか。それとも聖書のテキストそのものに信仰を呼びおこす力があるというのであろうか。いずれにしても、ここでは信仰と聖書のテキストとが直結されている。聖書のテキストは、それ自身（そのもの）で信仰を呼びおこす力（あるいは信仰を呼びおこす力）を持つとされている。これは聖書テキストの一種の呪文化である。信仰は聖書のテキストそれ自身ではなく、そのテキストによって証しされ、さし示されている内実（ザッヘ）の力によって呼びおこされるのではないか。もちろんその内実はテキストを離れて、テキストと別に、テキストの奥に、テキストなしにでも把握可能なものとして存在しているのではない。それはテキストと別にではなく、ただテキストにおいてのみ把握される。その意味で信仰はテキストに拘束されている（textgebunden）。しかし同時にそのテキストは、ある時、ある所での人間の言によって書きしるされた証言であって、時代の制約の下にある（zeitgebunden）。まさにそれだからこそ信仰は聖書そのものによって直接に呼びおこされるのではなく（聖書はその書かれた時代と社会の諸条件に規定されているから）、その聖書の証する内実を現代の言に結びつけた再証言としての説教のはたらきによるほかないのである。

説教の言が聞く者を信仰的実存へと新しく生まれさせる時、そこに創造者なる聖霊のはたらきが賛美される。信仰は聖書のテキストそのもののはたらきではなく、説教においてはたらく聖霊の業である。そしてまさにそれだからこそ、聖書のテキストそのものは、かえって歴史学的研究に対して百パーセント開放されるのである。このような関係が一足とびに飛び越えられて、信仰が聖書のテキストと直結される時、そこでは信仰と聖書学は、同じテキストに対する二つの異なる立場として同じ次元で競争し合うことになる。その結果は信仰の名による学問の自由の圧迫（たとえ主観的にはそのような意図がまったく存在しないとしても）に至るほかない。

（ハ）「そのことに歴史的研究は仕えるべきである」という文章も意味がはっきりしない。「そのこと」とは何のことであろうか。信仰がテキストによってよびおこされるということ、そのことに仕えるべきだと言うのであろうか。あるいは、聖書のテキストそのものが信仰をよびおこす力を持っているということを明らかにせよというのであろうか。いずれにしても聖書学の答えは否である。聖書学は信仰をよびおこすことにつかえるものでもないし、聖書学の結果、聖書テキストが他の歴史文書とちがって、信仰をよびおこすという特別な力を持っていることが明らかになるわけでもない。聖書学は不信仰をよびおこすかもしれない。あるいは従来の信仰に疑問をいだかせるかもしれない。聖書学が仕えるのは、そのようなことにではなく、聖書の内実を歴史的方法の限界の中で（したがって間接的にではあるとしても）明らかにし、それによって現代人に対して聖書の問いかけを理解可能なものとすることに仕えるのであって、聞く者がその聖書の問いかけに対して、信仰的に応答するか不信仰的に応答するかは聖書学の関与しえざるところである。もちろんその場合、聖書学によって理解された内実が「信仰告白」によって示されている内実と一致しているか否かは予断はできない。さらに本文は「仕えるべき」であると言う。これでは信仰をよびおこさない聖書学（あるいは信仰においてとらえられている内実とひとしい内実を明らかにしない聖書学）は存在を許されないことにならないであろうか。意あまってことばたらずと言うか、あるいは意があまりすぎてことばがすぎたと言うか、ともかく、現状を憂える熱心がことばをあやまらせていると言うほかない。

（二）「『信仰告白』の一節は、このようなことをも含むものと信じる。」またしても何をさすのかわからない。「このような」とはどのようなことか。[5] 聖書学が信仰をよびおこすことに仕えるべきものであるということであろうか。おそらくそうであろう。しかし本文にも引用されたとおり、「信仰告白」は、聖書について「キリストを証」しするものと明白に語っている。つまり聖書のテキストはキリスト証言であり、キリストをさし示す指であって、テキスト イコール キリストという関係ではない。テキストと内実とは無条件に一致してはいないのである。このテキストと内実とのズレにこそ神学の領域がある。

教団の信仰告白文において聖書の内実として告白されているものが、はたして聖書のテキストにおいてさし示されている内実に合致しているのか否か、それを吟味検討するところに教会の言の批判的自己吟味としての神学の基本的な場があり、聖書学もそれが神学の一つの補助学という位置に立つ場合には、間接的にその吟味に奉仕することになる。したがって、もし「このようなこと」の中味が、歴史研究は信仰をよびおこすことに仕えるべきものだということをさすとすれば、教団信仰告白はまさに「このようなこと」を排除していると言わなければならない。むしろ歴史研究は「信仰告白」の吟味に（間接的に）仕えるべきものなのである。

2

本文の次の部分はこうである。「さらに、歴史的研究の結果は蓋然性をまぬがれえないがゆえに、聖書に対して歴史的研究は自らを絶対化してはならない。もし歴史的研究が聖書のテキストが証しする明白な内容、すなわち『信仰告白』の内容と背馳して、学的な歴史的研究の名のもとに別種のイエス像を作るならば、聖書の証言の中心であるイエス・キリストは、このような聖書研究に対して問いを発し、さらにテキストと対話することを求めるであろう。そしてイエス・キリストが究極の答えとして与えられていることをわれわれは信じるものである。」

これは「信仰告白と聖書学との関係」についての本文の中心的部分である。それだけに慎重な吟味を必要とする。

（イ）「聖書に対して歴史的研究は自らを絶対化してはならない」と言う。ここにはまたしても聖書の二重の性格の混同がある。聖書は絶対的だが歴史学は相対的であるという判断が前提にある。しかしまず第一に、歴史学が対象とするのは教会的・信仰的意味での絶対的な書としての聖書ではない。すでに述べたとおり、歴史学は聖書を歴史的相対的な書として、その限りにおいて扱う。したがって「聖書に対して」歴史的研究が自らを絶対化するというようなことは、歴史学が歴史学としての自己の性格を明瞭に自覚している限りは、けっしておこらない。絶対的な書としての聖書は歴史学の直接の対象ではない。相対的歴史的なかかわりかたをするほかない。聖書のテキストは歴史学的に研究するほかないのである。いかなる信仰的、神学的接近も、本文批判、翻訳、古代語研究というようないっさいの歴史学的研究を排除して直接に聖書に接近することはできない。キリストと信仰者との間には歴史という壁が立ちふさがっているといってもよい。この壁を通らずにキリストと出会うことは不可能なのである。したがって聖書に対しては歴史的研究を媒介とせずにはいかなる接近も不可能なのであって、歴史的研究の結果がどんなに蓋然的でありどんなに相対的であっても、それを用いないわけにはいかない。テキストを離れて内実をとらえることはできないからである。もちろんテキストがイコール内実ではない。それはどこまでも内実をさし示す謙遜な指である。歴史的研究によってこの壁がある程度透明になってきた時、その壁のむこうからどんな声が響いてくるか、それは「聞く耳ある者」にしかきこえない。歴史学はそこで立ちどまる。

以上のような聖書概念の二重性がその「分離されえざる区別」において明確に把握されていないために、さらに第二の問題がおこる。それは絶対的聖書と相対的歴史学とを直接に対決させていることである。「聖書に対して歴史的研究は自らを絶対化してはならない」と言う時、神の言としての聖書と歴史学とが直接無媒介にかかわり合うものとされている。しかしすでに述べたとおり、両者は直接に対決させられるものではない。両者はそれぞれに固有の場を持っているのであって、無媒介に直結させたり、対決させたりできるものではない。さらに第三の問題として、聖書テキストと聖書の内実との短絡を指摘しなければならない。絶対的なのは聖書の証しする内実であって、聖書のテキストそのものではない。絶対的な内実が相対的なテキストにおいて、けっしてそれを離れることなしに示されているからこそ、神学はその必要欠くべからざる補助学として聖書の歴史的研究を必要とするのである。聖書は絶対的だが歴史的研究は相対的であるという時、そこで絶対的なものとされている聖書は、聖書のテキストではなく、内実のことでなければならない。そしてテキストをはなれて内実は存在しえないがゆえに、一つの聖書がここまではテキストでここからは内実というように、一直線上に区切りをつけて区分できるようにはなっていない。聖書はその全体が人間の言であって、しかも同時にその全体が神の言の証言なのである。したがって歴史的研究はここまでとまって、ここから先は信仰の領域というような区分はできない。聖書はそのすべてが百パーセント歴史学に開放されている。同時に百パーセントそれは信仰の書である。この両者が本文では不用意に直結され、直接に対決させられている。

（ロ）「もし歴史的研究が聖書のテキストが証しする明白な内容、すなわち『信仰告白』の内容と背馳して……。」この文章こそ「ステートメント」の中心をなすものであるが、筆者にはどうしても同意しかねるものがある。ここには一読して明らかなとおり、聖書のテキストが証しする内実と日本基督教団の信仰告白の内容との無条件の同一視がある。聖書の内実イコール「信仰告白」の内容というのである。しかしはたしてそう言えるのであろうか。もちろんわれわれはそうであることを願っている。しかし同時にわれわれはたえず、自分の告白が聖書の内実に真に一致しているか否か、はたしてそれが聖書のキリストへの真の服従における告白であるか否か、くりかえしくりかえし聖書に新しく聞きなおすことを忘れてはならない。そこに教会のおそれとおののきがある。そして教会が自分の宣教のことばと告白のことばが、はたして聖書のキリストへの真の服従におけることばであるか否かを吟味しようとして、たえず新しく聖書に聞こうとする時、そこに教会の学としての神学する心が生まれるのである。もし本文の言うように「聖書のテキストが証しする明白な内容、すなわち『信仰告白』の内容」であるならば、もはや神学の成立する余地はない。われわれはたえず聖書に聞きなおし、それを規準として「信仰告白」を吟味しなければならないのである。その意味において聖書は「信仰告白」の規範（norma normans）であり「信仰告白」はそれへの応答的形式（norma normata）にほかならない。そして「聖書」にたえず聞くという時、その聖書は人間の言としての聖書のテキストと神の言としての聖書の内実との「分離されえざる区別」における統一体なのであって、まさにそれゆえに歴史的研究を媒介とせずには「聖書」に聞くことは不可能なのである。

さらに本文は「聖書のテキストが証しする明白な内容」と言っているが、はたして聖書はそれほどに明白な内容を持っているのであろうか。現代の聖書学は聖書のキリスト像が実に多様であることを明らかにしている。統一的なキリスト像の構成はほとんど不可能である。それを「明白な」内容と言い切るのは、すでに「信仰告白」の立場から聖書の内実をこれとしてとらえているからである。「信仰告白」の立場からとらえられた聖書の内容が、すなわち「信仰告白」の内容と一致することは、これはあまりにも当然のことであろう。

（ハ） 続いて本文が「学的な歴史的研究の名のもとに別種のイエス像をつくるならば」と言う時にも同じ問題がある。「別種」とは何と別種なのであろうか。聖書の証しする内実と別種なのか、あるいは日本基督教団信仰告白と別種なのか。この両者はどこまでも区別されねばならない。にもかかわらず、ここでは両者が「すなわち」で結ばれているために、無条件に同一視されてしまっている。神学は聖書の内実と別種の事柄にとらわれることを恐れる。しかし「信仰告白」と別種であることを恐れてはならない。もちろん「信仰告白」と別種であることをことさらに意図することはない。しかし聖書に忠実であるがゆえに「信仰告白」に背馳することはありうるのである。聖書の内実に不忠実であれば「聖書の証言の中心であるイエス・キリストはこのような聖書研究に対して問いを発する」にちがいない。しかし「信仰告白」に背馳してそれと別種のイエス像を作っても、もしそれが聖書の内実への真の服従において得られたものであれば、そのような問いは向けられないであろう。本文はここでもまた「信仰告白」と聖書の内実との一致を当然のこととして前提しているのである。

（ニ） さらに本文の持つ重大な問題は、歴史的研究が聖書の内実を明らかにしうるものと見なされているところにある。なぜなら本文はくだいて言えば「歴史的研究が明らかにした聖書の内実が『信仰告白』のとらえた聖書の内実とちがっている時には、聖書にもう一度聞きなおしなさい」と言うのである。つまり歴史的研究は、神の言としての聖書の内実を明らかにしようとしているのであり、また明らかにしうるものだと見られているのである。だからこそ、信仰に対して開示された「キリスト」なるイエス像と、聖書学によって明らかにされた「史的イエス」像とが直接に対決させられて、後者が前者と別種であるという理由でしりぞけられるのである。

　ここには何重もの混同がある。歴史的研究はどこまでも歴史的文献としての聖書の事実と本質を明らかにしようとしているのであって、けっして神の言としての聖書の内実を直接にとらえようとしているのではない。キリスト論に関して歴史学が明らかにできることは、イエスをキリストと信じた人々がいたこと、そのキリストと信じる内容にいくつかの形体があったこと、それらの形体の背後にはかくかくの宗教史的背景があること等々の諸事実であり、さらにそのようなキリスト像がナザレのイエスの史実とどのように異なっているか、もし異なっているとすればどのようにしてそのようなキリスト像が形成されたのか等々の歴史的関連、それに加えてそのようなキリスト像が意味するものの解釈等々であって、そのような歴史的諸事実においてわれわれに語りかける神の言としてのイエス・キリストは、歴史学を必須の媒介としつつも、けっして歴史学によって現実となるものではない。おそらく信仰職制委員会には、現在の教団の問題が念頭にあって、聖書学の一つの成果にもとづいてただちに「信仰告白」を否定しようとする動きがそこにあるという判断から、このような本文の作成にいたったのであろう。しかし本文はそのような動向を批判するに急で、実は論理的にはそれとまったく同じ誤りをおかしていないであろうか。「ステートメント」においては、それが批判している相手と同じように、聖書学と「信仰告白」が直接に対決させられ、「信仰告白」を規準として聖書学が批判されているのであり、その結果、両者の区別と正しい関係があいまいにされていると言わざるをえない。(6)

（ホ）「聖書の証言の中心にあるイエス・キリストは問いを発し」という文章にも同じ混同がある。「信仰告白」と別種のイエス像をつくれば聖書から問いが発せられるというのであるから、「信仰告白」において告白されているイエス・キリストが聖書の証言の中心であるイエス・キリストと無条件に同一視されているのである。教団の告白文と異なるものだけが問われて、教団の告白文は問われていないのであろうか。その誤りについてはもうくりかえす必要はない。われわれは「信仰告白」を信仰の規範として、われわれの信仰の教師として尊敬する。しかし「教師もまた教育されねばならない」というのも事実なのである。さらに本文は「聖書の証言の中心であるイエス・キリスト」が歴史学に対して直接に問いを発するとしている。ここにも両者の正しい区別の混乱がある。

（ヘ）続いて本文は「イエス・キリストが究極の答えとして与えられていることをわれわれは信じる」と言う。さて、何に対する答えなのであろうか。歴史的研究への答えなのであろうか。それなら歴史的研究によって信仰のキリストに到達できることになる。そうでないことはもはやくりかえすまでもないであろう。またしてもここには聖書学と「信仰告白」との直結がある。

3

本文の結びはこうである。「このようなダイナミックな仕方でイエスは主である。『されば聖書は聖霊によりて……神の言にして』という言葉はこのことを意味する。それ故われわれは歴史的研究によっても主に仕えねばならないとともに、教団の『信仰告白』と異なるイエスが教会において公に宣べ伝えられることは許されない。」

（イ）「ダイナミックな」と言われるが、それは、歴史学が聖書に問い、それに対して聖書のキリストから問いかえしが向けられ、それによって再び歴史学が自己を吟味するという、両者の関係を示すものであろう。しかし、聖書と歴史学の無限の対話という、このダイナミックな関係の片方の極である聖書のキリストは、ステートメント本文によれば「すなわち」教団信仰告白の内容なのであって、すでに明白に把握されているものなのである。つまり答えはすでにわかっているのである。

ところで答えのわかっている謎ほどつまらないものはない。歴史学にとっては歴史的現実は永遠の謎である。およそ学問は、その研究の結果ある結論に達したとしても、それが対象に即していなければ、必ず対象から問いかえしを受け、もう一度考え直すことを求められる。その場合、形式的に考えれば、対象について正しい答えをすでに知っていなければ、自分の出した結論が間違っているかどうかわからないではないか、という議論が成り立つ。しかしそれは形式論にすぎない。たとえば4÷2＝3と計算する子どもがいたとする。その子どもは、自分の答えが間違いであることは、その計算の中ではわからない。正しい答えを知っていれば、どこかで計算を間違えたなと思うであろう。しかし正しい答えを知らない場合には自分の誤りにも気づかない。それにもかかわらずこの子どもは、四つのリンゴを友だちとふたりで分けようとする時、ただちに自分の計算の誤りに気づく。自分が三つ取れば相手には一つしか残らない。正しい答えを知らなくとも、現実そのものが答えの誤りを教えてくれる。歴史学の場合には、ある仮説では処理しきれない新しい史料の発見というような場合がそれである。その場合、研究者には正しい答えはわからないが、自分の仮説が間違っていたことだけは明らかになる。つまり真理を知らなくとも真理の欠如は知ることができるのである。そこに、対象そのもの、あるいは現実そのものが問いを発し、学問がそれに対して答えようとして永遠に努力を続けるという、学問の無限の真理追求の努力が成立する。このような関係こそ真にダイナミックな関係と呼ぶべきものである。

それに比して、本文が言うように、「信仰告白」によってすでに答えの出されている謎を、歴史学があらためて問いなおし、そして歴史学の出した答えが、すでに「信仰告白」によって示された答えと「別種」であるからと言ってもう一度問いなおされ、「信仰告白」の答えに一致するまでやり直させられるという関係のいったいどこに「ダイナミック」な姿があるのであろうか。これでは、すでに先生が模範解答を発表している練習問題を、生徒が同じ答えに達するまでくりかえし自分でやってみるのと同じことであって、そこには学的追求の緊張はどこにも見られない。

もちろん聖書の真理は、歴史・社会・自然等の一般的経験の世界の真理とかならずしも同質のものではない。それは啓示の真理であって、その限り「一度かぎり永遠に」(ἐφάπαξ)明らかにされた真理である。しかし同時にその真理は終末論的真理であって「啓示されてしまってわれわれの所有し利用しうる知識」になってしまうことは絶対にない。啓示の真理はその都度の説教のことばにおいて、創造者なる聖霊の業として、常に新しく生起し続けるのである。もちろん聖書において「一度かぎり永遠に」生起したあのできごとが、今・ここで現実となり、私がそれとの「同時性」に立たしめられるのであって、その限り聖書に証言されたキリストのできごとの決定的優位性は失われない。しかし同時にそのキリストのできごとは、今・ここでの説教のことばにおいて、その都度新しく現実となることなしにはけっして把握されえないのである。そうである限り、やはり啓示の真理といえども、それを教会の所有物として、既知の事柄として扱うことは不可能である。

(ロ)「……という言葉はこのことを意味する。」またしてもわからない。このこととは何のことなのか。おそらくダイナミックな仕方でということであろう。つまり歴史的研究が聖書の内実をとらえそこなう時には、聖書のキリストから問いかえしがなされるということであろう。しかし聖書は「聖霊によりて」神の言であるという教団信仰告白は、はたしてこのようなことを意味しているものなのであろうか。それは明らかに、聖書が信仰者にとって神の言であるのは、聖霊のはたらきによるということを告げているのであって、聖書と信仰者との関係を示している。それを直接に聖書と歴史学との関係に適用することには飛躍がある。

さて聖書が「聖霊によりて」神の言となるその具体的な場は教会の説教である。説教は聖書釈義を前提とし、聖書釈義は聖書の歴史的研究を必須の補助者として必要とし、代々の教会が聖書に聞き従ってきた（あるいはそむいてきた）教会史を介しつつ、全体としては教義学的思惟に導かれて遂行される。したがって、聖書が「聖霊によりて」神の言であると言う時、それは、聖書と聖書学を直接に対比しているのではなく、両者の間に、説教と釈義と教義学とを媒介させていると言わなければならない。そうでなければ、聖書学は聖霊に感動しなければ正しい聖書学ではありえないということになってしまう。しかし神霊に感じた歴史学がどんなものであったかは、第二次大戦下の皇国史にありあまる実例をわれわれは知っている。

（ハ）「われわれは歴史的研究によっても主に仕えなければならない。」たしかにそのとおりである。聖書学は聖書の内実を理解することを最終の目標としている。したがって聖書学が聖書の内実をとらえそこなう時には、聖書から問いが発せられ、聖書学はそれに聞き従わねばならない。しかし「ステートメント」においては、この聖書の内実は「すなわち」教団信仰告白の内容とされている。歴史的研究が仕える「主」は、聖書の内実としての「主」であるのみならず、「信仰告白」の告白する「主」でもある。そのことは聖書学はけっして承服しないであろう。この両者の混同があるために、本文は最後に「教団の『信仰告白』と異なるイエスが教会において公に宣べ伝えられることは許されない」というおそるべきことばで結ばれることになる。

おそるべきと言うのは、それが聖書学との関係で言われているからである。「信仰告白」が教団の構成員に対して持つ拘束力と規範性については、それは別な考え方が成り立つ。しかし、この文章は「信仰告白と聖書学との関係」という章の結論として記されているのである。そこには明らかに、聖書学が「信仰告白」と異なるイエス像に達した時に、その聖書学の成果を、教義学と釈義と説教との媒介によって「信仰告白」の自己吟味のために検討してみようという姿勢ではなく、まったく反対に「信仰告白」を規準として直接に聖書学を裁くという姿勢が見られる。このような姿勢は、「信仰告白」と聖書学との直結、「信仰告白」と聖書の内実との同一視、聖書の二重性の把握の不徹底、聖書の内実とテキストとの関係の把握の不徹底等々、すでに指摘してきたいくつかの問題の必然的結着であるというほかない。(7)

（1）「教団新報」三六九四号。

（2）たとえば「聖書と教会」一九七二年七月号の荒井章三、竹森満佐一、熊野義孝氏の論文。「福音と世界」一九七二年六月号の渡辺英俊、八木誠一、善野碩之助、柏井宣夫氏の論文、同八月号の荒井献氏、十二月号の高橋敬基氏の論文等がある。また同年十月の日本新約学会も第十二回大会においてこの問題を取り上げ「信仰告白と聖書学」と題するシンポジウムを行なっている。

（3）筆者は聖書学、それも実証的研究の分野ではなく、解釈学的方法論という小さな分野にたずさわる人間であって、教理史的、信条史的知識にとぼしく、このような検討をする十分な資格があるとはとても思えない。しかし率直な討議が問題を発展させる一助となることを願って、見当ちがいをおそれつつ、あえて意見を述べさせていただくことにした。

（4）「ステートメント」においては、カッコ付きの「信仰告白」は日本基督教団信仰告白を示している。以下この小論でもそれに従う。

（5）筆者はけっしてあげ足とりをしようとしているのではない。信仰職制委員会の出す文書が教団にとってはまさに規範的な性格を持つものであることを思い、そのことへの尊敬の念に立つからこそ、その文書が厳密なものであってほしいと願っているのである。「わからないのはお前の頭が悪いからだ」と言われればそれまでであるが、しかし、頭の悪い者にも判断の迷いの生じる余地のないような、明晰な文章であることが望ましい。

（6）これは第八回制度研の委員外参加者の共通の意見として「覚え書」に残された。

（7）第八回制度研は全員の合意として「聖書学の成果は、まず聖書学の分野において学的に吟味検討さるべきであり、その成果はまた組織神学と十分な折衝をなすべきである。この作業をへて初めて『信仰告白』との関係が考えられるのである。したがって聖書学の一つの成果を根拠として、ただちに『信仰告白』を否定するような現在の傾向は妥当でない」という覚え書を残した。この覚え書は、裏返して言えば「ステートメント」が、「信仰告白」を根拠としてただちに聖書学の一つの成果を否定しようとしていることに対する批判であると筆者は理解している。なお第八回制度研のあと、信仰職制委員会委員福田正俊氏は「信仰告白に関するステートメントに対するコメント」を発表された（「教団新報」三七三二号参照）。その中で氏は「信仰告白」を聖書の真理の下に立ちそれに仕えるものとされ、「ステートメント」の中の「聖書のテキストが証しする明白な内容、すなわち『信仰告白』」という文章をそういう意味に理解してほしいと言っておられる。もしそれが真意であるならば、むしろ「ステートメント」本文を訂正されるべきではなかろうか。

10 信仰告白と聖書学

一九七二年一一月に開催された第九回日本基督教団教会制度研究協議会において、著者が「信仰告白と聖書学の問題」について行った発表のためのメモを文章化したもの。福田正俊・雨宮栄一編『福音を恥とせず――聖書・信仰告白・戦責告白』日本基督教団出版局、一九七三年、所収。

1

聖書の学問的研究は、さまざまな角度からなされうる。聖書を民俗学の資料として扱うこともできるし、経済史の史料とすることもできる。あるいはセム民族宗教史の史料とすることもあれば、ウェーバーのように西欧合理精神の発達の精神史的系譜として旧約聖書をさぐることもありうる。そのような諸学の中で「聖書学」は、聖書を対象とする他の学問とちがって、聖書を聖書それ自身の意図に沿って、聖書が理解されたいと願っているような方向に沿って、その全体性において理解しようとする。他の諸学問はどんなに深く聖書に取り組んでいるとしても、それは聖書を、民俗学なり経済史なり一般宗教史なり、何らかの他の事柄を明らかにするための一つの史料として用いる。そこには聖書の持つある一つの側面についての鋭い指摘があるかもしれない。しかしそれらの学問によって聖書とはどのような書物かという、聖書の全体像が示されることはない。聖書はどこまでも、ある他の目的のための史料として用いられている。

聖書学の場合には事情はちがう。聖書はこの場合には、史料であると同時に目的でもある。聖書学は究極的には、聖書とは何かという聖書の全体像を聖書自身の意図に沿って明らかにしようとする。もちろんそこにはいくつかの問題がある。

第一には、これは「究極的」な目標であって、現実には聖書学は当面の本文の確定、史料批判、年代、筆者、編集の過程その他無数の実証的な事柄にかかわるのであって、それらの全体をふまえて究極的に聖書の全体像を明らかにすることは、とうてい一聖書学者のなしうることではない。

しかし、にもかかわらず究極的には聖書学はそれを目ざし、たとえ無自覚のうちにであってもそのための予備作業として個々の実証的研究にたずさわっている。個々の聖書学者は、そのような全体像を求めることはむしろ禁欲して、実証的研究にたずさわっている場合が多い。しかし無自覚のうちにではあっても、それらの個々の研究を積み重ねていって、最終的には聖書とは何か、聖書に示されたキリスト教とは何かということが明らかにされることを、かれは当然願っている。それが「なぜ聖書を研究するのか」という問いへの答えだからである。あるいはあとで述べるように、むしろ個々の研究に先立って、聖書の全体像なりキリスト教の本質なりについてのある種の無意識的な見通しに立って、それを導きとして個々の研究は行なわれている。もちろん聖書が全体として何か一つのことを語っているにちがいないということは前提できない。聖書には統一的な全体像はないという結論に達する場合もある。それでもかまわない。その場合には、聖書とは種々多様な信仰文書の寄せ集めであるということになる。聖書の全体像がそういうものとして理解されていることになる。

第二の問題は、聖書の全体性を聖書それ自身の意図にしたがって理解するという時、その意図とは誰の意図なのかということである。それは聖書全体の編集者つまり正典結集者の意図なのか、あるいは各文書編集者の意図なのか、あるいは各文書の土台にある諸史料の伝承母胎の意図なのか、あるいはその史料において語られているイエス自身の意図なのか。聖書学はそのすべてをそれぞれに明らかにしようとする。しかしそのすべてが一応明らかにされたとして、それらが相互に一致しているのであればよいが、もしそうでない場合にはどうするか。どれが「聖書」の意図なのであろうか。

考えられる道は三つである。一つは聖書正典の編集者の立場をもって聖書の意図と見なすことである。次は、それらのいくつかの立場の中のどれか一つを基準として他を批判的に位置づけることである。最後はそれらすべての文書の中から意図と表現のちがいを越えて共通の根底を見いだすことである。(1) いずれにしても「聖書とは何か」という問いは、聖書学にとっては個々の実証的研究をこえた最後の課題として課せられている。伝統的な区分で言えば「聖書神学」がこれにあたるものである。さらに第三の問題がある。聖書学は聖書をどこまでも人間の書いた一つの相対的歴史的文書としてのみ扱う。したがって聖書とは何かという聖書の全体的理解も、どこまでも歴史文書としての限りにおいてのことである。ところが聖書それ自身は、自分を人間の言としてのみ理解されることを願っていない（このこともしかしながら何らかの歴史的研究の結果として明らかになることである）。人間の言であると同時に、そこにおいて神の語りかけが聞きとられることを願っている。単純に言えば神の言として受け取られることを求めている。

そうすると、もし聖書学が、聖書とは何かという問いを、聖書それ自身の意図に沿って把握しようとするのであれば、聖書学は聖書を「神の言として受け取られることを求めている人間の言」として把握するほかない。聖書をどこまでも人間の言としてしか聖書学は見ないからである。その人間の言としての歴史文書が、自分を神の言と受けとられることを求めているということも、どこまでも歴史学的に明らかにされるのでなければならないし、またされうる。聖書学はそこで立ちどまる。それがはたして現実に神の言として聞かれるかどうかは、聖書学の関与しうるところではない。その限りでは他宗教における神託、託宣等の歴史学的研究と同じである。それが「神の言として聞かれることを求めている人間の言」であることは歴史学的に明らかにできる。それが現実に神の言として聞かれるかどうかは、そこに語られている内実の力にかかっている。「聖書は聖霊によりて……神の言」であるといわれるとおりである。

聖書学は聖書の内実を明らかにすることに最終的にはかかわっている。しかし聖書の内実は、もしそれをキリストのできごとと呼んでよければ、その内実が現実に生起し、キリストにおける神の呼びかけへの服従が今・ここにおいて現実となることを含んでいる。聖書の内実は、それが現実にできごととなって起こることをも含んでいるような特殊な内実なのである。そうであれば、聖書学は、聖書の内実を理解することはできても、それを現実にできごととすることはできない限り、聖書の内実を真にその意図に沿って把握することはできないことになる。聖書学は聖書の内実をとらえることを「最終的に」目ざすというのはそのためである。つまり「直接的」には不可能なのである。聖書の内実が「最終的」に明らかとなるのは、聖書の内実に聞き従う教会（ecclesia audiens）の説教とそれに応答する告白においてである。しかし理解することなしに聞くことはできない。したがって「聞き従う教会」は、聖書の正しい理解のために、真に批判的な歴史的研究としての聖書学を不可欠のものとするのである。

2

聖書は神の言として聞かれることを要求しているとしても、同時にやはり過去のある時代、ある社会において記された人間の言であることをまぬがれない。聖書学はその後者としての聖書をその限りにおいて研究しようとする。したがって聖書学の方法は歴史的方法である。聖書学は固有の方法を持たない。他の歴史学と異なるのは対象によってであって方法によってではない。さて歴史学の当面の課題は過去の事実の再現である。その意味では歴史学は何よりもまず事実の学である。聖書学はそのために聖書を解体し、それを各文書に、さらに各文書を原文書に、伝承に、史料に、編集句に……と解体して、それぞれをもとの座において理解しようとする。そしてそのようにして明らかにされた各断片から、今度はそれらがどのようにして聖書全体へと形成されていったかを明らかにする。この「部分への解体」と「部分から全体への形成」の二つの作業によって、聖書学は聖書の諸事実を再現する。

しかし聖書学の任務はこれだけにとどまらない。歴史学が過去の事実を「再現」するのは、歴史を「理解」するためだからである。そしてすべての理解は「解釈」なしには成立しない。したがって聖書学は、聖書の諸事実を再現することのみでなく、聖書を解釈することをもその課題として持っている。しかもその場合にたいせつなことは、聖書学はまず事実を再現して、それからその事実を解釈するのではなく、事実の再現の過程がそれ自身すでに一つの解釈であるということである。

たとえば、事実の再現はまず第一に史料の固定と解読を必要とする。それは日本人の場合には、ヘブル語なりアラム語なりギリシヤ語なりの史料を頭の中で日本語に翻訳する作業を含む。そして翻訳は常に一つの解釈なのである。なぜなら翻訳するということは理解できるようにするということであって、何らかの理解を前提としているからである。(2) あるいは一つの句が編集句であるか否かを判断するためには、その文書の歴史的社会的位置と、文書全体の骨格の総合的判断を必要とする。(3) そしてそのような総合的判断は、諸事実の算術的総和から得られるものではけっしてなく、何らかの解釈に導かれていることは当然である。それは事実の再現にもとづく解釈であり、他方では解釈に導かれた事実の再現である。したがって歴史学が事実を再現

し、それを神学が解釈するというようなことではない。解釈は歴史学そのものの課題である。(4)

このように過去の事実の再現がすでにそれ自身何らかの解釈を含んでいるのであるから、過去の事実は単純に再現されるのではなく、むしろ「再構成」されるというほうが適切である。客観的事実と研究者の主観との、いわばかかわり合いの場面に再構成が成立する。もちろん再構成の場の幅は非常に広い。客観的事実に非常に近いものから、仮説度の非常に高いものまでさまざまである。広島に原爆の落とされた日とか、ヒトラーの死んだ日とか、それは客観的に確定できる。しかしそのような事実でさえ、それを確定するためには史料の検討が必要であり、史料の検討は何らかの解釈なしには行なわれないのであって、そのような事実もまた、再現の手続きに再構成の要素を必ず含んでいる。

あるいは歴史学の結論が歴史の再構成であるというよりは、誤解をさけるためには、歴史学が過去の事実を確定し再現するための手続きが再構成であるというほうがよいかもしれない。手続きとしては再構成という道をたどっても、その結果としては事実として確定できるものもあるのである。いずれにしても解釈が歴史学そのものの課題であることは明白である。その場合、解釈というのは、そこで扱われている文書の内実を理解する手続きのことである。

3

すでに明らかなとおり、歴史学的再構成はけっして無前提ではない。(5) もちろんそれは結論について予断を持ってよいということではない。いわゆる寓喩的聖書解釈のように、聖書の語る事柄に聞くのではなく、自分の聞きたい事を聖書に語らしめるのは、結論の先取りである。そういう意味ではなしに、聖書学は、聖書の事実の再構成にあたって、まったく白紙から出発することは不可能なのである。事実の確認は必ず何らかの解釈に導かれている。そしてその解釈は、対象である文書の内実についての理解の手続きのことであるから、聖書学は、聖書の内実についての何らかの見当づけ、「前理解」（Vorverständnis）をあらかじめ持っていることになる。言いかえれば、研究者は聖書において問題とされている事柄に対して、すでに何らかのかかわりを持っているということである。それは研究者が教会に属する人間である場合には（われわれにとって問題なのはこの場合であるが）、かれの信仰によってとらえられた聖書の内実が出発点になるということを意味する。

学問的には対象に対する先入観を極力排除することが求められるが、現実には信仰者が聖書の研究にあたる時に、自分の信仰をまったく排除してしまうことは不可能である。しかも、排除さるべきものは、結論の先取りであって、かれが信仰者であるがゆえに聖書に関心を持ち、聖書に問い、そのことによって自分の信仰を吟味検討しようとすることはけっして排除さるべきではない。むしろそれは、それなしには聖書を研究しようとする関心そのものが成り立たなくなるような基本的前提なのである。研究者のその信仰は、教会の説教への応答として生まれたものであり、その意味で一つの信仰告白である。そしてその教会の説教と信仰者の信仰告白は教団の信仰告白に何らかの形でつらなっているのであるから、聖書学が聖書の事実を追求する際の前理解は、間接的には信仰告白であると言ってよい。

教会に属さない研究者の場合にはこれと少し異なる。もちろん基本的な仕組みは同じである。そのような研究者も、聖書学に従事する限りは、聖書に関心を持っているのであり、その関心は聖書の内実と研究者との何らかのかかわりにもとづいている。その場合には聖書の内実は、当然のことながら教会内の研究者の予測しているものとは異なる。それは一つの興味ある人間のあり方と考えられているかもしれないし、あるいは教会と別な自由な立場での宗教的関心からとらえられているかもしれない。いずれにしても研究者の人生の中で植えつけられた、聖書についてのさまざまな前理解と、そこから生じた聖書への関心があって、それに導かれて聖書への問いかけが生まれてくるのである。

さらに聖書学はそのような前理解に導かれて聖書に問う時に、漠然と聖書を取り上げて研究するわけにはいかない。無限に複雑で豊かな歴史の現実の中から、たとえばイエスとゼーロータイとの関係をとり上げるという時、そこには単なる聖書の内実への関心というにとどまらない、もっと具体的な、ある角度からその内実に光をあてようとする意識がはたらいている。聖書学はそのような何らかの問題意識（Perspektive）に導かれている。そのパースペクティヴは、聖書の内実への前理解の中で、研究史とそして何よりも重要な研究者自身の歴史的社会的位置とのかかわりの中で形成される。

このように信仰的、非信仰的、教会的、非教会的なさまざまな前理解がそれぞれの聖書学を導いている。何らの前理解も、何らの前提もなしの聖書学は不可能である。しかし、このことはもちろん、聖書学がその前提に束縛されるということではない。研究者の前理解は、研究の結果訂正され深化され豊かにされる。聖書の内実についての前理解に導かれて、聖書のテキストにあたり、テキストから過去の諸事実を再構成し、その新しく明らかになった諸事実をふまえて聖書の内実を理解するのである。その時、研究者の前理解が誤っていたことが明らかにされることもある。

また聖書のテキストの中には、時代的社会的条件に制約されて、聖書の内実を、その内実に十分ふさわしい形で表現していないものがあることが明らかにされることもある。その場合には、聖書の内実に照らして聖書のテキストが批判されることになる。(6) ここには、内実についての前理解 → テキスト⇅内実 → 前理解の訂正深化という運動がある。そして教会内の研究者の場合には、この前理解の形成に、何らかの形で「信仰告白」がかかわりを持っているのであるから、聖書学は「信仰告白」とけっして無関係ではない。聖書学は人間の言としての聖書を扱い、「信仰告白」は神の言として聖書にかかわる。しかしそれにもかかわらず、両者は聖書の内実についての前理解と理解という一点で接触する。それは聖書の内実が、ロゴスの受肉としてのキリストのできごと、つまり歴史における啓示のできごとであって、人間の言と神の言との分離されえざる区別における統一的できごとであるからにほかならない。

それゆえに「信仰告白」と聖書学は、たがいに次元を異にし、それぞれに固有の場を持ちながら、しかもけっしてお互いに無関係ではなく、相互に深く影響し合うのである。聖書学の持つ前理解が、研究の過程で訂正され深化されるものであり、そしてその前理解の形成に「信仰告白」がかかわりを持っている以上、聖書学の成果によって「信仰告白」が訂正されることが起こりうるのは当然である。しかしたいせつなことは、その場合、聖書学の前理解はけっして「信仰告白」そのものではないということである。そうでなければ両者の関係は直接のものになる。「信仰告白」と聖書学の関係は直接無媒介のものではない。

4

では両者を媒介するものは何であろうか。これまでに述べたことを整理してみれば次のようになる。

（イ）聖書の内実は、聖書のテキストを離れて、テキストと別に、テキストの奥に、テキストなしにでも把握可能なものとして存在しているのではない。それはどこまでもテキストに拘束されている（textgebunden）。[7] しかしテキストがそのまま内実なのではない。それは内実についての証言であり、キリストを示すヨハネの指である。そしてその証言は、ある時代ある社会に生きた人間の証言である限り、当然、歴史的社会的制約のもとにある（zeitgebunden）。だからこそ聖書の内実は聖書の歴史的研究を媒介とせずには把握されえない。

（ロ）聖書学は聖書の事実を明らかにする。しかしそれは聖書の内実についての前理解に導かれている。そして明らかにされた事実にもとづいて聖書の内実が理解され、それに照らして前理解が訂正深化される。このようにして聖書学は、聖書の内実を「理解可能」なものとする。[8] 研究者の前理解の形成には「信仰告白」が何らかの形で（教会に属する研究者の場合には）かかわっている。ここに聖書学が「信仰告白」と無関係ではありえない理由がある。

（ハ）　聖書学は人間の言としての聖書を対象とし、「信仰告白」は神の言としての聖書に聞く。しかし聖書学がどこまでも人間の言として聖書を追求していくと、その聖書が自分を神の言として聞かれることを要求していることにぶつかる。したがって聖書学は「神の言として聞かれることを要求する人間の言」として聖書を把握する。この点でも聖書学は「信仰告白」とかかわりを持たざるをえない。

（ニ）　聖書学は、しかしながら、聖書の内実を、その内実そのものの要求に即して十分に把握することはできない。なぜなら聖書の内実は一つのできごとであって、できごとはそれができごととして現実に生起することなしに、ただ理解されただけでは真のできごとであるとは言えないからである。聖書学は聖書の内実を「理解可能」にすることはできる。それによって初めて、聖書の使信は、現代人がそれに対して何らかの態度決定をなしうるものとなる。理解せずに態度決定はできないからである。しかし聖書学はそこでとどまる。その聖書の使信に対してどのような態度決定がなされるかは、聖書学は関与しえない。聖書の内実が現実にできごととして生起するか否か、つまり信仰的応答を呼びおこすか否かは、聖書学の力ではない。それに対しては不信仰的応答も、信仰的応答と等しい権利をもって成立する。そして聖書学には不信仰的応答が間違っているという権利はない。[9]

聖書の内実が信仰的応答をよびおこし、聖書の内実が真にそれ自身に即して現実となるのは、教会の説教に対する信仰的聴従においてである。もちろんそれは、その教会が真に聖書の使信に「聞く教会」である時にのみ生起する。「信仰は聞くことによる」のであり、「語る者がいなければ聞くことはない。」そして聖書学はそのような語り方はしない。ただ、語る者に材料を提供する。そして語る者は材料に束縛される。啓示が歴史を離れて存在しないからである。

（ホ）　説教は聖書釈義にもとづく。そして釈義には聖書学が不可欠である。しかし釈義は聖書学のみによってはいない。説教にとっては、聖書のある箇所が、その元来の史的な座でどのような意味を持っていたかということだけでは不十分だからである。もちろん歴史学的釈義という領域は当然成り立つが、ここでは釈義を、もっとせまく説教の基礎としてのテキストの神学的理解に限定して用いる。その場合には、歴史学の成果にくわえて、そのテキストの意味が聖書の内実とのかかわりにおいて位置づけられなければならないし、さらに決定的には、そのテキストが現代の人間に対して何を意味するかが明らかにされねばならない。そのためには、これまでの歴史の中で、その都度の現実において、そのテキストがどのように読まれてきたか、そのテキストがそれぞれの異なった歴史的社会的状況の中に生きていた人々に対して何を語りかけ、どのような意味を持ったか、ということが重要な役割を果たす。教会史が、聖書解釈の歴史として、(10) 釈義にあたっては必須の補助学となる。

しかし何よりもたいせつなことは、テキストの歴史学的意味が確定された時に、それを聖書の内実とのかかわりの中で位置づけ、その内実との関連でテキストが現代に生きる人間に対して何を意味するかを明らかにするところにある。それは聖書の光に照らして現代に生きる人間の生の根本問題を解明することである。もちろん一つのテキストからすべての問題が解けるはずはない。また聖書は全体としても、教義学のすべての項目について自覚的にふれてはいない。そのために、聖書の内実に照らしてそれの論理的展開としての教義の諸項目を整理し、それとの関連において人間の生の諸問題に答える作業がどうしても必要とされる。そのような全体的視野の中で、一つのテキストは、初めて現代の人間に対してキリスト教の使信の中での特定の位置を持つのである。

したがって説教のための聖書釈義は、聖書学と教会史を必須の基礎学としながら、全体としては教義学的思惟に導かれて行なわれることになる。これはけっして教義に合わせて聖書を理解するということではない。それに対しては聖書学がきびしく抗議する。そうではなくて、聖書の一つの箇所の歴史学的意味を、現代という特定の歴史的社会的状況の中に生きる人間の生の全体の重みの中に位置づけることなのである。他方、聖書学はすでに述べたように、聖書の内実についての何らかの前理解に導かれている。そして教会内の研究者の場合には、その前理解はかれの信仰に由来しており、その信仰は説教への応答的告白として形成される。

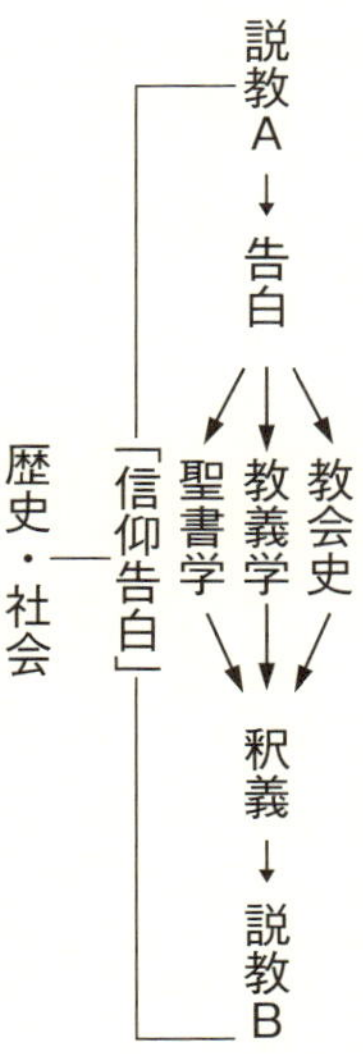

【図A】

説教が告白を生み、その告白を前提として聖書学が営まれ、教義学と教会史を介して釈義がなされ、それにもとづいて新しく説教が語られる。そしてその全体を支えている教会という場が、この全体的作業の中から「信仰告白」を形成する。そして、その「信仰告白」は教会が聖書の光に照らして現代の歴史的社会的現実の中で生きる姿のしるしなのである。もちろん聖書学には、このように神学の補助学としての役目を果たすのみでなく、それ自身に固有の意味がある。その場合にも形式的構造は同じである。

内実Ａ → 前理解 → 聖書学 → テキスト → 内実Ｂ

【図B】

研究者が教会内の人間である場合には、その前理解をかれの告白が形成することになる。その前理解に導かれて聖書のテキストにむかい、その内実を追求する。その結果明らかになった内実Ｂは、前理解において把握されていた内実Ａよりも深められている。研究者が教会的信仰とは異なる立場にある場合にも形式的構造は変わらない。

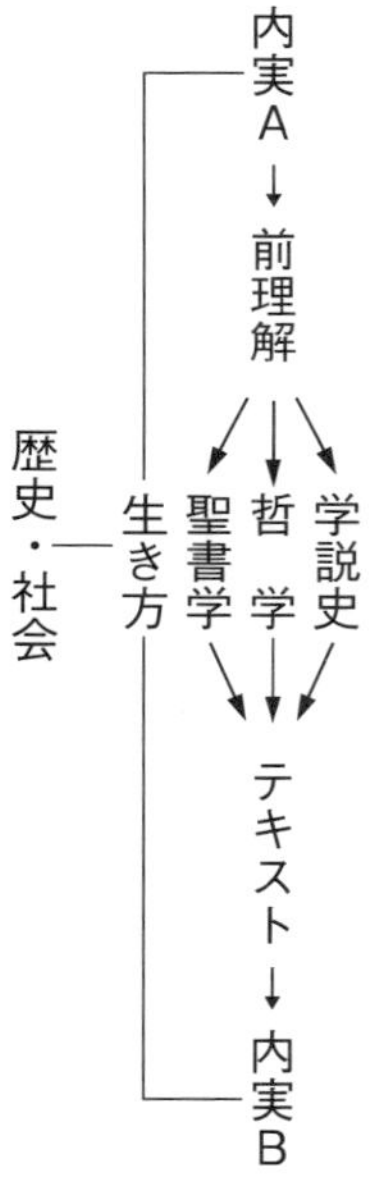

【図C】

この場合には教義学ではなく、何らかの哲学が解釈を導いている。そしてこのような研究全体によって明らかにされた聖書の内実との、この歴史的社会的現実におけるかれの生へのかかわりが、かれの生のあり方を規定する。

（へ）図Aにおいては、固定されているのは「信仰告白」だけである。テキストも固定されているように見えるが、新しい写本の発見等によって変更されうるものであって、絶対的に固定されているとは言えない。「信仰告白」はいったん制定されれば、改訂されるまではかなりの期間にわたって固定されている。したがって「信仰告白」が絶対化されれば、いっさいの運動はその枠の中に閉じこめられてしまうことになる。しかし永久に閉じこめておくことは不可能である。

第一に聖書学の発達が（人間の言としての）聖書の新しい理解をよびおこす。「信仰告白」は神の言としての聖書にかかわるものであるからと言って、それを無視することはできない。神の言は人間の言においてのみ示されているからである。したがって教会外の聖書学の成果も教会内の聖書学とまったく同じ程度に「信仰告白」と深くかかわる。どちらの聖書学も前理解のちがいはあるとしても、ひとしく人間の言としての限りにおいて聖書を研究しているからである。もちろん個々の事実についての新しい発見が、すべて「信仰告白」を動かしたりはしない。しかし新しい事実の解明にもとづいて、聖書の内実の理解に新しいものが生じた場合には、「信仰告白」はそれを無視することは不可能である。

第二には教会史の理解に変化が生まれる。歴史はすべて現在からとらえられるものであるから、研究者の生きている現実が新しい歴史的段階に達した時には、歴史を見る目もまた新しくなる。

第三には教義学の発展がある。教義学は神の言に服従する教会の批判的機能であるが、その教会は特定の歴史的社会的諸関係の中に常にあり、それゆえに教義学は今日の教会に仕えるものとして、伝統に聞きつつ常に新しく形成されねばならないからである。[11] これらの変化発展によって新しい釈義が成立し、それにもとづいて聖書の内実に新しい角度から光をあてる説教が告げられ、それに対する応答的信仰が成立する時、「信仰告白」はその内部からゆるがされて、自分を吟味検討することをせまられるのである。

（ト）　問題を聖書学に限れば、聖書学の新しい成果は、当然まずもって聖書学内部で十分な吟味検討がなされねばならない。同時にそれは教義学との折衝を避けられない。教義学は、聖書の内実を明らかにしようとする今日の教会の機能だからである。聖書学の発展が教義学に新しい材料を提供し、それが教義学的思惟に、教会にとっての聖書の内実の新しい今日的意味を発見せしめた時には、それは釈義と説教において具体化され、新しい信仰の告白を呼びおこす。こうして初めて教団の信仰告白が吟味検討をせまられることになる。

もちろん新しい信仰の告白が常に正しいとは限らない。教団の信仰告白から問いかえされて誤りが明らかにされる場合もあるであろう。いずれにしても聖書学の新しい成果は直接に「信仰告白」にかかわるのではなく、教義学を媒介とするのである。聖書学にはその固有の学的領域があって、聖書学自身の負う前提以外の何ものにも束縛されない自由な研究が行なわれるのであって、「信仰告白」がそれを直接に規制することはできない。しかし反対に聖書学が「信仰告白」を直接に批判の対象とすることも不適当である。「信仰告白」は歴史における教会の生けるしるしであって、聖書学の成果を教会の機能としての教義学を介して受けとるほかない。教会外の聖書学の場合にもこの関係の構造は同じである。そこでもやはり、聖書学の成果がキリスト教の本質の理解に変更を求め、研究者の生き方に変更を求める時には、何らかの哲学的思惟を媒介とするほかないであろう。

　現代の聖書学の提示する鋭い問いを、正面から受けとめて、それが教会の宣教の業にどのようにかかわるのかを明らかにする教義学的努力なしには、「信仰告白」と聖書学との関係はけっしてみのりある対話をうみ出しえないであろう。[12]

（1）　これらの問題については渡辺善太『聖書正典論』一九四九年、八木誠一『聖書のキリストと実存』一九六七年、土屋博「編集史における多様性と統一性」（『日本の神学』一〇、一九七一年、一八六ページ以下）等を参照。

（2）　R. Bultmann, 〝Ist voraussetzungslose Exegese möglich?〟 1957 in: G. V. III, 1960, S. 145.

（3）　田川建三『原始キリスト教史の一断面』一九六八年、一九ページ以下。

（4）　歴史学は考古学、文献学、言語学その他多くの補助学を必要とする。それらによって確定された諸事実を材料として歴史学は一つの時代像を構成し、逆にその時代像に導かれて個々の事実は理解される。ここにも事実の再現と解釈の関係があるが、ここではそれにはふれない。

（5）　以下についてとくに R. Bultmann, op. cit., S. 140ff; Ders., 〝Das Problem der Hermeneutik〟 1950 in: G. V. II., 1952, S.211ff.

（6） ブルトマンはこれをザッハクリティクと呼ぶ。非神話化ということもつきつめればここに成立する課題にほかならない。

（7） これに対して、真理と真理証言とは区別すべきであり、われわれは聖書テキストを介さずにその内実にふれることがありうるという八木誠一氏の批判がある。これについては八木氏の全業績との対論が必要であって、ここでとやかくは言えない。ただ要点は人間の実存がはたして八木氏の言われるように、時と所を越えて常に同じ共通の根底の上に立つものと言えるのかというところにある。実存の真理がそのように普遍的なものでありうるのであろうか。そこには人間存在の歴史的社会的規定性がその決定的な深みにおいてとらえられていないのではないかという疑念が残る。

（8） ここには聖書の内実を現代のわれわれにとっても一つの新しい自己理解の可能性として提示する「実存論的解釈学」が方法として念頭におかれているが、今はさしあたり、それを広義の歴史学的方法の中に含めて考えることにし、とくにそれについて考えることは別の機会にゆずる。

（9） したがって不信仰的応答の上に立つ聖書学も当然成り立つ。そもそも古典文献に対する研究に信仰的も不信仰的もないにきまっている。そうでなければ諸宗教の経典の歴史的研究は成立しないことになる。ここでは「信仰告白」との関係を考えているのでそのことにはこれ以上ふれる必要はないであろう。そのような研究においても、やはり聖書の内実についての何らかの前理解のもとに聖書学は営まれる。聖書を問題にするのは、聖書の内実に、たとえ信仰的関心ではないとしても、何らかの関心をよせるからである。

（10） G. Ebeling, "Kirchengeschichte als Geschichte der Auslegung der Heiligen Schriften" 1946 in: Wort Gottes und Tradition, 1964, bes. S. 22ff.

（11） 大崎節郎「教義学形成に対してもつ信仰告白及び聖書学の意義と限界」（I）『教会と神学』四、一九七三年、五三ページ。

（12）第九回制度研においては、このあとに聖書学の歴史についてのややくわしい論述を行なったが、それは基本的には R. Bultmann, Epilegomena zu Th. d. N. Ts., 1951 に依存したものなので今回は省略する。

11　エキュメニカル運動と私たちの使命

一九九一年五月二五日に、キリスト者平和運動四〇周年記念シンポジウム「激動する世界とキリスト者の使命」（於東京山手教会）で行った講演。日本キリスト者平和の会編『キリスト者の戦争責任と平和運動』かもがわ出版、一九九一年一二月、所収。

仙台にはキリスト者平和の会がありませんので、私は日キ平〔編注：日本キリスト者平和の会〕の運動に直接参加したことはありません。いわば個人会員という形で最初から共鳴はしていましたが、運動そのものに直接参加したことはありません。それでも日キ平の運動には最初から内心というか内面的には深く共鳴し、支持してきましたし、運動に全面的に参加していらっしゃる方たちに深い尊敬の思いを持っております。

今日たまたまこういう機会に、世界教会運動と平和運動に関して発題をするようご依頼をいただきましたので、初めて日キ平の会に参加をさせていただいた新米ということです。

私にこういうテーマを割りふられたのは、たぶん、世界教会協議会（ＷＣＣ）の中央委員を今年の三月まで七年間やっていたからだろうと思っています。ですから「エキュメニカル運動と私たちの使命」という題を与えられたのだと思いますが、エキュメニカル運動といっても幅広い概念ですので、ＷＣＣだけに限るというわけにはいきません。キリスト者平和会議（ＣＰＣ・本部プラハ）も一種のエキュメニカル運動ということになると思いますし、特に日キ平が直接今までの歴史の中で深く関わって来られた運動と言えば、やはりＣＰＣということになりますので、本当はＣＰＣの運動と日キ平の問題に関連して、私以外のどなたかが発題をしてくださる方が適当だったと思います。しかし今日は、私がＷＣＣに限ってお話しさせていただこうと思います。

世界教会協議会（ＷＣＣ）の二つの目標

世界教会協議会という全世界のキリスト教組織がございます。プロテスタントに後からオーソドックスチャーチが参加してきまして、今ではカトリック教会以外の全てのキリスト教、全世界のキリスト教の組織というのが World Council of Churches 世界教会協議会という組織です。信徒数にして四億人を抱えている巨大な組織です。カトリック教会もオブザーバーとして、非常に深い参加をしておりますので、実質上全世界のキリスト教会が一堂に会して議論し、方針を決め、討論するのはこの場所しかない、ＷＣＣしかないというのが事実だと思います。中央委員会のたびにカトリックは枢機卿クラスの非常に重大なメンバーをオブザーバーとして派遣してきて討議に参加しておりますし、下部委員会にはオブザーバーではなくて直接メンバーとして参加してきております。そういう意味でＷＣＣというものは、大変重要な役割を果たしているのは事実と思います。

一九四八年にアムステルダムで第一回世界大会を開きまして、今年（九一年）二月にオーストラリアのキャンベラで第七回大会を開きました。七年に一回大会を開きます。全世界から六〇〇〇人くらい代議員が集まってきて約三週間ほどの大会を開いています。そしてその大会で一五〇人の中央委員を選出しまして、七年間の運営はこの中央委員会が当たるというシステムになっています。七年前の第六回大会は、カナダのバンクーバーで開かれました。その時なぜか私が日本からの中央委員に選ばれまして、この七年間、委員として毎年一回中央委員会がございますが、それに参加して世界教会運動のほんの端の方にいたということになります。

ＷＣＣは、スタートの時点から二つの目標を持っていました。ひとつは長い目標で信仰の一致ということです。プロテスタントもカトリックもオーソドックスチャーチもひとつの教会に戻ろうという理想です。これをこつこつ積み重ねて努力をしてきています。大変な目標で容易な事ではなかったわけですが、しかし七年前のバンクーバー大会で重大なステップがひとつクリアされました。二〇年ほどかけてＷＣＣは洗礼と聖餐《せいさん》に関する特別委員会をおいておりまして、この委員会にはカトリック教会も正式メンバーとして参加しています。ＷＣＣの本体にはオブザーバーですが下部のこの委員会に直接メンバーとして参加してきていました。

二〇年がかりの議論の上にリマ文書という重大な文書を採択いたしました。ペルーのリマで開かれましたのでリマ文書と呼ばれています。ここでカトリック教会と正教会（ロシア、ギリシャ正教会）とプロテスタント教会が洗礼と聖餐について合意に達したわけです。これは大変な出来事です。洗礼と聖餐ですべて分かれているわけですから。あとは職制で、これはまだ一致しておりません。洗礼と聖餐に関して三つの教会が合意に達しました。ですから、もうほぼ教会の合同は九割方ハードルを越えたといってよいと思います。このリマ文書はもちろんさまざまな意見がありますので、完全な合意に達しているわけではありませんが、しかしともかく大枠において、洗礼と聖餐に関して三つの教会が合意に達したということになります。

残るのは職制つまりローマ法王、監督制、長老制とかの問題がまだ合意に達していません。これはまた二〇年はかかると思いますので二一世紀の課題になると思いますが、ともかく世界教会は統一に向けて着実に歩んでいるのは事実だと思います。

もう一つの課題は証《あかし》の一致です。信仰の一致については数十年、数百年の目標だということは最初からわかっていました。しかし教義の解釈や教会の組織が一致しなくても証は一致できるはずだ。主イエス・キリストに従う者として、平和を守り人権を守り正義を守る、そういう行動の一致は出来るはずと、最初からＷＣＣは証の一致という点では、かなり積極的に行動を広げてきました。その証の一致の運動の中で、共通の課題として浮かび上がってきたのが平和と正義、Peace & Justiceという課題、この二つはキリスト者なら互いの教理や組織の違いを乗り越えて、平和と正義という点では一致出来るはずでそのための行いにおいて一致をするということを、ＷＣＣはその運動の中から引き出してきたわけです。そして一九八三年第六回大会がバンクーバーで開かれました。この大会は「世の命なるイエス・キリスト」を主題とし、副題にPeace & Justiceということを掲げていました。

「正義なしに平和なし」

この大会で、かなりドラマチックな事件が一つありました。大会の冒頭にゲスト・スピーカーを何人か招いていまして、演説が幾つかありました。故マーチン・ルーサー・キング牧師の夫人もゲストの一人として大変素晴らしい発題をなさったのを覚えていますが、その発題者の中にボエサックという牧師がおられました。ご存じの方もおられると思いますが、南アのアパルトヘイト反対運動の急進的な指導者の一人です。ツツ牧師と並んで、長く南ア・キリスト教協議会の議長をしていた牧師です。運動がやや分裂気味で、今は運動の指導部からはずれています。しかし長く生涯かけて反アパルトヘイトを指導してきた大変すぐれた黒人牧師です。彼がゲストとして演説をなさいまして、Peace & Justice では駄目だと言い、かなり具体的に、日本も名指しされました。

日本やアメリカ、ドイツのクリスチャンの皆さんがやっている平和運動は私には欺瞞にしか見えない、とかなり極論を吐かれました。要するに先進国の平和運動は、今自分たちが享受している豊かな生活を続けたい、それを壊したくないから戦争はイヤだ、平和を守りたい、としか見えないと言われました。南アの方から見れば。僻みといえば僻みかもしれないが、とおっしゃっていました。もしも今の、つまり先進国の皆さんが現在の豊かな生活を守るための平和運動であるとしたら、今の豊かな生活はなぜ成り立つのか、何の上に成り立っているのか、第三世界からの収奪の上に成り立っているのだ、だから今の生活を守りたいということは、今後も第三世界からの収奪を続けるということではないのか、そこをはっきりしてもらわないと平和運動といわれても、私たちは納得がいかない、とこういう演説をなさったのです。これはかなり刺激的な演説です。

次の日から猛烈な議論が起こりました。Peace & Justice ということではおかしいという議論になりました。結局、大会は彼の演説を受け入れて主題を訂正いたしました。Peace & Justice ではなくて Peace with Justice 正義をともなう平和、片方で第三世界を抑圧しておいて戦争がないのが平和というわけにはいかないだろう、たとえ戦争がなくても第三世界に対する収奪は続いている。ボエサックという人はかなり刺激的なことをおっしゃる方で、私の村ではニュークリアという単語を知っている農民は誰もいない、しかしハンガーなら誰でも知っている、毎日飢えて何人か死んでいる、核兵器と言われてもニュークリアという単語は聞いたことがない、だから反核運動といわれても、われわれには毎日飢えて死んでいる子どもたち、そういう現実を前にして何か縁の遠い話に聞こえるという、刺激的な発言をなさったわけです。それでWCCは皮肉としてでなく、正直に受け入れて Peace with Justice これは熟した英語でないので、結局主題としてはもっと熟した英語に直せということで No Peace without Justice 正義なしに平和なしという主題に作り替えるということでバンクーバー大会は終わったわけです。これは確かに世界の平和運動の（日本の運動は決してそうではないと思います）一つの弱点を鋭く突いた問題提起だったと思っています。

九一年のキャンベラ大会は、バンクーバー決議を引き継いで、主たる関心をオーストラリアの先住民に寄せ、彼らの土地所有権に議論を集中させたと聞いています。私も本当は出席しなければいけなかったのですが、湾岸戦争、国連平和協力法その他反対運動の真っ最中で、しかも選挙直前で残念ながら時間を割けませんで、キャンベラにはいけませんでした。しかし、このキャンベラ大会の模様は参加した人から聞きましたし、書類は全て送られてきていますので丹念に読んでみましたが、最も中心的な議題はオーストラリア先住民の land right 土地所有権というところに集中していたようです。

オーストラリア先住民は日本のアイヌ、アメリカインディアンと並んで三大絶滅民族で、まさに絶滅の危機に瀕しています。そういう中でキリスト教がどっちに立つのか、これはオーストラリアの教会には大変厳しい問題提起だったようです。ＷＣＣはやや傍観者的に先住民の所有権を守れといったわけですが、彼らから土地を奪ったのはオーストラリアの白人クリスチャンですから、そのことをまともにいえば、大部分の保守的信者は離れていくわけで、オーストラリア・キリスト教協議会にとっては大変厳しい問題提起だったようです。ですから、本当にそれがどこまで追求されるかということになりますと、かなり面倒な問題があるわけです。しかし大会は本気でこの問題を取り上げて、先住民は大部分クリスチャンではありませんが、彼らをゲストに招いて大会期間中ずっと先住民のキャンプを会場の中に作ってそこで彼らの宗教行事その他を連日開いてもらって、そこからなにを学ぶかというふうなことを真剣に議論したと聞いています。そのようなことがこのＷＣＣの今までの歩みの中から大きい果実として浮かびあがってきています。

政治変革に結びつかない限界

七年間中央委員として参加してみて強く感じたことは、この世界教会運動は平和を願うという点では確かに一致しています。そして正義を実現しようとする点でも一致しています。ですから反アパルトヘイト運動はＷＣＣのあげた最も大きい成果です。世界各国を動かして遂にアパルトヘイトの廃止を南ア政府に迫ったのは、ＷＣＣの力が大きかったのは確かだと思います。人権を守るという点でもＷＣＣは非常に大きい貢献をしていることは事実です。そして私共はもちろん最終的には、神の国を待ち望む終末論的な待望の中で生きているわけです。しかし同時に歯がゆいのは、その通過点としては、この平和を守り、人権を守る運動が、政治変革、政府を変えるということなしには実は実現しない課題なわけです。そして社会組織を変えるということなしには実現しない課題です。このことにはＷＣＣはほとんど触れません。

世界各国から代表団が集まっていますので、もちろん触れられない方が当たり前といえば当たり前ですが、特にアメリカ、ドイツの教会は大変苦しい立場に置かれています。第三世界の人権を守れと言えば、抑圧しているのはアメリカやドイツ、日本。ただ日本の教会は幸か不幸か少数派ですから、日本の大資本や政府が抑圧していても、それに対して直接加害者でない。日本の教会は少数派で政府や大企業を批判する側にありますので、割に楽にものがいえますが、アメリカやドイツは国中がキリスト教ですから、弾圧している大資本の社長もクリスチャンで政府の大統領もクリスチャンで、湾岸戦争やる前にはお祈りしてから始めているわけです。ですから、そういう国のキリスト教会はＷＣＣに来て、第三世界から人権を守れとか搾取に反対するという決議が出てきますと、大変苦しい立場に置かれます。これをどう突破するのかということです。

そういうことを抱えているために、平和を願い、人権を守る願いをどう政治変革というところへ結びつけるのか、そのためには統一戦線という考え方が不可欠ですが、そういう問題は残念ながらＷＣＣでは一切出てきません。何度か私は発言はしましたが、聞き流されるだけで現実には不可能な課題となっているところに、ＷＣＣのいわば現状での限界があると思います。それを妨げている大きな要因についてですが、世界中どこでも、例えばドイツでもキリスト者平和運動は大変強力で、復活祭デモで三〇万とか五〇万という規模で集まります。ボンで三〇万集まりますと、町にはもちろん三〇万人集まる広場がありませんから、裏小路まで町全部が埋めつくされてしまうということになる。

それだけのエネルギーをドイツのキリスト教は持っているにもかかわらず、その動きは実際には政治変革という動きには結びつかない。なぜかといいますと、やはり根強い反共主義というものがあり、ですから社会民主勢力との連帯、つまりドイツのキリスト教は社会民主党（ＳＰＤ）に、そうでなければ緑の党にくっつくという構造をもっている。もちろんそうさせた東ヨーロッパ共産主義の致命的誤りがあるわけですが。ドイツにいれば誰だって東ドイツのようになりたくないと思います。反共主義になるのは当然で、その両方の誤りがＷＣＣの中には本当に辛い問題としてあります。幸い日本の場合には、キリスト教の中に反共主義もありますが、反共主義を克服した立場にたっている日本キリスト者平和の会の動きが大きな力の一つとしてあります。日本共産党は人権を抑圧したり、民主主義を否定したりする党ではありませんので、統一戦線という考えをきちんと持っています。ですから日本は世界に珍しい、キリスト教会と共産党まで含めた統一戦線を成立させることが出来る可能性のある国、これは世界の教会の平和運動に対して大変大きな問題提起、刺激になることが出来る国だと私は思っています。

統一戦線の路線を堅く守って

今後、日本のキリスト者平和運動が、そういう意味で統一戦線という路線を堅く守ってその理論を展開していき、そしてキリスト者の中にどう広げていくかが問題です。日本のキリスト者の中で私たちは少数者です。統一戦線を破壊する力というものが、キリスト者の中に強くあることを身をもって味わっております。日本のキリスト教会の中にそういう平和と正義、正義を伴う平和を実現するために、キリスト者はキリスト者だけで運動しては駄目ということを、もっともっと広げていく責任をこの会は持っているのではないか。そのことは日本の責任であると同時に、ＷＣＣに対する大変大きな問題提起であり、刺激であるということを、七年間のＷＣＣでの、小さな経験の中から考えたこととして申し上げまして、直接日本のキリスト者平和運動四〇年の総括とは関わることは出来ないわけですが、一つの発題とさせていただこうと思ったわけです。

12　祈り三題

『S.C.A.』第一号、東北学院大学S.C.A.（基督教青年会）編集部、一九六五年七月、所収。

一　アーメン

祈るとはどういうことなのか、それを考えてみる。客観的に観察するのではなく自分の命に照らし合わせて祈りによって私はどのような命に導かれるのか、どのような命の姿を祈りの中で私は告白するのか、その点に目をそそいで考えてみる。私たちは祈る時、三つの言葉を必ず使う。この三つの言葉なしには、その祈りはキリスト教信仰の祈りではなくなる。

キリスト教の祈りの秘密がその三つの言葉にこめられている。それは「天にいます父なる神」「主イエス様の御名によって」「アーメン」というこの三つなのだ。

「アーメン」。これはイエス様の母語のアラム語で「まことに、たしかに」という意味を持つ。お祈りの中では「どうぞそうでありますように。この祈りは私の真実の祈りです」というような意味である。イスラエル人はこの「アーメン」という言葉を「真理」という意味に使った。「真理」、それは客観的事実についての知識ではなく、それを語る者の身に生じる出来事なのだ。それを我が身に負って実現する決意なのだ。それにふさわしく生きることを抜かしては、真理は無意味になってしまう。アーメンとは従って私が真実に生きようとするその決意である。アーメンと祈る時、私は自分の祈りに命をかける。救いか滅びか、どちらにころぶか、神の前で自分の命の真実をさらけ出す。旧約聖書ではアーメンという言葉は、祝福と呪いにかかわる(申二七・一四以下)。アーメンと唱えた者は、祝福か呪いか、どちらかを自分の命に照らしあわせて覚悟する。アーメンは命がけのことなのだ。鴨長明の言う「不請の阿弥陀仏」(方丈記五)とは違う。心ならずも唱えてそれでなお効力を持つ、そのようなおまじないの文句とは祈りはちがう。「アーメン」と大声で唱えよう。私の真実を神の前にさらけ出そう。その時私達は「アーメンなる主」(黙三・一四)の前に立っている。

二　主イエス・キリストの御名によって

アーメンの祈りは、私達に在りのままの姿をさらけ出させる。神の前にすべての私の願いと思いとをぶちまける。そして「アーメン、どうぞそうでありますように」と祈る。これは余りに自分勝手でないか。神に自分の願いを押しつけることにならないか。御利益宗教とどこが違うのか。決定的な違い、それは「イエス様の御名によって」という一句にある。私達が自分の心の思いと願いのたけをすべてさらけ出して、そして最後に「どうぞそうでありますように、アーメン」と言う。その前に「イエス様の御名によって」とつける。その意味は、実はまさに、「私の願いはこういうことですが、しかしもしそれがイエス様の御心にかなわないのなら、その通りでなくても結構です」ということなのだ。祈ることは求めること、願うことだと私達は思っている。しかし実はそうではなくて、祈るとは自分の願い、欲望を捨てること、イエス様のためにそれを断念すること、イエス様におまかせすることなのだ。自分の一切の欲望をおまかせする時、神の平安が私達の心と思いとを満たす（ピリピ四・六、七）。だから祈っていけないことは何もない。どんな自分勝手な醜い欲望でもかまわない。心の真実をそのままにさらけ出す。問題は私がそれをイエス様におまかせできるかどうか、イエス様のためならそれを断念する勇気があるかどうか、そこにある。私の願いに対してイエス様が何とおっしゃるか、それでよいとおっしゃるか、それは間違ってるとおっしゃるか、そのイエス様の返事に耳を傾けること、それがお祈りなのだ。祈るとは聞くことなのだ。だからこそイエス様は「神は祈る前からすべてごぞんじだ。だから祈れ」というあの不思議な言葉を言われた（マタイ六・八）。ごぞんじなら祈る必要はないと私達は思う。しかしそうではない。ごぞんじだからこそ祈らねばならない。なぜなら祈るとは聞くことなのだから。私の願いに対して何と言われるか、それに耳を傾けよう。あの少年サムエルの祈りのように「主よ、我聞く、汝語りたまえ」と（サムエル前三・一〇）。

三　天にいます父なる神

祈りの最後の秘密はその呼びかけにある。「天の父なる神」、私達の祈りはこういう語りかけではじまる。ただ「父よ」とか「神よ」と祈るのはこの正式の呼びかけの省略形である。「天の父なる神」こう呼びかける時、私は自分が父の子であることを感じている。私の父、つまり私の命の源が神にあり、父の家こそ私の住むべき故郷であることを感じている。しかしただちにその思いは「天にいます」という一句によってさえぎられる。その父は遠く離れておられるのだ。天の地よりも高きが如く、神は私に遠い。私は今、ここで神から離れ、父から離れ、父の家から離れ、それ故に私の故郷から離れて、異邦人また旅人として生きている（ヘブル一一・一三、ペテロ前二・一一）。父のもとから遠く離れているという自覚、この旅人の故郷を思う夜の歌が祈りなのだ。

私は今本当の命を持っていないという自覚、私は今故郷にいるのではないという自覚、それが私たちを祈らせる。帰りなん、いざ、故郷へ。しかし、ただでは帰れない。あの放蕩息子のたとえのように（ルカ一五・一一―三二）父のもとを離れて異邦人として外国に在って飢え苦しんでいる状態、それが人間の現状である。そしてあの放蕩息子のように父の家へ帰ろうとする心の起る時、その時私達は祈る。しかし帰ることは怖ろしいことでもある。父を捨てて裏切って異国に来た子にとって、自分が父の子であることは慰めにはならない。むしろ子であるからこそ父を捨てた罪は重い。彼は裁きを受け、罰を受ける覚悟で父のもとに帰る（一五・一八）。その彼を待ち受けていたものが何であったか、それを書く必要はないだろう。イエス様は、裁きを受ける覚悟で父のもとへ帰る者に赦しを約束しておられる。「天の父なる神」と祈る時、私達は自分がこの放蕩息子であることを告白しているのだ。そしてその私達にイエス様の赦しの約束が向けられている。「天の父なる神に、イエス様の御名によって、アーメン」と祈る時、私達は魂の奥底でこの赦しにあずかる。

13　現代におけるキリスト教的な視点とは何か

『東北学院大学新聞』第一九七、一九八、二〇〇号、東北学院大学新聞会、一九六五年一一月、一二月、一九六六年一月、所収。

一　変革する心

「神」という言葉を聞いて、直感的に何を連想するか、それをテストしてみたら興味のある結果が出るのではないかと思います。実はドイツで勉強していた時に、ふと思いついて、ドイツ人の大学生二〇人程に聞いてみた事があります。答えはちょっと想像を絶するものでした。皆さんもここで新聞をおいてひとまず考えてみて下さい。自分なら何と答えるか、そしてドイツ人の大学生たちが何と答えたのだろうか。多分、皆さんの予想ははずれるのではないかと思います。ドイツの大学生たちは口をそろえて「ゲレヒティヒカイト」（正義）と答えたのです。「神」と聞いて、反射的に「正義」と出てくる。これは私にはまったく、思ってもみない、意外な返事でした。この二〇人の学生は、ほとんどが法、哲、医の専攻で、神学部の学生は二人しかはいっていません。しかも二〇人の大半は教会になど行っていないのです。つまり、彼らは自分では自分を、クリスチャンとは考えていないのですが、それにもかかわらず、その考え方は、無意識のうちにキリスト教的なものになっているわけです。

「神」＝「正義」、これはたしかにキリスト教の中心思想を示しています。キリスト教は「愛」の宗教だとよく言われます。たしかにそうであるわけですが、しかしキリスト教は「愛」の宗教であるより前に、まず何よりも実は「正義」の宗教であるのです。旧約聖書はそのことを明確に示しています。もっと正確に言えば、キリスト教は「愛」の宗教であるためにまず「正義」の宗教でなければならないのです。この「正義」を追求する心こそ、キリスト教の第一歩なのです。この追求のエネルギーは「神の前で申し開きをしなければならない時がやがて来る」という自覚から生まれます。

旧約聖書では神は、しばしば私達の行く手に待ち伏せをして、私達を捕える者として考えられています。今のところ私達は神をみたこともないし、会ったこともない。神なしに生きている。それはその通り、しかしそのような私達を、神は行く手で待ち受けておられる。私達は思いがけない時、思いがけない日に神と出会う。その神に出会う用意をしろ。これが預言者達がくりかえし告げている言葉です。ライオンが獲物を待ち伏せするように、神は私達を待っておられる（アモス三・一二―八）。行く手にわなをはって待っておられる（エゼキエル一二・一三、一七・二〇）その神の手に落ち入るのは恐ろしい（ヘブル一〇・三一）。そうなのです。旧新約聖書を通じて、神は将来の神、行く手に待つ神、来たらんとする神なのです。その神に出会う時、私達はその前で申し開きをしなければならないのです。

「正義」は、このようにして、将来的な性格のものとなります。それは、将来から呼びかける神の声に照らして、現在が悪の時、不正の時代、不義の代として自覚されることに対応しています。神が将来の神であるように、正義も将来の正義であるわけです。そしてその将来の正義を追い求めて生きることが現代の課題になるのです。このように見てくると、キリスト教信仰の基本的な特徴は、「まだないもののほうが、現に在るものよりも真実であり、正しい」というところにあることがわかります。「現に在るものは、まだないものの前で責任を問われている」と言ってもかまいません。「神の国は近い」というのが、新約聖書の根本的なメッセージです。そしてこのメッセージは、「神の国はまだ来ていない」、「現に在るこの世界は神の国ではない。それは間違った世界、悪の世界、否定されるべき世界、変革さるべき世界である」という認識を含んでいます。キリスト教信仰は、従って「現状肯定主義」には決してなれないものなのです。信仰は「まだ見ていないことを真実とし」(ヘブル一一・一)ながら、常に「後のものを忘れ、前のものに向かってからだを伸ばしつつ、目標を目ざして走る」(ピリピ三・一三)ものなのです。

「変革する心」こそ信仰の心だといえるでしょう。もちろん「自己」を変革するのです。しかし「自己」は、聖書によれば、いつでも「世の中に在る自己」であって世の力によって動かされています。従って自己を変革するためには、世を変革しなければなりません。世の不正を、世の不義を、世の悪を、そして根本的には世の罪を変革しなければなりません。私達は、あまりにも現在の世を安易に肯定しているのではないでしょうか、そして、ただ現在の世という枠の中で、それに「アダプト」（適合）して行くこと、その範囲の中でうまくやって行くことばかり考えているのではないでしょうか。信仰はそのような「アダプテーションの論理」を否定します。自己と自己を支配する世の力とを批判し変革するためには、自己と世とを正しく知る必要があります。そのためには心理学や社会科学の助けを必要とします。もちろん信仰による「変革」は、社会科学による「変革」と同じではありませんが、しかし両者を切り離すこともできません。社会科学のない、信仰だけによる変革は時代錯誤におちいるでしょうし、信仰なしの社会科学だけによる変革は、何のための変革なのか、その目標を失ってしまうでしょう。

「変革する心」の真の根拠を示すことこそ、現代におけるキリスト教の課題だと思います。「神様変えることのできるもの、そして変えなければならないものは、これを変える勇気を、どうぞ私達にお与え下さい。」これが今日のキリスト者の祈りなのです。

二　受容する心

キリスト教は正義の宗教だと書きました。それでは、その正義はどうやって我々に知られるのでしょうか。「正義とは何か」これは大変難しい問題です。しかし「正義はどうやって私に知られるか」これは実に簡単な問いです。それは私が不正を自分の身に体験する時に知られるのです。不正な取扱いを受けたことのない者は、ひとりもいないでしょう。自分の身に不正がくわえられているということを、痛いほどに経験する時、私たちは、この世に正義を打ち立てることを求めずにはおられなくなるのです。その時、私たちは、正義とは何であるかを口ではっきりとは言えなくとも、心の中では実はすでに知っているのです。逆説的に言えば、正義は不正を耐え忍ぶところに生まれるのです。イスラエルの歴史は、そのことをまざまざと示しています（詩九四、一三七）。その限りでは、不正は人間を正義に目覚めさせる教師だと言えるでしょう。ソクラテスがアテネの法廷によって無実の罪で死刑を宣告された時、妻のクサンティッペが「あなたは不正に殺されるのだ」と言うと、ソクラテスが「それならお前は、わたしが正当に殺されるのを願うのか」と答えた、という伝説があります。ソクラテスは、不正に生きるよりは、不正に殺されることを肯定したのです。それは、ソクラテスが死ぬことによって正義が実現されるためだったのです。（この問題に興味のある方には、プラトン「ソクラテスの弁明」、「クリトン」をお読みになることをおすすめします）

しかし、この不正をソクラテスが承認したのだと考えてはいけません。ソクラテスは不正を否定するために、この不正な判決を受け入れたのです。世の中は不正に満ちています。しかし、それだからと言って、その不正を認めて、この世の中でうまくやっていくことだけを追求することはできません。そのように現状を肯定して、それに適合していくことだけを求めるアダプテーションの論理こそキリスト教の敵なのです。先号に書いたとおり、キリスト教の心は、第一に変革する心だからです。しかし、ここに問題が生じます。それは、私たちの変革しようとする願いが、その通りには実現されない場合があるということです。社会と人間との不正を憤って、それを変革し、正義を実現しようと努力しても、そのとおりにならないことが、しばしばあります。状況についての私たちの知識が不十分であったり、不正確であったりすることが、その原因である場合もあります。その場合には勉強することによって目標の実現に近づくことができます。けれども、どんなに正確かつ十分な知識を持っていても、それでも思うままにならない場合もあります。たとえば時代がまだ正義の実現に十分なだけの条件を整えていない時などです。そして実は、人間がその中で生きている「時間」というものは、根本的に「いつ、どこで、何が起きるかわからない」という性格を持っているのですが、そのために一切のものは不確実になってしまい、私たちが追い求める正義も、それが確実に実現されるという保証はなくなってしまうのです。私たちは、自分の人生を自分の思うままに、自由に作り上げていくことはできないのです。この「思うままにならない」という性格は、人間の命の根本的な構造なのです。その最も典型的な実例は「死」です。死なない自由を持っている人はいません。自分が死ななければならない、自分の意志や願いの如何にかかわらず、どうしてもいつかは死ななければならないということは、実に不当な不正なこととしか感じられません。カミュはこの問題を真剣に取り上げています。私が死ななければならないとすれば、人生は結局のところ不合理であり、人生は私に対して不正を犯しているというのです。

私たちの主張する「変革する心」は、こうして最後に、「どうしても変えることのできないもの」にぶつかってしまいます。それは絶対に動かすことのできない限界として、人間の存在そのものに備わっているのです。それを変えてしまったら、もう私たちはその時から人間でなくなってしまうような、いわば人間の条件とでもいうようなものです。人生は、結局のところ私に対して不正なものにとどまります。しかし、それはどうしても取り除くことのできない人間の枠なのです。その枠をあえて受け入れる（アクセプト）こと、これが信仰の力なのです。それは受け入れるほか、どうしようもない、動かすことのできない枠なのですが、しかし、だからといってただ受け入れるのでは、それは「あきらめ」になってしまいます。

キリスト教はあきらめの宗教ではありません。なぜならキリスト教は、この動かすことのできない枠を、祝福された枠と考えているからです。神の恵みは「弱さの中にこそ完全に実現される」というのがパウロの信仰です（Ⅱコリント一二・九）。人間の存在に備わっているこの不正な枠は、実はそれがあることによって初めて私たちが正義に目ざめ、愛に目ざめ、希望に目ざめることができる。つまり本当に人間らしくなることができるその枠であり、いわば人間の人間性を成立させてくれる枠なのであって、従ってそれは祝福された限界なのだ、と言うのです。それは人間が正当に人間らしく生きていくために、そこにあるのです。そして私がその枠を受け入れるのは、実はその枠が私を人間として受け入れてくれているからです。こうしてこの限界の受容は、単なるあきらめや、或いは単なる適合ではなくなります。いわばそれは「自分が受け入れられていることを受け入れる」（アクセプテド・アクセプタンス）とでもいうものなのです。不正な現実に苦しみ、それを変革するために戦いながら、しかもその変革の主体である人間の、人間らしさを成立させている絶対的な枠を素直に受け入れること、これが「受容する心」なのです。十字架の上のイエスにおいて、この「受容」における「変革」は徹底的に実現されたのです。現代のような自己主張の時代においてキリスト教が提示すべきものは、この「受容する心」にほかなりません。「神様、変えることの決してできないものは、これを喜んで受け入れる謙遜を、どうぞ私達にお与え下さい」これが今日のキリスト者の第二の祈りなのです。

三　知恵

キリスト教的な心の「かまえ」の第一の特徴は「変革する心」というところにあります。外から見た場合、これが一番目につくキリスト教の特徴です。日本における労働運動や社会主義運動が、キリスト者の手によって始められたのも、このことに関係があります。人間が正しく生きることのできる世界、正義が実現される世界そして正義が実現されているが故に人間が幸せであるような世界、そういう世界を目指して、それへとむかって現在の世界を作り変えて行くこと、これがキリスト教信仰の本質的な働きなのです。ついでに言えば、幸福と正義がいつでも一緒に考えられていることもキリスト教の一つの特徴です。正義が実現されている時にだけ人間は幸福であるというのです。ですからキリスト教は第一に人間の幸福を求めることはしません。信じれば幸福になる、とは言いません。まず第一には正義を求めます。不正な幸福よりは、たとえ不幸でも正しい生活の方が良いと言うのです。その点ではキリスト教は幸福宗教ではなくて正義宗教だと言えます。しかし、実は正義の実現されている時にだけ人間は幸福になるのです。なぜなら、正義とは、神の意思であるからです。神の意思に本当に従う時にだけ、正義は実現し、幸福になるとキリスト教は考えています。しかし私一人だけが従ってもだめなのです。世界全体が従わなければ正義と幸福の一致は実現しません。そのためにキリスト教は、いつでも自分一人の心だけでなく、世界全体を変革することを目指すのです。このような「変革する心」はキリスト教の一番顕著な特徴ですが、実はその根底には、「どうしても変革できないもの」についての深い認識があります。人間がどんなに努力しても絶対に超えることのできない限界（たとえば死）を認めるのです。しかもただ諦めてしまうのではなく、その限界を積極的に肯定するのです。なぜなら、その限界がなくなってしまったら、人間はもう人間でなくなってしまうからです。そのような限界があるからこそ、人間は人間らしく生きていけるのです。ですから、それは祝福された限界、恵まれた限界と言わなければなりません。パウロは「弱さの中に恵みは実現する」と言っています（Ⅱコリント一二・九）。このような絶対的な限界を「受容する心」がキリスト教信仰の第二の、そして第一よりもっと深い特徴なのです。

以上のようなことを、前回までに書いたのですが、今回は最後に第三の根本的な特徴、特に現代においてキリスト教がはたすべき最も大きな役割である特徴について述べてみます。キリスト教の第一の特徴は「変えられるものは変える」ということ、第二の特徴は「絶対に変えられないものは受け入れる」ということであるわけですが、ここで一番大切なことは、「一体、何が変えられるものであり何が変えられないものなのか」ということです。この点について間違いをおかすと大変なことになります。本当は変えることが出来るし変えなければならないものなのに、それを絶対に変えられないものと思い違いをすることがしばしばあります。たとえば第二次大戦の最中には、殆んどすべての日本人は「天皇制」というものを「絶対に変えられないもの」と思いこんでいました。今では、それが間違いであったことは多くの人が認めています。あるいは現在でも、資本主義社会という組織やその中にある自分の属している会社や団体の仕組は、絶対に変えられないものだと思っている人も多くいます。しかも困ったことには、その判断が信仰の立場からの判断だと勘違いをされる場合があります。たとえば中世の教会は、天動説というものを「変えることのできないもの」とし、しかもそれを信仰の判断だと主張したのです。現在でも「私はキリスト者だから、今の社会組織を支持する」と考えている人がたくさんいます。このような人たちは、自分の持っている社会や人間や自然についての知識から引き出した結論を、信仰から生れた結論と勘違いしているのです。信仰に対して本当に真剣でないから、そうなるのです。そのために「変えることのできないもの」を見分ける知恵を失なってしまったのです。

実は信仰とは、このような「見分ける知恵」なのです。なぜなら信仰は「何が神の意思であるか」をわきまえ知り（ローマ一二・二）その結果「何が重要であるかを判別する」ことができるような力なのです（ピリピ一・一〇）。神が私に何を求めておられるのか、それを真剣に聞き求める時、私たちは、神の意思を知り、その結果、何を変えるべきか、何を変えないで受け入れるべきか、その知恵を与えられるに違いありません。

「主よ、変えることのできるものと、変えることのできないものとを見分ける知恵をどうぞお与え下さい。」これが現代のキリスト者の最後の祈りなのです。

14　キリスト者と天皇制・大嘗祭

「続・天皇制を問う」『文化評論』臨時増刊、三五七号、新日本出版社、一九九〇年一〇月、所収。

一　大嘗祭反対の決議

日本キリスト教団は信徒数約二十万、教会数約一千七百という小さな集団ですが、これでも日本における最大のプロテスタント教会です。江戸時代末期に伝来してから、すでに百年を超える歴史を持ちながら、日本のキリスト教は、なかなか大きな勢力にはなれないでいます。カトリックと正教会とプロテスタント諸教派を全部合わせても、百十万の信者です。

キリスト教が日本に広まらない理由の一つは天皇制の問題です。天皇を神と認めないキリスト教は、日本国家の原理に反するもの、あるいは日本の民族精神にそぐわないものとして排除されてきました。逆にキリスト教の側では、日本社会に受け入れてもらうために、天皇制との対決を避けて譲歩をくりかえし、いつの間にか、政治・社会問題から目をそむけて内面の問題にだけ閉じこもってしまう宗教になってしまいました。自由民権運動の敗北までは、日本のキリスト教は、神からさずかった自由・平等の人権を実現するために、明治政府と対決して、積極的に社会運動に参加していました。しかし自由民権運動の敗北と明治憲法・教育勅語の発布によって明治の天皇制国家が確立すると、憲法の言う「安寧秩序を妨げず及臣民たるの義務に背かざる限りに於て」という条件つきの「信仰の自由」の中に自分から閉じこもってしまって、以後は神とキリストへの忠実と天皇への忠実の矛盾から目をそむけてしまいます。天皇は、日本のキリスト教の前に立ちふさがる巨大な壁だったのです。

この秋の新天皇の就任儀礼を前にして、キリスト教は、今、あらためて天皇制の問題、特に大嘗祭の問題と真剣に取り組まざるをえないところに立たされています。日本キリスト教団には十六の教区があります。毎年五月前後に各教区の総会が開かれますが、今年は十六教区のうち十五教区が何らかの形で大嘗祭反対の決議を行ないました。少し長いのですが、東中国教区の決議を引用してみます。

「大嘗祭を前にした私たちの決意

日本キリスト教団は、一九四一年、日本の国が侵略戦争を拡大していった時期に、国策としてキリスト教諸教派が合同して生まれた。諸教派のなかに合同の気運があったとしても、結果的にわれわれ教団は合同にあたって、国の戦争遂行に積極的に協力し、天皇制国家への忠実な奉仕者であったことを認めざるをえない。このことの反省は、一九六七年に教団総会議長鈴木正久名で『第二次大戦下における日本基督教団の責任についての告白』

が公にされ、また第二四回教団総会（一九八六年）において『旧第六部・第九部の教師および家族、教会に謝罪し、悔い改めを表明する集会』が開催されたことに表されていることである。

キリスト者がこの世にあって生きるとき、キリストを主と告白し、語るべき時に語り、行動すべき時に行動することは、われわれに与えられた大きな責任である。悔恨に満ちたわれわれの歴史は、われわれがどのような時代状況にあってもイエスを主と告白し、偶像礼拝につながるさまざまな試みを正しく見抜き、拒否していかねばならないことを教えている。

一九八八年九月の裕仁天皇の重体報道以来、その死去と明仁天皇の即位、新元号の制定に至るなかで、自粛、記帳、弔旗掲揚、大喪などが国を挙げておこなわれ、再び天皇制国家の様相を呈した。また本島長崎市長への狙撃に見られるように、それに反対する一切の言論が封殺されようとしている。本年十一月に行われようとしている即位の礼、天皇を神とするための大嘗祭は、国民意識を天皇のもとに統合していこうとするものであると考えられる。とくに、大嘗祭を国費で行うことや、公的行事として位置づけることは、政教分離の原則に反するものである。さらに、学習指導要領における日の丸・君が代の強制などにあらわされているように、天皇制による国家管理が強化されていることを見過ごすことができない。

われわれは、『わたしのほかに、なにものをも神としてはならない』との教えに従い、死に至るまでこの世を愛し通されたキリストのとりなしにあずかって、この世の力を神とする動きと闘う。また、第二五回教団総会（一九八八年）が、『天皇神格化のいかなる試みをも拒否する』『教会および付属施設において「日の丸」を掲揚しない、「君が代」を歌わない、また演奏しない、「元号」を使用しない』と決議したことを、日本キリスト教団東中国教区として確認し、われわれの決意表明とする。」

（一部漢字をカナに変更して引用）

このような決議が、ほとんどすべての教区であげられました。少し説明をしないとわかりにくいところがあると思いますが、それは後にします。さしあたり、この決議から明らかなことは、日本のキリスト教が、かつて天皇を神として礼拝することを強制され、それに屈服した苦い経験をもっていること、二度とその経験を繰り返すまいと、今、決意しようとしていることです。これは、当然のこととはいえ、キリスト者としては、その信仰にかかわるもっとも重要な決断です。

もう一つ、その天皇制国家のアジア侵略戦争にキリスト教団が協力したことに対する反省が、ここにあります。この判断は信仰と直結してはいません。ある戦争が侵略戦争なのか、民族解放戦争なのかという判断は、信仰だけではできないからです。それには社会科学的な知識が必要です。宗教者は常に信仰に従って生きようとしますが、しかし、たとえば消費税に賛成すべきか反対すべきかは、信仰だけでは決められません。消費税のしくみと目的などについての正しい知識が必要になります。「高齢化社会のため」などと言うのはまったくのウソで、大企業優遇と軍事財源のためなのだということがわかった時に、初めて良心的に確信を持って反対運動に参加することになります。キリスト教の信仰は良心的に正しく生きることを要求しますから、もしキリスト者が、真剣に自分の信仰に従って社会的に行動しようと願うなら、歴史と社会に対する正しい知識が必要になるのです。信仰が知識を求めると言ってもよいでしょう。

侵略戦争に協力したことを反省するという、この教区決議の第二の論点は、従って信仰に直結した判断ではなくて、社会科学的な認識を媒介とした判断だということになります。行動についての判断ですから、倫理的判断と言ってもよいでしょう。天皇を神として拝まないという信仰的判断と、侵略戦争反対という社会科学に媒介された倫理的判断が結びついていることは、後でふれるように重要な問題だと思います。

二　負の歴史を背負って

上記の決議文の最初に教団成立の問題が指摘されていました。日本キリスト教団の成立は一九四一年です。江戸時代末期に伝来した時から、欧米諸国で成立した教派がそのまま持ち込まれて、プロテスタント教会は多くの教派に分裂していました。それらが合同して日本キリスト教団となったのです。この合同の原因は、一九四〇年から実施された宗教団体法でした。戦時体制強化のために、天皇制国家は、宗教を統制して、国策に協力させせようとしました。民衆の心に大きな影響力を持つ宗教を戦争に協力させるための法的統制でした。表面は宗教の保護をうたっていましたが、それは天皇制国家体制に忠実である限りのものでした。管理統制は徹底していて、キリスト教が宗教団体としての法人格を得るためには、教義の大要、教義の宣布と儀式の執行、教団組織などを明記した教団規則の文部大臣による許可が必要とされ、国家がいつでも教義や儀式に介入できる仕組みでした。教団を統理監督する統理者を置き、その就任も文部大臣の許可でした。教団や教師が天皇制国家の秩序を妨げ、それに忠実でないと官憲が判断した時には、教団認可の取り消し、教師の資格剥脱、さらに刑罰も規定されていました。全面屈服にも等しい、これらの条件のもとで、三十四のプロテスタント諸教派が合同して日本基督教団（キリストを漢字で表記していました）が成立したのです。合同に参加しない教派は単立の宗教結社として法の保護の外に置かれました。

たしかに宗教団体法以前からキリスト教内部に自発的な合同運動は存在していました。しかし結局は教義の解釈の一致が得られずに破綻し、合同運動が行き詰まったところに宗教団体法が公布されたのです。時代は、泥沼化した中国侵略戦争を、冒険的な対米戦争で一気に打開しようとして、天皇制軍国主義が最後のアガキを開始したところでした。そのために、国民のエネルギーをすべて動員し、統制しようとして、近衛文麿の新体制運動と大政翼賛会がうまれると、政党も労働団体もなだれを打って解散し、これに吸収されていきました。キリスト教も、バスに乗りおくれるなとばかりに、一気に合同したのです。教義の解釈の一致が得られないために合同できなかった諸教派が、政府から要求されると、教義の大要ということで簡単に合意してしまったのですから、無節操と言われても弁解の余地はありません。

教団創立総会は、一九四一年六月二十四、二十五日の両日、東京富士見町教会で開催され、まず、君が代斉唱、宮城遙拝、出征兵士、戦死者のための黙禱で礼拝が始められました。この総会で「教義の大要」と共に採択された「教団規則」第七条は信徒の生活を定めた生活綱領ですが、その第一には「皇国の道に従いて信仰に徹し各其の分を尽くして皇運を扶翼し奉るべし」とありました。信仰は「皇国の道」つまり天皇制国家の定めに従うことを前提とされているのです。それどころではありません、ここまで来ると、現に日本キリスト教団の一員である筆者としては、情けなさに胸がつぶれそうで、書くのも恥ずかしいことですが、翌年正月には、発足した教団の初代統理者富田満牧師は、教団発足の報告と発展祈願のために伊勢神宮に参拝したのです。

これが教団成立のいきさつです。教会と信徒を守るために、心ならずも国家の圧力に屈服したというだけではすまないものがここにあります。屈服は自発的でした。皇運扶翼は本心だったのです。それがキリスト教の唯一神信仰と両立できたのは、信仰は心の問題、戦争は政治の問題という二元論、あるいはキリストは魂の主、現実の日本国民としては天皇の赤子という二元論が、自由民権運動の敗北以後、日本のキリスト教に深く根をおろしていたためだと思われます。私の父も牧師でした。小学生だった私は、特別高等警察の監視下におかれて、日の丸を貼り、君が代を歌い、皇居遙拝をしてから始められた礼拝をはっきりと覚えています。戦闘機献納献金もありました。戦勝祈禱会もありました。強制連行された朝鮮人に対する差別などにはキリスト者として強い怒りを表現する父も、戦争については聖戦と信じきっていました。天皇を神とすることは認めないにもかかわらず、心から天皇を尊敬していました。父の苦悩は理解しながらも、やはり、ここにも自発的屈服の一つの姿があったと思わずにはいられません。

もう一つ、あの決議文には「第六部・第九部」問題という言葉があります。教団は発足したものの、肝心の教義の解釈については十分な一致はなかったわけですから、当面の間、傾向の似た旧教派がいくつか集まって部を作り、細かい信仰の解釈はそれぞれの部にまかせて、教団は部の連合体のような形でスタートしたのです。その第六部と第九部がホーリネスと呼ばれる系列の教派でした。ホーリネスはキリスト再臨の教理を強調する教派ですが、それが治安維持法に引っかかったのです。世の終りにキリストが再び現われてキリストの王国が生まれるという教理に対して、それなら天皇の支配はその時どうなるのだ、というのが官憲の言い分でした。こうして、ホーリネスは「国体ヲ変革スルコトヲ目的トスル結社」として、一九四二年六月二十六日未明、第六部・第九部の本部が警察の手入れを受け、同教派の教師が全国でいっせいに検挙されました。

百三十四名の牧師が逮捕され、七十五名が起訴され、二百七十三の教会が宗教結社禁止処分を受けました。文部省は教団統理者に対して、ホーリネス系牧師の解任と財団の解散を指示してきました。教団は、何の抵抗もせず、この指示に忠実に従って、ホーリネス系教会の牧師に自発的辞任を迫り、財団を解散させました。裁判になってからも、彼らを弁護するよりは、「日本に於いてキリスト者が再臨問題を取り上げて説くことがそもそも間違いである」というように、同じ信仰の仲間を守ることよりは、彼らを切り捨てて、自分の安全を守ることを優先させたのです。

戦後も一九八六年になってから、ようやく教団はこのあやまちを認めて、「旧第六部・第九部の教師および家族、教会に謝罪し、悔い改めを表明する集会」を第二十四回総会の会期中に開催し、関係生存者を招いて謝罪しました。この事件も、戦時下の日本キリスト教団が、信仰に対する忠実さよりは、自己保全を優先させたこと、教団は国家の強圧による被害者であっただけでなく、国家に積極的に協力する加害者でもあったことを、まざまざと物語っています。

この決議文には出てこない事件をもう一つだけ紹介します。それは、朝鮮人教会の問題です。日本による朝鮮植民地化によって在日朝鮮人が増加するにつれて、朝鮮本国の教会から在日朝鮮人に対するキリスト教の伝道が行なわれ、一九三〇年代の終りには信徒数約四千人、教会数約六十になっていました。日本政府の朝鮮人監視政策や日本人の朝鮮人差別などに苦しんだあげくに、在日朝鮮人教会は日本の教会との合同にふみ切り、日本キリスト教団合同の前のことですが、一九三八年、教派的に一番近い日本基督教会（日本キリスト教団に合同した三十四の旧教派の中の最大の教派）との合同の交渉に入りました。

この時、日本基督教会が在日朝鮮人教会につきつけた条件は、（1）日本基督教会の信条に服すること、（2）伝道には日本語を使用すること、（3）現在の教職者に再試験を行なうこと、というまことに強圧的なものでした。結局、場合によっては日本語を朝鮮語に通訳することと、特に指定された集会では朝鮮語を使用することができるということで決着し、両教会は合同しました。これは、対等の教会の合同とはとても言えない、強者による弱者の吸収合併であって、日本政府の朝鮮人皇民化政策の引き写しにほかなりませんでした。

朝鮮本国の朝鮮人教会は、宗教団体法が朝鮮にも適用されたために、一九四五年に日本キリスト教団朝鮮部がつくられ、強制的にこれに合同させられました。反対する者には活動禁止、職位剥奪、投獄等の運命が待っていました。朝鮮人教会のこの運命は、日本キリスト教団が、ここでも国家権力によって弾圧される側であっただけでなく、国家権力に加担して自発的に協力を惜しまない加害者、特にアジアに対する加害者でもあったことを、明らかに示しています。

三　少数の抵抗者たち

もちろん、少数ではありましたが、信仰に立って屈服しなかった人たちもいました。比較的よく知られている事件を一つだけ紹介すれば、「灯台社」というグループがありました。明石順三によって設立された一派で、唯一の神を信じ、地上の国家を悪魔の手先と見なして、一切の軍備の否定を主張していました。このため、機関誌『黄金時代』は、くりかえし発禁・押収などの処分を受けました。

そして、ついに一九三九年、明石順三以下十九名が検挙されたのです。明石順三の長男真人と信徒の村本一生は、軍隊内で兵役拒否を行ないました。「エホバ以外の被造物に礼拝することは神エホバの厳に禁ずる所なれば、今後宮城遙拝、御真影奉拝等の偶像礼拝は絶対に為し能はざる」旨を上官に申し出、さらに「自分はキリスト者として聖書の『なんじ殺すことなかれ』の教えを守りたいので、銃器をお返しします」と申し出て上官を仰天させました。明石順三も、公判で一歩もゆずらずに自分の信仰を述べています。

裁判長　日本国家に就ては如何に見ておるか。

被　告　日本は基督国では有りませんが、教理上から異邦国の一つで有ります。而して全世界は悪魔の世で有りまするし、又日本はエホバを神とも信じておりませんから悪魔の国です。

裁判長　然らば被告は灯台社運動継続中に於いては、天皇陛下及皇族の尊厳性を認めておったか。

被　告　尊厳神聖と言うような事は全然認めません。

裁判長　天皇陛下の御地位に就いてはどうかね。

被　告　天皇の御地位等は認めません。

そして、「現在、私の後について来ている者は四人しか残っていません。私共に五人《ママ》です。一億対五人の戦です。一億が勝つか五人が言う神の言葉が勝つか、其は近い将来に立証される事でありましょう。其を私は確信します。此の平安が、私共にある以上、其以上何も申上げる事は有りません」と言い放っています。

ここには、たしかに、信仰から生まれた良心の決断に忠実な信仰者の姿があります。このほかにも、上記のホーリネス教会、セヴンスデー、新約之耶蘇基督教会などの小教会と、もう一つ、内村鑑三の流れの無教会主義の人々の中にも天皇制軍国主義の弾圧に屈せずに、信仰を守りぬいた人々がいます。もちろん日本キリスト教団のメンバーの中にも個人的にはさまざまな反戦的発言のために官憲の圧迫を受けた人たちがいますが、組織的抵抗ではありませんでした。

これらの人々の良心的な生き方には心から敬意をはらいますが、同時に疑問もないわけではありません。それは、これらの人々の多くは（例外はありますが）、第二次大戦後は、朝鮮戦争にもヴェトナム戦争にも無関心に過ごしており、象徴天皇制のもとでの日本独占資本の人権抑圧にも、安保体制下の核戦争体制にも無関心でいるからです。つまり天皇を神として拝まないという信仰的判断には忠実であったのですが、社会科学に媒介された倫理的判断を持っていなかったということではないでしょうか。天皇が神だという主張さえひっこめてくれれば、天皇制そのものには反対しないということになります。信仰に対する直接の介入がない限り、社会問題には無関心で良いという態度なのです。

職をかけて反戦を貫いた社会科学者矢内原忠雄のような人でさえ、天皇の存在そのものは戦後においても支持していました。あの戦争を侵略戦争と正しく判断した矢内原の社会科学は天皇の分析には向けられなかったのです。矢内原の権威主義的な体質に根ざした倫理的判断が彼の科学を曲げたのだと思います。

四　戦争責任と戦後責任

これまで述べてきたことで日本キリスト教団の戦争責任は明らかだと思います。しかし教団は、敗戦後も戦争責任について少しも反省しませんでした。敗戦の翌日、八月十六日の朝日新聞の広告欄に次のような広告がのっていたそうです。

「戦意昂揚音楽礼拝
八月一六日（木）午後〇時二十分より一時迄
於　　スキヤ橋畔　銀座教会
奨　励　賀川豊彦氏
提琴独奏　前田　磯氏
◎なお今後毎週木曜日同時刻同会場に於て行ふ（入場無料）
主催　日本基督教団戦時活動委員会」

もちろん敗戦によってこの集会は中止になりましたが、その数日後には、賀川は国民総懺悔運動を提唱し、「新日本建設キリスト運動」の先頭に立って、全国を伝道してまわります。日本キリスト教団も、戦時中の戦争協力は国家の圧力によるものという一面だけを強調して被害者意識を前面に押し出し、自発的な協力による加害者の側面には口をぬぐって、今こそわが世の春とばかりに、占領軍の保護のもとに日本のキリスト教化を目指すという、何とも軽薄なものでした。天皇制軍国主義の侵略戦争に自発的に協力した信仰とは何であったのかという、信仰についての根本的反省はそこには見られませんでした。

戦争中は天皇制軍国主義に協力し、戦後はアメリカ占領軍に協力して平然としていたとすれば、大勢順応どころかまさに体制順応そのものではないでしょうか。ここには日本キリスト教団の戦後責任とも言うべきものがあります。

もう一つの問題は沖縄の問題です。日本キリスト教団の合同によって、それまでの沖縄の諸教会は日本キリスト教団九州教区沖縄支教区となりました。敗戦後、沖縄は米軍の直接支配下におかれて間接統治下の本土と切り離され、一九五二年にはサンフランシスコ条約によって半永久的に米軍の支配下におかれました。その結果、沖縄の諸教会は日本キリスト教団から切り離されてしまいます。ところが教団はそのことに対して何の痛みも感じなければ、何の抗議も声明も、何一つ出しませんでした。それどころか、沖縄の教会が切り離されたことを問題として意識した人さえ、わずかの例外をのぞいてほとんど存在しなかったのです。信仰的に言えば、教会はキリストのからだですから、自分の足が切り離されたのと同じことなのに、痛みを感じるどころか、そのことに気付きもしなかったのです。

ドイツの教会は、東西ドイツの分裂にあたって、教会の分裂は認めないという立場から、長期にわたって一つの教会という建前を変えませんでした。賛否は別にして、国家の論理とは独立の、教会の論理を主張する姿勢がここには見られます。

これと比べてみても、国家のすることには、無批判に従うという日本キリスト教団の体質は明らかです。沖縄返還が社会問題となると、日本キリスト教団も沖縄教会（米軍支配下に沖縄キリスト教団として自立していました）との合同にふみきります。しかし合同にあたって、米軍支配下の切り捨てに対する何の反省も何の謝罪もありませんでした。国家の論理に対して、教会が独自の信仰の論理に立って判断を下すのではなく、ひたすら無批判に国家の論理に追従するという日本キリスト教団の体質は、戦時中も戦後も少しも変わってはいなかったのです。ここでも、教団にとって問われているのは戦争責任だけではなく、戦後責任も問われているのだということが明らかです。

五　歴史の中に生きるキリスト者

このような歴史に対する反省から「二度と同じあやまちを繰り返してはならない」という決意が日本キリスト教団の中に生まれてくるのは、一九六〇年代になってからのことです。六〇年安保を経験した世代が、ようやく青年牧師として教団の中で発言するようになったことが、その背景にあったと思います。そのような動きの中から、一九六八年に当時の教団議長鈴木正久牧師の名前で「第二次大戦下における日本基督教団の責任についての告白」が発表されました。これは賛否両論を巻き起こし、教団の中に厳しい対立を呼び起こしました。

この対立は、さらに一九六九年の万博キリスト教館出展問題で決定的になります。万博を利用してキリスト教の伝道をすべきだという人たちと、万博は日本資本主義の祭典であって、キリスト教会がこれに協力する理由はないと主張する人たちとの対立でした。万博反対のキリスト者の中には新左翼的な傾向の人も多くいます。しかしこの論争の中から、キリスト者も教会も政治・社会問題から目をそらすべきでないという自覚がしだいに深められてきました。こうして、すでに述べた「第六部・第九部」の人々への謝罪集会も開催され、さらに今年になって、各教区総会で冒頭に紹介したような決議が次々とあげられることになったのです。

また、大嘗祭反対を訴えたフェリス女学院の弓削達学長をはじめとする「キリスト教主義四大学学長声明」も、このような教団の動きと無関係ではないと思います。このために弓削学長が狙撃された事件は、天皇についての自由な論議を暴力的に封殺しようとするもので、民主主義の危機を感じないわけにはいきません。

各教区総会の決議文が、即位式と大嘗祭という新天皇の就任儀礼に反対する理由としてあげているものを列記すれば、ほぼ次の通りです。

（1）大嘗祭は天皇神格化の儀式であって、キリスト教の信仰に照らしてこれは承認できないという判断。

（2）即位式も大嘗祭も天皇が日本の支配者であることを象徴する儀式であって、国民主権をうたう日本国憲法の精神に照らして承認できないという判断。

（3）特に大嘗祭は明白な神道儀礼であって、これに国費を支出することは憲法違反だという判断。
（4）敗戦によって廃止された登極令に従って就任儀礼が実施されるとすれば、それは敗戦による歴史の断絶を認めないもので、戦争責任の否定につながるという判断。
（5）大嘗祭を皇室の古い伝統として国費支出を弁護するのは歴史の偽造であって、現在のような大嘗祭は大正、昭和の二代のみのもので、天皇制絶対主義の産物にすぎない。それを強行するのは、民主主義憲法下の天皇にふさわしくないという判断。
（6）天皇の戦争責任をあいまいにしたまま新しい天皇を認めることはできないという判断。
（7）就任儀礼は学習指導要領の改訂による日の丸、君が代の強制と共に、日本国民の意識を天皇によって統合しようとするもので、危険な民族意識の育成につながるという判断。

おおよそこのような理由があげられています。（1）は天皇を神とすることは認めないという、信仰の根幹にかかわる判断で、すべてのキリスト者が一致できるはずのものです。戦時中の屈服を二度と繰り返さないことが、ここでは求められています。（2）以下の主張は、就任儀礼の構造についての一定の知識と、現在の日本の政治・社会状況についての一定の認識を必要としていますので、キリスト者の中にも意見の違う人がいると思います。それは信仰の違いではなく、媒介とされている社会科学的知識の違いですから、大いに議論すればよいことです。たとえば、私の手もとにある資料では、仙台の宮城学院というキリスト教主義学校が発行している「宮城学院報」の今年の五月号（一七三号）の巻頭に学院長名で次のような文章が載っています。

「秋に予定される天皇即位儀礼式に関連する的外れな主張も目立つ。半世紀近く現憲法を支えてきた国民の英知を無視し、格別の根拠も示さないで容易く旧憲法下の暗黒時代が再現するかのようなデマを流し、大嘗祭は『天皇を現御神とする』行事だから『政教分離の原則に反し、象徴天皇制を神権天皇制に逆行させる』という説もそれだ。大嘗祭をそのように解する学説は、すでに多くの学者が否定しており、今回の行事がこれと異なる性格のものであることは即位の礼準備委員会発表の政府見解が明らかにしている。政府見解は、世論調査等に示された多数の国民の意向に従い、伝統を尊重しながらも宗教的色彩を帯びている大嘗祭を国の行事としないで皇室の行事とし、費用も宮廷費、内廷費に分けるなど政教分離の原則及び天皇、皇族の人権に配慮している。これを客観的に取り上げて論理的に批判するならば意味もあろうが、独断を根拠に、好き嫌いの感情論と見られるような主張はよくない。」

この発言は、キリスト者は感情的にならずに、大嘗祭について事実に基づいて冷静に批判すべきだと言っている限りでは正当だと思いますが、内容的には、大嘗祭批判者たちの多くの著書や論文を十分に検討した上での発言とはとても考えられません。私には、各教区の決議文にあげられた反対理由の方が、専門家の研究をふまえた正確な知識と事実に基づく判断として、ずっと大きな説得力があります。

また中には、キリスト者は、(1)の点についてだけ発言すればよいのであって、(2)以下の発言は政治的発言だからこのような問題には発言すべきでないという人もいます。しかし、それでは政治や社会の問題は、信仰とは無関係なもの、つまり神とは無関係なものということになってしまいます。しかしキリスト者も、この世に生きている限り、政治的・社会的決断から逃げることはできません。どの政党に投票するのか、国保税の値上げに賛成か反対か、米の輸入に賛成か反対か等々、すべての問題について決断をせまられます。そしてキリスト者はすべてのことを信仰に基づいて判断するのですから、このような政治・社会問題にも信仰に基づいて発言しなければなりません。

しかし、すでに述べたように、信仰からは、これらの問題についての直接の答えは出てきません。信仰は、神に喜ばれ、人々の幸せになるような選択を求めるだけです。どちらが神に喜ばれ、人々の幸せになるのかは、それらの問題についての正しい知識がなければ決定できません。ですから、信仰は真剣に知識を求めるのです。社会科学を媒介とする正しい知識に基づいて、初めて信仰の決断が可能になります。

日本キリスト教団の戦中・戦後の歴史は、このような、歴史と社会についての正しい認識をふまえた信仰的・倫理的決断が必要なことを教えています。そのような認識は、同じ認識を持つ人々と手をつなぐことを可能にします。教会が、何よりもまず信仰に忠実に立つこと、それに加えて、教会の壁の中に閉じこもらずに、平和を願い、民主主義と人権を守ろうとするすべての人々と共に歩むこと、これが日本のキリスト者の歩むべき道ではないでしょうか。

参考文献

『特高資料による戦時下のキリスト教運動』（三巻）、新教出版社。
土肥昭夫『日本プロテスタント・キリスト教史』、新教出版社。

15　なぜ日本共産党か

信仰と科学

一九九八年四月一六日に、日本共産党北海道宗教者後援会が開催した「信仰と科学の共同をめぐる講演会」での講演記録。全国宗教人・日本共産党を支持する会発行の冊子所収。他の文章との重複を避けるために抄録とし、タイトルは編者が付けた。

愛想つきた社会党

社会科学の勉強をやって、何とかして人間が人間らしく生きられる社会をつくることに、自分も小さな力でいいから参加したいと思うようになりました。そしてクリスチャンなもんですから、多くのクリスチャンがそういうコースをたどられるのではないかと思いますが、はじめ社会党と一緒に一生懸命やりました。六〇年から七〇年までの十年間は、社会党をよくする会なんていうのを作りまして、一生懸命社会党の人達と運動をしていきました。仙台は幸い革新市政でした。ですから革新市政をささえる学者・文化人の会を作って事務局を引き受けて、仙台には大内秀明さんという社会党のブレーンである経済学者が東北大学におられますし、樋口陽一さんという憲法学者が、あとで東大に移られましたが、あの頃東北大学におられました。そういう人達と一緒に革新市政をささえるために、選挙のときには一生懸命応援をして歩いたりして、社会党の人達と十年間ほど、一緒に運動をいたしました。十年やっていて、まあ正直に申し上げてほとほと愛想がつきました。いい方もたくさんおられるんですが、社会党という政党が労働組合に依存した政党で、労働組合に一党支持を強制している。そのことがどうしても納得できません。デモなんかやると、どの組合からは何十人、どの組合からは何十人と動員して、はじめは気がつかなかったんですが、出てきた人にちゃんと組合から日当が渡されていることに途中から気づいた。日当をもらってデモに出てくるんなら来ないでくれと言いたかったのですが、人数はたしかに確保されます。ですからあの頃、ベトナム戦争の最中でベトナム反戦デモを毎月八年続けたのですが、毎回二百人か、三百人かは必ず出てくる。組合が割り当てて動員してくれるのですが、出てきている人が本当に戦争反対なんて思っていないんですね。組合から言われたから来ただけだと、こういう人がたくさんおられる。それに乗っかっている社会党ではどうにもならないなあと思いました。私は社会党という党は大きな党だと思っていたのですが、よくよく実情が分かってみると党員なんてほとんどいない。議員と組合だけの党で、党費を払っている社会党員なんて宮城県に何十人しかいないとか言われて、もうがっくりきまして、社会党はこういう党だったたか、と思いました。

しかし、それでもまだ社会党に未練があったのですが、未練がなくなったのは、大学紛争でした。一九七〇年に東北学院大学も大学紛争に巻き込まれまして、大量の処分者を出して、大学紛争が敗北に終わったのですが、私が社会党と一緒に運動をやっているとみんな知っているものですから、社青同と言われる社会党の社会主義青年同盟の学生たちがしょっちゅう研究室へ出入りして、大学紛争の中でいろいろな相談を持ちかけてきました。彼らが打ち出しているのは、大学解体という路線なんですね。あのときは激論をしました。大学解体したって世の中は残るんだよと言っても駄目なんですね。世の中もなくなるなら大学も解体していいけど、大学だけ解体してもこの資本主義の世の中がそのまま残って、ますます悪くなるのではないかと私は言うのですが、大学は権力組織だ、だから権力は粉砕するんだ、と彼らは言うわけです。これはとても駄目だ思いました。大学解体ではなくて大学を良くする、大学を民主化することが課題なのではないか、と言って議論しましたが、学生と喧嘩わかれになりました。

日本共産党との出会い

そんなとき、大学問題に関する共産党のパンフレットを読んだのです。なるほど見事な分析をやっている。私が考えたことなどは足元にもおよばないような詳細な問題の分析を読んで、私は日本共産党と行動をともにするようになったのです。行動をともにしてみると日本共産党は社会党と違って、本当に党員一人一人の党費でささえられている党で、日当もらってデモに来るような人は誰もいない。一人一人が本気で日本を良くしようと思っている。はじめは買い被りがあったと思います。それから二十八年一緒にやって来ると欠点も見えるようになりましたが、しかし、やっぱり大筋はそうだと思ってます、いまでも。本当に真面目に一人一人が日本を良くしようと思って自腹を切って参加している政党。これが本当の政党というものだ、こういうふうに思いました。とくに労働組合の一党支持の押しつけに反対しているということに非常に共鳴をしました。それで七〇年に宮城県の日本共産党後援会に入りまして、後援会の一員になりました。それでまあ庄司幸助さんという人が衆議院議員に当選したのが七二年なんですが、その頃には後援会の役員をお引き受けするようになって、そしてまもなく代表になって、以後はもう選挙の度に宮城県くまなく走り回るというふうなことになっているわけです。そうやって長い長い、みなさんに比べればずいぶん奥手の、二十五にもなって初めて政治や経済の問題に目覚めて、そして三十五になって初めて日本共産党と手を繋ぐようになったのです。本当に遅かったと思います。しかし、ある意味では本当に感謝しています。つまり私が日本共産党と手を繋ぎはじめた七〇年代に、日本共産党は民主連合政府という幅の広い統一戦線の構想を打ち出してこられました。もし私が五〇年代の共産党と触れていたら、やっぱり反発しただろうなと思います。七〇年代の共産党に触れたということは本当にありがたかったと思います。私が触れたときには、共産党の方も宗教者との共同を本気で考えておられたのです。五〇年代だったら宗教を捨ててこいと言われたと思います。それでは一緒にできなかったのですが、七〇年代の共産党は、宗教者とも共にたたかう、この日本の現実を一歩前進させる、人間が主人公になれるような社会、人間が人間らしく生きられる社会に近づくために、いま一歩前進させるそのために、それに賛成の人とはすべて手を組もうという方針を打ち出してこられた。ですから、七〇年代に日本共産党に初めて触れたということは、本当に幸せだったと思っています。

信仰と社会科学

日本共産党と触れてみて、あらためて信仰と社会科学という問題をもう一度考え直すようになりました。私は、信仰というのは、奇跡だと思っています。ですから理屈や科学で割り切れるものではない。

私は、聖書の中のあのナザレのイエスという方の振る舞いと言葉を読んで、それが私に向けられていると思いました。姦淫の女が人々につれてこられます。みんなはイエスに、姦淫の女には石を投げつけて殺せと聖書に書いてある、と主張します。イエスは何も言わず地面に黙ってものを書いておられて、みんながあんまりしつこく攻め立てるので顔をあげて、あなた方の中で罪のない者がまず石をなげろ、こう言われてまた地面にものを書いておられた。攻め立てた者たちは、自分の心を攻められて一人去り、二人去り、誰もいなくなって、最後に女とイエスだけになった。イエスは顔をあげて、あなたに石を投げる者は誰もいないのか、とお聞きになり、女が、主よ誰もいません、と答えた。するとイエスは、私もお前を罰しない、行きなさい、二度と罪を犯さないように、と言われた。あの箇所を読んだときには雷に打たれたような気がしました。私もお前を罰しない、行け、二度と罪を犯すな、とイエスから言われているのは私だ。そう思いました。

あるいはまた、イエスが神殿に行かれると、パリサイ人と取税人の二人がお祈りに来たというのです。パリサイ人というのはご存じのようにユダヤ教の指導者です。当時イスラエルはローマの属国でしたので、取税人はユダヤ人でありながら、ユダヤ人からローマのために税金を集めるわけですから、裏切り者として、みんなから罪人として蔑まれていました。そこでパリサイ人は立って天を見上げて、神よ、私がこの取税人のような罪人でないことを感謝します、私は週に一度断食し、収入の十分の一をおささげしています、そう祈ったというのです。パリサイ人が行ってしまった後、取税人は地べたに平伏して、目を天にあげることも出来ないで、胸をたたいて、神よ、この罪深い私を哀れんで下さい、と祈って去った。イエスは、後で弟子たちに、お前たちに言うが、神様がお聞きになったのはあの取税人のお祈りであって、パリサイ人のお祈りではない、と言われた。あの時も私は、自分がパリサイ人であるということ、あのパリサイ人は私だということを本当に感じ、何かこう、時間の隔てが消えてしまって自分がイエスの前に立たされているように思いました。高校生のときです。

あとでキルケゴールという人の本を読んだら、同時性というむずかしいことを言っていました。二千年の時を越えてキリストと同時になる、それが信仰なんだと書いてあって、なるほどそうだと思いました。キリスト教の教理ではそれを聖霊の働きと呼ぶわけですが、聖霊が私たちをキリストの前に立たせてくれる、これは理屈では説明がつきません。聖書を読んで、そういう経験をする人としない人がいるのです。同じ聖書を読んで、これは理屈では説明がつかない神の働き、神によって私がとらえられたということがすべての土台にあるのですね。ですからこれは科学的には説明が不可能なのです。でも人間ってみんなそうだと思います。多分仏教の方でも、弥陀の本願はわがためであるという体験がなければ信心は生まれないと思いますし、この受け難い人身を受けて、聞きがたい仏法を聞くという奇跡的な出来事の感謝がなかったら、信心というものが生まれないのだと思います。あるいは人間同士の出会いでもそうです。恋愛だって理屈では説明がつかない。なぜこの人と私が出会って愛し合うようになるのか、本当に不思議な奇跡としかいいようのない人間と人間の出会いの出来事だと思うのですね。ですからそういう信仰の中で神がわれわれに、本当に有難いことにこんな私でも生きていていいと言ってくださる。そういう出来事に触れて私は生きる望みと喜びを与えられたわけですが、その時に、本当に有難いことに、エゴイストの私が許されて他者とともに生きることが出来るようにしていただく。それが信仰というもののいわば極意だと思いますが、そのとき当然、私たちは他者とともに生きようとするときに、その他者が本当に人間らしく生きられるためにはどうすればいいのか、ということを科学的に考えるほかないと思うのですね。そうでなければ不可能です。つまり信仰は奇跡的なことがらであって、理性では説明がつくことがらではないと私は思っているのですが、しかし、その信仰においてわれわれは生きなければいけないわけです。生きる時には私たちは、この肉体をもってこの世の中で生きる限り、まず自然の法則にしたがって行動しなければいけません。ですから自然科学というものを私たちは、どうしても学んで大事にしなければいけない。どんな人だって自然の法則に逆らって生きていくことは出来ません。どんなに信心深くて、科学なんぞに関心がなくとも、自動車に乗り、テレビを見、新幹線に乗るのですから、自然科学の法則にしたがってそれを利用して私たちは生きているわけです。これは避けられない当然のことで、信仰においても生きようとするとき、その私たちが生きる場であるこの自然と社会、その法則に従うほかないのです。自然科学というものに対してキリスト教はかなり長く抵抗したのですが、それは私は愚かなことだったと思っています。信仰はそういうこの自然の仕組みを調べるものではありません。信仰は人間の出来事で、人間の生き方が変わる出来事です。生き方が変わっても私たちは、自然の法則にしたがわなければ生きていくことが出来ませんので、その自然の定めを少しでも良く人々の幸せのために使う。そのいわば使う目的を与えてくれるのが信仰です。私たちは自然科学をその信仰の目的に相応しく使うことを、神様から許されていると思っています。

自然観と社会観

だとしたら社会科学もです。社会というものは自然と違って人間の集まりですから、自然科学ほどきれいに割り切れません。しかし、同時にやっぱりそうは言っても人間が大勢集まると、ある集団には、ある法則が生まれますので、社会にも大きな目でみて法則があるに違いない。その法則に逆らっては、社会を動かすことができませんので、社会が持っている大きな意味での法則を知って社会を動かさなければいけないのだと思うのです。その社会を動かすことなしには人々を幸せにすることは不可能ですから、信仰が隣人を幸せにすることを求めたときには、私たちは、隣人が幸せになれるように社会を動かすことを考えなければいけない。そのためには、社会の仕組みを知らないと動かせないんだと思います。その社会の仕組みと法則を明らかにするのが社会科学というものです。社会科学は人間の集団に関する科学ですから、自然科学ほど客観的に正確に答えがでてきません。ですから社会科学の場合には若干あいまいなところが残りますが、しかし、それでも社会にはある法則があることは間違いありませんので、その法則を明らかにしてその法則にしたがって世の中を変えていく努力をする。これも当然のことだろうと思います。

そしてもう一つ遡って言えば、人間の意識の外に自然が存在する、これは間違いないことだと思います。私の意識が先にあるのではなくて自然が先にあるのですね。私が意識することをやめたら自然はなくなるかというと、そんなことはないと思います。主我論者は、私の意識がなくなったらかりに自然があるとしてもそれは分からないじゃないか、こうおっしゃいますが。私が死んでしまえば私が死んだあとは自然があるかどうかは私には分かりませんが、しかし、私たちは、他人の死をみることが出来ます。その人が死んでも自然がそのまま残っていることを私は知っていますから、私が死んだあとも自然は残るので、私の意識が自然を存在させているのでない、ということははっきりしていると思います。

ですから、自然が私の意識の外に独立して存在する。そして私の意識は、その自然の発達の中で生まれてきた。その自然には法則があり、法則にしたがって自然が動いている、これも間違いないことですね。自然に法則がなかったら、われわれは自動車にも乗れませんし、テレビを見ることも出来ないはずです。自然法則を用いてすべてこういうものが出来ているわけで、車に乗ってあぶないと思ってブレーキを踏むのは摩擦係数法則を信じているからであって、自然法則を認めないのだったら車には怖くて乗れないのですね。ですからわれわれは、自然には法則があることを知っているのです。法則があるのなら法則に逆らって自然を動かすことは出来ません。その法則を明らかにして、法則にしたがって自然を動かすほかありません。自然の法則を調べていくうちに、自然は進化している――といって悪ければ変化している――ということが確実に実証されてきているわけです。人間が永遠の昔からいたのではないことが、科学的に実証されています。はじめは多分、大きな太陽が分裂して飛んで来て固まりができて、それがだんだん冷えて固まって、そして水蒸気の固まりが水になって、そして水の中に生命が生まれて、その生命が陸にあがってきて、そしてやがて複雑な生物になり、哺乳類になり、最後に人間になったという、この大筋は否定しようがないと思うのですね。この地球上の化石の証拠やさまざまな証拠を探っていくと、進化とか変化ということについて否定しようがない。だから人間がまずあったのではなくて、まず自然があって、その自然の変化・発展のなかで人間が生まれてきた、ということは否定しようがない事実だと私は思っています。その変化・発展のなかで生まれてきた人間が、ほんとうに変化・発展を人々の幸せのために使いたいと思うときには、どうしても変化・発展の法則を明らかにして自然を利用していこうと考えるのは当然のことだろうと思うのです。

社会も同じことが言えます。人間というものが生まれてきた最初から、私たちは集団の動物です。その集団が生産力の発達に応じてだんだん大きくなっていく。集団が大きくなっていく変化の中に、ある一定の大まかな法則があります。原始共同体から奴隷社会へ、奴隷社会から封建社会へ、封建社会から資本主義へということの大きな筋道は、まず動かすことが出来ないと思います。

その中で人間は、少しずつ自分たちを自由に、人間が幸せになれるように変化してきたわけです。ということは、資本主義は最後の仕組みではない、封建社会が資本主義に変化したように資本主義もまた次の仕組みへと変化していくだろう。その次の仕組みへと変化するときに、少しでも人間が幸せになれるような仕組みへと変化させよう。そのためには、人間の社会の持っている法則を明らかにしてそれにしたがいながらそれを利用して、より多くの人が幸せになれる社会を次に作りだしていくということは私たちの当然の責任なんではないか、というふうに思っています。

日本共産党は、ありがたいことに科学的社会主義と言っておられるんですね。昔はマルクス主義って言ってらしたんですが。私は、マルクス主義という言葉に愛着がありまして、ついマルクス主義と言ってしまうのですが、確かにマルクス主義ではまずいんですね。マルクスも人間ですから間違うわけで、間違う人間を主義にしてしまっては困るわけですから、やはりマルクスに学びながらマルクスが考えたことをさらに発展させて、現在の日本にあてはめて科学的に日本の社会を一歩前進させるためにはどうすればいいか、ということを分析する。そういう意味で科学的社会主義というふうに言って下さると、ますますわれわれ宗教者は、共同がしやすくなってくると思います。その科学的社会主義の土台に、いわゆる史的唯物論というものがあるわけです。その史的唯物論という考え方が、信仰に反するというふうに私にはとても思えないんです。つまり史的唯物論というものは、人間の集団としての社会というものは経済の仕組みを土台として動いているんだ、ということを明らかにしているわけです。その経済の仕組みが発達するにつれて、社会の仕組みが変わっていくというのは当然のことで、そのこと自体は信仰や宗教とはなんにも抵触しないだろう、というふうに思います。

科学を学んで

ですから社会の発展の法則を明らかにすることが科学的社会主義であれば、そのことには私は何の異論もないのです。そして、科学的社会主義の土台にいわゆる唯物論と言うものがある、と言われたときに、私は唯物論で結構でないか、キリスト教は、唯心論ではないと思うのですね。神という「もの」があると誰も思っていません。ここに机があるとか、椅子があると同じように、神があるなんて誰も思っていません。神の存在といいますけども、これはたとえであってですね、神の存在ということは、神が実体としてどっかにある、ある大きさをもってあるわけではありません。ですから私たちは、現実に存在するのは「もの」なんで、そのものには法則があって動いている。これはまことに科学的な話で、そのことはちっともさしつかえない。

だけども、同時に私という人間の生命の謎の中にですね、私という人間がたんなる「もの」の法則を越えて、いわば人格として私をここに呼び出して下さる不思議な出来事がある。それが私にとっては、ナザレのイエス・キリストというお方。その方との出会いの中で、私はただの「もの」でなくて一人の罪人として、つまり人格として、罪を許された者としてここに立たされている。その不思議な出来事が起こる、それが信仰ということであって、唯物論に対していや神がべつにあるんだと、頑張る必要は全然ないんだと思うんですね。確かに私たちはキリスト教が唯心論だというふうに長く考えてきたんですが、そうこだわることは、やはりギリシャ哲学的な偏見なのでないか、というふうに私は思っています。実際に「もの」というものが「もの」としてあって、まず自然があってその自然の変化・発展の中で人間が生まれてきたという、この事実は事実としてすなおに受け入れた方がいい。受け入れるのがあたりまえだと思っています。しかし、そうやって生まれてきた人間がまことに不思議なことに、自然の発展の法則によっても、科学的研究によっても、どうしても解明できない。そうやって生まれてきた自然の一部分であり、一つの動物の一種にすぎない人間が、あるときある場所でまことに不思議なことに、一人の人間へ、人格へと呼び出される、その出来事を呼び起こして下さる相手を、仮に神様とお呼びしていると言うだけのことであって、神というものがどっかにあるというふうに考えるわけにはいかないだろうと私は思っています。ですから、唯物論で結構だと正直に私は思っています。ものが先にあってもちっともかまわないじゃないか、その方が自然の理屈に合っているのでないかというふうに思っています。

その私を、自然の一部であり動物の一種にすぎない私を、不思議なことに許して人間として生かして下さるその力、それを弥陀の本願とお呼びする方もいるし、イエス・キリストと呼ぶ人もいる、また別な言葉でお呼びすることもある。そこに諸宗教の出会いという出来事が起こるのだと思いますが、そういう意味で私は、自然科学も社会科学も信仰者としてそれが理屈にあっているものであれば、そしてそれが人間の幸せのために使えるものであれば、喜んで素直に受け入れることが出来ると思っています。

社会科学の場合は、くどいようですが自然科学ほど明確ではありません。これは人間の集団に関する理論ですからきっぱりと割り切れませんので、自然科学ほど明確ではありませんが、やはりいくつかある社会科学の中で一番この人間の世界の仕組みを明らかにし、その運動の法則を一番明らかにしてくれている社会科学、それが人間の幸せのために考えられている社会科学、科学的社会主義の理論というものを私たちは安心して受け入れていいんだろう、というふうに思っています。

日本共産党の宗教論の発展

最後に、ひとつつけ加えさせていただきますと、マルクスという人自身、宗教を否定するのではなくて、宗教を必要とする社会を批判しようとしたわけですね。現実に矛盾のある社会では宗教なしには生きていけない人がいることは、マルクスはよく知ってました。だから宗教はアヘンだというのは、アヘンなしに痛みをやわらげることが出来ないほど重症の患者がいるということなのです。アヘンだから無くなったらどんなに苦しむか分からない。だから宗教がアヘンだということは、それほど深い苦しみをいまの世の中は背負っているということなんです。しかし、マルクスは、アヘンがいらなくなる社会が将来、来ると思っていたと思います。宗教を必要とする社会の矛盾を克服していけば、宗教を必要としない社会が将来、来るというふうにマルクスは思っていた、と私は理解しています。

これはマルクスの読み方について私が浅いのかも知れませんが、そういうふうに思っていたんでないかと思います。しかし、それまでは宗教は当然存在する、これはマルクスの考えでした。ですからドイツ社会党が宗教批判、無神論を主張したときにマルクスは、手厳しく怒っています。宗教をなくすなどと主張する必要はないのだ。この世の矛盾がある限り宗教はあるのであって、宗教が存在するのは宗教が必要だから存在しているんで、宗教を否定するなどということは社会主義の党がやるべきことではない、というのがマルクスの批判でした。しかし、遠い将来、その理想の社会がきたときには、宗教はいらなくなる、とマルクスは考えていたんでないかと思います。

しかし、日本共産党は、そう思っておられないみたいなんですね。宮本顕治さんは、「社会の矛盾が無くなるときが仮に来たとしても、そのときでも失恋ということはあるだろう。あるいは子どもに先立たれた親の嘆きというものがあるだろう。もろもろの人間の嘆きというものがあるので、そういうものを宗教によって解決する人がいても、ちっとも不思議でないし、そのことに私は反対しない。われわれはそういうものも何とか理性的に解決したいと思って努力しているけれども、そういうものは理性で割り切れるものではないので、それを宗教的に解決しようとする人がいても、少しも不思議でない」、ということを宗教論の中で書いておられますね。つまりマルクスよりももう一歩踏み出しておられる。社会の矛盾がなくなっても人間の矛盾は残るということを認めていらっしゃる。ですから理想の社会がきても宗教は残る、残ってもいいと言ってらっしゃるというふうに私は理解をしています。これは確かに理想の社会というのがいつ来るのか分かりませんし、現実に日本共産党が政権にいま近づいていますから、近づけば近づくほど、いますぐ理想の社会が来るわけでないことは明らかになってくるわけです。

　日本共産党が政権をとれば、安保条約を廃棄してアメリカと対等の日本になって、大資本に対する民主的な規制をおこなって、そして社会保障を大いに充実させる、ということは出来ると思いますが、しかし、大資本は残ります。そこからやがて大資本を社会的に管理する時が来るのですが、それがどういうことかまだ誰にも分かっていません。没収して国営にしては駄目なことはソ連でよく分かっている。大資本を没収して国営にしてしまったら必ずソ連や中国のようになりますから、国有にはしない。社会的所有ということがどういうことなのか。共同体的所有から資本主義の私的所有になり、やがてその次の時代に社会的所有が復活するとマルクスがいうんですが、決して国有とは言っていません。国有にすることが社会的所有では絶対ないはずで、国有にしたら必ず官僚支配が起こって、ソ連や中国のようになる。だけども、大資本を私有のままほっとくわけにはいかない。マルクスは、協同組合のようなものを考えていたことは確かだと思います。しかし、協同組合でうまくいくのか、いまの生協を見ていますと、なかなか生協もうまくいかないいなあと。もちろん資本主義社会だから協同組合がうまくいかないので、資本主義でなくなれば協同組合でうまくいくのかも知れません。

あるいはレーニンの言うように、公務員、官僚というものをなくすためには、すべての人が交替でやればいいという。すべての人が一カ月ごとに公務員になって、かわるがわるやっていけばいいのだという。これもすごいアイデアだと思いますが、現実に可能かと言われると、すべての人が市役所に行ってもいちいち住民台帳を調べるような仕事に向いていない人が一杯おられてですね、それも理想論です。ですから大資本の民主的規制の次に、大資本を社会的所有に移すというときに具体的にどうなるのかということは、まだ明らかになっていないと思います。

そういう意味で科学的社会主義は科学ですから、分からないことを言いませんので、日本共産党は未来について決して予測をなさいません。いま言えることは、大資本の民主的規制は出来るし、そうすればうんとよくなりますよ、ということしかおっしゃらない。その先どうするかについては、まだなにもおっしゃってません。それは当然だと思うんですね、科学ですから。それをやってみて、次になにが出来るかをまた考える。こういうことですから将来、共産主義の社会がきたときに宗教はどうなるのか、なんてことは、いまから考えてもしかたがないことで、まだまだ先のことです。そこで喧嘩するよりは、いま大資本の民主的規制をおこない、安保条約を廃棄してアメリカと対等、平等の関係をむすぶことによって、日本がアジアに戦争を仕掛けないですむようになる。日本国内で母子家庭が飢え死にするようなことがない社会ができる。それは本当にすばらしいことだと思います。

そのために日本共産党と手をつなぐということは、私にとってはあまりにも当然のことだと思えるのです。私がもし信仰者として、お前も生きていていいんだから人々と一緒に生きなさい、と神様から言われていることを私が本気で信じているなら、当然人々と一緒に生きるためには、いま日本で、日本共産党と手をつなぐことが人々とよく生きる道だと言うほかないと確信しています。

あまり理論的なお話にならなくて申し訳ありませんが、私自身が、日本共産党とどのように出会ったか、そしていま日本共産党との関係についてどう考えているか、ということを申し上げました。そしてみなさん方からもいろいろお話をうかがって、教えていただきたいと思っております。長い話になりましたが、これで終わらせていただきます。

16　無実を叫び続け——故佐藤誠氏のこと

獄中に天の慰め仰ぎ

『キリスト新聞』一九九〇年一月二〇日所収。

佐藤誠さんが神に召されました。牟礼事件という殺人事件の犯人とされて死刑の判決を受け、以来三十年、一貫して獄中から無実を叫び続けておられました。ついに帝銀事件の平沢さん以来二人目の死刑囚の獄中死という事態になったのです。八十一歳でした。

佐藤さんは獄中で洗礼を受け、ザビエルという洗礼名を授けられたカトリック信徒でした。昨年の十月十六日拘置所の独房でクモ膜下出血のため倒れ、仙台市立病院に入院したときにはすでに意識不明の重体でした。宮城刑務所の秘密主義は異常なほどで、医師団にも厳重な口止めをして、マスコミにも支援者にも医師からは何の説明もなく、ただ刑務所を通して弁護士に「特に変化なし」という電話があるだけという状況が十日間続きました。

これでは、ある日突然「死去」という連絡が来るだけだと思い、十月二十六日、仙台カトリック教会の平賀徹夫神父にお願いして宮城刑務所にご一緒していただき、佐藤さんの死の床に神父の立会を認めてほしいこと、そして塗油のサクラメントを受けさせてほしいことを申し入れました。即答をさけた宮城刑務所から二時間後に拒否回答が電話であった時には、次の日にまた交渉にいけばよいと私は思っていました。しかし、その翌朝八時八分、佐藤さんの地上の生は終わりを告げたのです。今思えば、あの時が最後のチャンスだったのです。もっと食い下がるべきだったという悔いが残ります。

病院から拘置所に送られた佐藤さんの遺体に宮城県の「佐藤誠さんを守る会」の会長として対面を認められた時も、お棺の前には阿弥陀来迎図と米飯を盛ってハシを立てた茶碗に線香という、民間習俗風の祭壇になっていました。佐藤さんがカトリック信徒であったことは刑務所も十二分に承知のことなので、なぜキリスト教らしい祭壇にしてもらえなかったのかと聞きましたが、刑務所側の担当官は意味不明の弁明をくりかえすだけでした。

そもそも牟礼事件は最初から不可解な事件でした。一九五〇年、東京都下牟礼で起きた女性殺人事件ですが、真犯人はすでに逮捕されて自白し、刑が確定し、刑期を終えて出獄しています。その真犯人が、実際に殺したのは自分だが、佐藤誠に頼まれてやったのだと、ウソの自白をして、主犯の罪を佐藤さんになすりつけたのです。こうして佐藤さんはまったく身に覚えのない事件にまきこまれ、何の物的証拠もなしに、他人の自白という不思議なものを唯一の証拠として主犯と認定され死刑の判決を受けたのです。以来三十数年、一貫して獄中から無実を叫び続けてこられました。

私たち「守る会」は弁護士と共に裁判記録を丹念に検討して、佐藤さんは無実に違いないと考えています。再審請求は八次におよびましたが、すべて却下されました。物的証拠なしの死刑判決などというものが許されてよいのでしょうか。日本の再審制度の民主的改正を切望しています。

佐藤さんはすぐれた歌人で、「スズラン」という短歌雑誌を獄中から指導していました。その短歌の数々は、苦難に満ちた人生を信仰によって耐え、時につぶやきながら、なお天よりの力に慰めを与えられた佐藤さんの獄中の生涯をまざまざと示しています。

・憤りに心乱るる潔白を死して証さんことも思えり
・死刑囚われの潔白を知りにつつもどかしきかな神の沈黙
・独房に死を待つのみなり秋の蚊よ心ゆくまでわれの血を吸え
・いつ天に昇るわれにや老いし身は主よみ許にと賛美歌うたう
・独房の昼のまぼろし人ひとり天の梯子を昇り降りする

（佐藤誠獄中歌集『天の梯子』より）

佐藤さんの死を無駄にしないために、受刑囚の信仰の自由、刑務所の秘密体質の打破、再審制度の民主化等々の問題にこれからも取り組んでいかねばと思っています。

17　靖国神社問題と日本人の宗教心

二〇〇六年三月六日に、図書館九条の会学習会で行った講演の記録。著者ウェブサイトより。

1　小泉首相の「内心の自由」、「日本の首相が日本でどこに行こうが勝手」という論理

（1）小泉さんという人はまことに傲慢ないい加減な人でありまして、靖国神社のことも暴言を繰り返しています。まずは心の問題、私にだって心の（内心の）自由はあると言っていますが、それを言うなら目の前の東京都の中に日の丸・君が代を強制されて内心の自由を踏みにじられている先生がたくさんいるのですから、その人たちの自由を守ってから言ってほしいです。自分の内心の自由だけを主張するなんてこんな傲慢なことはありません。彼は権力者なのですから。彼が一言言えば東京都はあんなことはできなくなるのです。内心の自由は国民全体の権利であって小泉さんだけの権利ではないのです。自分だけが権利を持っているような思い上がった発言です。私もキリスト教徒で、どちらかというと日本の中で肩身の狭い立場にいる一人として思うのは、父が牧師をしていましたので、戦争中は学校に行くと「お前の親父はア

メリカのスパイだろう」とか、教会の庭に大きな柿の木があったので、「夜中にあの木に登ってアメリカの飛行機に懐中電灯で合図しているんだろう」、そんなことまで言われたことがあります。キリスト教徒は戦争中ほぼ全面的に政府に協力したのですが、それでも内心の自由を守るためにはどれだけつらい思いをしたかを身にしみて覚えています。小泉さんのような権力者の側にいる人が内心の自由を言うのには本当にあきれてしまいます。

「内心の自由」というのは国家権力に対する個人の自由です。信仰の自由というのは、言い換えれば国家権力に対する私という個の確立を言うものです。それは「何を信じようと自由」ということではありません。信仰の自由が成立してきたヨーロッパの歴史を調べればすぐわかることです。何を信じてもいいというのならばオウム真理教もいいわけですが、そういうことではないのです。信教の自由は国家権力に屈服しない個が確立されているということです。国家権力がなんと言おうと私の生き方は私が決めるということです。逆に言えば個が確立していなければ信仰の自由はないということになります。日本では信仰の自由は、何を信じても自由、と言うようにしばしば誤解されています。小泉も何をしようと勝手だろうと誤解して言っています。そんなことは絶対無い。日の丸・君が代で弾圧されている東京都の先生のほうが、個を確立して権力に対して個の内面の自由を守ろうとして戦っています。それを知らないふりをして、自分の内心の自由だけ主張するのは勝手だと思います。

（2）次の問題は、「私は平和を祈念している」としきりに言うことですね。靖国神社はそれにふさわしい場所ではないと言ってもそれは聞かない。靖国神社の目的は平和を祈る場所ではないという事実をあえて無視しています。本当に平和を祈るならばそれにふさわしいところへ行くべきです。言ってみれば小泉さんの言う「靖国神社で平和を祈っている」は、暴力団に町内の安全を頼むようなものです。暴力団に世の中の安全を守ってもらったら世の中だめになります。靖国神社で平和を守ろうとしたらアジアはまた戦乱の中に陥ってしまう。靖国神社は戦争を賛美している神社です。平和というなら、日本だけの平和を賛美している神社です。アジアを支配する「八紘一宇」、子どもの頃、耳にたこができるほど聞かされた言葉ですが、それがあそこの精神です。アジアをひとつにして日本に従え、主人は俺だよという平和ですから、そこで「平和を祈る」ことは「平和」に値しないのです。

（3）　それから「日本の首相がどこに行こうが外国が横から干渉する権利はない」と言っていますが、これも矛盾しています。小泉首相が浅草の観音さまに行こうがどこかのお稲荷さんに行こうがこれに対して中国は何もいう訳はありません。靖国神社だからいうのです。靖国神社は韓国、中国、アジアを侵略したその兵隊さんを神様として賛美して祀っているのです。だから韓国、中国は、靖国神社によって被害を受けた当事者として当然抗議をする権利、発言権があります。浅草の観音さんなら何もいいません。伊勢神宮もです。私なんかは、政教分離の原則からすればあっちこそ問題だと思いますから、大いに言ってほしいくらいですが、中国は何も言いません。内政干渉になるからです。ですが、靖国神社への参拝には中国は言う権利があるのです。靖国神社こそ、ある人に言わせれば、あれはまさに「侵略神社」ですから、侵略されたアジアの人には発言権があります。こういう歴史的な事実に小泉さんは目をつぶり、抽象論にすり替えている。一国の首相が外国からの内政干渉に答えることはないという抽象論で答えているが、抽象論としてはそうであっても、現実は歴史の中に私たちは生きているわけでその歴史を無視しては理屈が成り立たないと思うのです。

2　靖国神社設立の経過と本質的役割

(1)　設立と目的

一八六二年、京都で官軍の死者の霊を祀った招魂社が設立、一八六九年、東京招魂社が設立、以後各地に招魂社が次々と設立、一八七九年、靖国神社と改称（出典は春秋左史伝「吾以て国を靖んずるなり」）、最後に「別格官幣社」となりました。官幣社は天皇に関係ある人を祀っているところです。小社、中社、大社とあります。それと並んで別格官幣社というのは、天皇に類まれな忠節を尽くした人間を神様として、天皇がお礼のために拝みに行く（天皇が臣下を拝む唯一の場所）神社です。第一号は湊川神社、楠正成（家来）を天皇が拝みに行くところで、二番が北畠親家、靖国神社は多分三番目か四番目に別格官幣社となりました。大事なことは、官幣神社は祭神として固有名詞が必要なので、無名戦士の墓にはできないことです。楠木正成や北畠親家だから天皇が拝みに行くのであって無名戦士の墓ではおかしいのです。

嘉永癸丑（一八五三年）以後、つまりペリー来航以後、戊辰戦争、西南戦争において明治政府樹立のために死んだ者を祀り、天皇が弔祭を行いました。神社が一般には内務省の管轄であったのに比して靖国神社だけは陸・海軍省の管理下に置かれました。そもそも軍隊の神社なんです。以後日清戦争、日露戦争、日中戦争と拡大した際の祭神の選定も陸・海軍が行いました。敵の捕虜になった人は祀られません。天皇のために死んだ者のみ。固有名詞が必要ですから陸海軍が名誉の戦死と認めた人だけの名簿（霊璽簿）が届けられて祀られ、それがご神体です。神社ですから穢れを忌みますので死体や骨は入れません。位牌もありません。霊の名簿だけです。その霊を慰めるという趣旨です。境内に最近その存在が知られてきましたが「遊就館」が設置されて、明治以後の日本の戦争史が聖戦として展示されています。明らかに国家のために死ぬことを賞賛する軍国主義の精神的支柱でした。遊就館は、昔はたいしたことはなかったのですが、二〇〇二年にリメークされ、軍国主義的な内容を強烈に打ち出したものに変わりました。それまではそんなにイデオロギッシュなものではありませんでした。これには宮司が大きな影響を与えています。宮司が変わって悪くなったのです。戦後しばらくは靖国神社も戦争の張本人ということで慎んでいたのですが、宮司が変わったために一気に昔の靖国神社に戻ってしまいました。A級戦犯も前の宮司は断っていたのですが、新しい宮司が受け入れるようになりました。

一九三九年、各県の招魂社を護国神社と改名、宮城県にも青葉城という伊達政宗の城跡の真ん中にあります。毎月一回、町の真ん中の小学校から駆け上ってお参りをさせられました。父は牧師でしたから「あれは神様ではない」と苦い顔をしていました。しかし拝むなとはいいませんでした。そういう勇気はなかったんでしょうね。子ども心に神様ではないとは思っていましたが、みんなが拝むので私も頭は下げていました。

こういうのが設立の経過ですから、たとえばどこかのお稲荷さんのように、自然発生的な民衆の心の中に根を下ろした神社とは異なります。浅草観音、伏見稲荷とはちがいます。靖国神社は日本では異例の神社なのです。浅草観音とか、仙台なら塩釜神社とか竹駒神社とか有名な神社があります。私はクリスチャンですから拝みはしませんが、敬意は表します。このような神社は日本の民衆が長い間培ってきた心のよりどころですから、馬鹿にはできません。しかし靖国神社は違います。国民を戦争に駆り立てるために、なんの宗教的背景もない明治政府が勝手にでっち上げた政治的な神社です。

（2） 第二次大戦後の経過

一九四五年、米軍が日本に乗り込んできて靖国神社があわてたのです。戦争によって数百万の戦死者が出て、それを祀らなくてはいけないのですが、誰がどこで死んだのか一切わからない。それに陸軍も海軍も解体していて名簿が来ないのです。推定三〇〇万と言われていて、その頃までに靖国神社が祭っていたのは一〇〇万くらい、残り二〇〇万くらいが不明なのです。他の国なら無名戦士の墓で一括合祀できるのですが、別格官幣社ですから固有名詞がない＝氏名不詳では合祀できないということで、政府は困ってしまって、いい加減なことをやるのです。

一九四五年一一月、靖国神社で慰霊の招魂祭を行い、「大東亜戦争」の未合祀全戦没者の一括招魂・合祀を行います。一度だけですが、氏名がわからない者も含めて全戦死者を一括合祀するといういい加減なことをやっています。名前の分からない者は祭神にはできないという原則を曲げたのです。それに加えて、神社ですから一年以内の死霊は穢れているので本当は祀れないのに、それをあえて一年以内の直近の死者も含めて祀ってしまいました。神社というのは神道という日本固有の宗教なのに、靖国神社は自分の宗教の原則に忠実ではないのです。設立が政治的ですから政治的な目的に必ず利用されてしまう、宗教としてはいい加減な神社なのです。神道の神社として、やってはいけないことをしている政治的な神社なのです。

一九四五年一二月に占領軍の神道指令で国家神道は解体され、国営の靖国神社は民間宗教法人となります。一九四六年二月、新しく「宗教法人令」を作り臨時に民間宗教法人となりました。一九四六年四月に民間の宗教法人としての最初の合祀祭をやりました。しかし一九四六年秋の合祀祭は米軍によって禁止されました。占領軍もやっと気がついたのですね。靖国神社がいかに危険なものかということに。戦後は、陸軍省は第一復員省、海軍省は第二復員省となっていました（陸軍も海軍も解体していましたが、アジア各地に残っている兵の引き揚げをしなければいけませんので名前を変えて残っていました）。靖国神社は、そこから協力を得て名簿をもらい、米軍には黙って、ひそかに一括招魂者の個別合祀を進めました。前の年に一括合祀をした戦死者を調べてもらい、わかった名前を順番に合祀しなおすということをやりました。建前は全員わかったことになっていたが、実際はそんなことはありえないので、いまだに氏名不詳のまま祀られている人もいると思われます。

一九五一年九月、サンフランシスコ条約調印後、独立国となるや、一〇月には政府は、それまで貸していた国有境内地を靖国・各県護国神社に譲渡することを承認しました。このようにして靖国神社は膨大な土地を持つことになります。政府が靖国神社をどんなに心にかけ大事にしていたかがわかると思います。宮城県護国神社は伊達政宗の城の真ん中の土地を私有地として持っています。一九五二年、宗教法人法ができ、護国神社は東京都知事認証の単立宗教法人となりました。東京都認証の宗教法人ですから各県の護国神社とは無関係になりました。これは大きな問題で、それまでは各県の護国神社は靖国神社の管轄で下部組織のようなものだったのですが、単立宗教法人となったので護国神社は靖国神社とは法的には無関係になりました。

一九五二年、サンフランシスコ条約が発効しますと天皇・皇后が靖国神社に敗戦後初めて参拝します。昭和天皇ですから今の天皇と違いまして兵隊さんたちを殺した張本人ですが、それがどのようにお参りしたのかわかりません。昭和天皇は妖怪ですから、ともかく人間業とは思えないことをしますから、この時も平然と行ったのだと思います。普通ならとても恥ずかしくて行けないはずです。一九五九年、千鳥ヶ淵墓苑ができました。戦争が終わって五年も六年も経っているのに太平洋の島々に遺骨が散乱していました。遺骨収集団が行って遺骨を集めてきますが、当然誰のものかわからない骨もあります。靖国神社は無名の霊は入れないし、遺骨も受け入れません。それで集めた遺骨の置き場所がなくてやむをえず千鳥ヶ淵に慰霊墓苑を作りました。国立の無宗教の施設です。天皇、皇后はここにも行きます。

一九六九年に初めて靖国神社法案（靖国神社を国営、国家護持にする法案）が出されましたが国会で審議未了廃案になりました。以後、一九七〇、七一、七二年と連続して出されましたが、すべて廃案になりました。七三年は初めて継続審議、七四年には衆院で可決、参院で廃案。以後三〇数年出てきたことはありません。七〇年前後にひとつの山場があったのです。靖国神社を国家護持したいという強い運動があったのですが、国民の反対で廃案に追い込みました。これは国民の力が勝ったいくつかの珍しい実例のひとつだと思います。こうしていま、小泉首相になってまた靖国神社がクローズアップされている、というのが大まかな戦後の経過だと思います。

(3)　A級戦犯合祀

一九五二年サンフランシスコ条約発効後直ちに「遺族援護法」が制定されます（軍人恩給・遺族年金の復活）。戦争に負けてマッカーサーがいろいろな命令を出しますが、その中に軍人恩給・遺族年金制度を廃止せよという命令がありました。政府はびっくりしたのですね。国のために死んだ人に年金を出さない、それでは遺族は路頭に迷いますと言うと、マッカーサー司令部から路頭に迷うのは軍人の遺族だけではないだろう、労働災害で死んだ人の遺族も交通事故で死んだ人の遺族も路頭に迷うだろう、すべての国民が路頭に迷うことがないように守るのが政府の責任ですよ。すべての人を守るような社会保障法を作りなさい、軍人遺族だけを守るのは軍国主義であると言われたのです。これで、ぎゃふんとなったのですね。こうして敗戦後五二年までは軍人恩給も遺族年金もありませんでした。家族は路頭に迷い、戦傷者たちが白衣を着て空き缶を置いて募金を集めるという風景が見られたのです。遺族年金も軍人恩給も廃止しておきながら、一方では、すべての国民を守る社会保障法も制定しないという、まことに無責任な政府でした。

サンフランシスコ条約が締結されて独立するや否や、政府は軍人恩給・遺族年金を復活させるわけです。復活させるに当たって、当然同じ敗戦国のドイツに調査団を派遣しました。調査団の報告は国会議事録に出ていますが、なぜ軍人だけ特別扱いするのか理解に苦しむと言われたと書いてあります。ドイツでは軍人の遺族だけを特別扱いしません。空襲で死んだ人も、戦争で病気になって死んだ人もみんな同じに保護しています。政府が間違った戦争をやったのだから、その戦争の犠牲になった人はみな平等に保障するという考えです。軍人だけ保護するのは軍国主義ですと言われたのです。こういう報告書が出ているにもかかわらず、政府は平然と軍人恩給法、遺族年金法を復活させました。当然ここには階級性が含まれていて、大将の年金はうんと高い、二等兵の年金は安い。陸軍大将の恩給は、最後の受給者は九〇年ごろ亡くなったようですが、あの頃で、年間八〇〇万円、悠々ともらっていたのです。日本国を破滅させた犯罪者が国民の税金で戦後養ってもらっていたのです。二等兵は年間百数十万円でした。八〇〇万円の年金というのは常識を外れています。逆だと思いますね。陸軍大将は間違った戦争を企画立案し、しかも自分は先頭に立たないで後ろのほうから、突っ込めとか命令し、何の罪もない国民を殺した責任者ですから、年金なんかやる必要はないのです。刑務所に入って当然です。ところがそういう人には高い年金を払っているのに、赤紙一枚で引っ張り出されてフィリピンの山中をさまよい、泥水飲んで草の根かじりながら飢え死にした人の遺族にはうんと安い年金しか払わない。これが日本政府のやっていることです。要するにお上のために役に立った人ほど高い年金を払う、お上のために役に立たない人には少ししか年金を払わない。お上が間違ったかどうかは関係ないのです。お上が間違っていたら、お上のために役に立ったということは、うんと悪いことをしたということで、年金なんか払う必要はないのです。お上は間違わないという前提があるものですから、お上のために役立った人は高い年金をもらうのです。お上が間違えようが間違えなかろうが関係ない。ですから一番ひどいのは、治安維持法でつかまった人です。お上にたてついた人ですから。宮本顕治という人は、戦争に反対して一二年間、網走にぶち込まれたんですが、一文ももらっていません。本当は賠償しなければならないはずです、あっちのほうが正しかったんですから。実際ドイツはやっています。ドイツはヒトラーに反対して刑務所に入っていた人たちに特別に手厚い賠償金を払っています。遺族にも。わざわざ法律まで作って、戦後ドイツが国際的に名誉ある地位を占めているのはあなたたちのおかげであるとその法律には書いてあります。

さらに一九五三年には、「恩給法」「遺族年金法」改正によって戦犯・刑死者も公務死と認め、遺族年金・軍人恩給を払うようになりました。A級戦犯で絞首刑になった人も公務で死んだのだと認めたのです。五二年にできた軍人恩給法、遺族年金法では、犯罪人である刑死者は認めていません。軍法会議で処刑された者は名誉の戦死ではありませんから、恩給も遺族年金ももらえないのです。すると、東条英機以下絞首刑になった人をどうするか。犯罪人ですが、しかし軍法会議ではあっても敵がやった裁判ですから、何とかして助けてやりたいという気持ちが政府にあったのですね。遺族に報いたいと。そこで公務死という後にも先にも聞いたことがない言葉を作ります。公務で絞首刑になるというのはどういうことでしょうか。とにかく公務で死んだことにして一律軍人恩給も遺族年金も払う。ですから東条英機の遺族も多額の年金をずっともらい続けている。そういうことになります。これは無罪だと認めたことになります。つまり有罪だから年金はやらないはずだったのが、あの人たちは特別だから特別の理由をつけて年金はあげましょう、となり、さらに年金をあげたら、年金をもらっているのだから有罪ではない、無罪の証拠だというのですね。軍人恩給法、遺族援護法が、A級戦犯合祀問題の根っこなのです。

もう一つの例外が沖縄の死者です。ひめゆり部隊で死んだ人たちは、軍人でなくても全部靖国神社に祀られています。そして遺族年金が出ているそうです。沖縄を見殺しにしたという多少は後ろめたい思いがあったのでしょうね。遺族年金法の改正があったときに、沖縄の死者を戦死者に含めてしまいました。これは文字通り日本軍によって死に追いやられたのですが、靖国神社に祀られ遺族年金をもらっています。但し民間人で二等兵よりもっと低い身分ですから、ほんのわずかの額が今でも払われているはずです。これは沖縄では大問題になっています。沖縄の死者が靖国に祀られていいのか、日本兵に殺されてあそこに祀られて年金もらっていいのかと。大変重大な問題なので現在も決着はつきません。

とにかく軍人恩給、遺族年金は、調べていくと不可解なことばかり、いかに戦後の日本政府は戦争に対する反省をしていなかったか。間違ったと思っていないのです。負けたからしょうがないというだけで悪かったと思っていませんから、軍人には何とかして報いてやりたいと思っている、戦争に反対した人への賠償なんてとんでもないと思っているのです。宮本顕治氏なんかは、やがて国会議員になって国会に行きますけど、登院した最初の日に他党の議員から「宮本君は前科一犯であるから国会議員の資格がないのではないか」という国会質問が出てくるのです。前科一犯というなら国家のほうが前科一犯です。宮本顕治のほうが正しかったのです。それが事実です。ドイツでは逆に戦後の政治家は全員前科一犯です。戦争中、ヒトラーに反対しないで刑務所にいなかった人は、戦後は政治家になれませんでした。ヒトラーの協力者だったわけですから。日本とどんなに戦後処理の姿勢が違うかわかります。そのことについて若い人たちが何も知らされずに、日本は平和国家になったと思っています。日本の平和国家は掛け声だけで、今でも国家中心主義なのです。政治家にも多数の戦犯がいます。岸信介さんも、東条内閣の大臣だった人です。戦争中に大臣だった人がみんな戦後も大臣なのですね。日本が平和国家になったなどと思って生活している若い人がいたら、それは本当におめでたい認識です。一皮剥いたら日本は戦争中と変わらない、少しもと言うと言いすぎですが、基本的なところでは変わっていない。ドイツとは違うのです。ドイツは無理やりですが変わらされた、戦争中と同じ考え方をしていては生きていけなかった、周りの国が許さなかった。だから戦争中の考えに賛成していた人は戦後、指導者になれない。戦争を否定する人だけが戦後の指導者になれたのです。日本はずるずると戦争中の指導者がそのまま戦後の指導者となった。看板だけ平和国家になった。今、チャンス到来とばかりに看板を塗り替えよう、服を脱ぎ変えようとしている、というところに来ている、そういうことだと思います。

結局、復員省が、――あとで厚生省になりますが――戦死者名簿を作成して靖国神社に提供していたのです。戦後も提供しています。誰さんがどこで死んだということがわかれば、その名簿を靖国神社に送るということを戦後もやっているのです。その中に戦犯刑死者も公務死として含まれることになりました。五九年四月に三四六人、一〇月に四七九人、六六年一〇月に一一四人、計九三九人のBC級戦犯を合祀、六六年には厚生省からA級戦犯祭神名簿が靖国神社に送付されています。本当は厚生省が神様を選ぶというのはおかしなもので、政教分離の原則に反しています。戦死者の名前は、政府の旧陸軍・海軍省の事務組織を引き継いだ厚生省しか知らず、靖国神社にはわかりません。それで、六六年にA級戦犯祭神名簿を靖国神社に送付、七八年靖国神社合祀されました。はじめは送りつけられても靖国神社が握りつぶしていました。この時の宮司は筑波藤麿さんという山階宮家出身の元皇族で、この人は靖国神社が戦争神社であったことに忸怩たる思いを抱いていて、少しでも平和的な神社にしようといろいろと心を砕いていたようです。ですから遊就館も今のとは違ってもっと地味な内容だったし、A級戦犯も送られてきてはいたのですが、この人が握りつぶしていたのだそうです。七八年に松平宮司に代わります。松平宮司という人はお父さんが海軍中将かなんかで戦争中インドかどこかで戦死した有名な軍人だそうです。本人も現役の海軍少佐（戦後は海上自衛隊の高級軍人）でした。靖国神社の宮司を誰が選ぶのかを私はちょっと調べてこなかったのですが、ご存知の方はあとで教えてください。この人が宮司になったのですね。この人は確信犯です。この人が、A級戦犯は入れる、遊就館は新しく衣替えする、一気に侵略神社としての本来の姿に戻ることになります。その後二〇〇四年からは、南部利明という人が宮司です。この人も確信犯です。理屈は「戦犯刑死者家族が援護の対象となったことから、すべての戦犯刑死者はその時点を以って法的に復権された。これを受けて靖国神社は当然合祀する責務を負う」というわけです。しかし、一九七一年戦傷者戦没者遺族等援護法が改正されて、敵前逃亡者、自殺者など、軍法会議によって刑死した者の遺族も援護の対象となったのに、靖国神社は合祀を拒否しています。A級戦犯で絞首刑になった者と刑死者を含むならば当然このような人も含むべきですが、これは拒否しています。これがA級戦犯合祀の事情です。ですから、最近になって、A級戦犯を祭神からはずせと要求する政治家がいますが、政府がA級戦犯の名簿を靖国神社に送付したのであって、靖国神社が勝手に祀ったのではないのですから、今更こんな言い分は成り立ちません。A級戦犯合祀は政府に責任があるのです。

（4）首相の公式参拝についての司法判断

首相の公式参拝を合憲とした判決は、一度もありません。違憲判決は何度も出ています。一番新しいのは昨年の大阪訴訟で、公式参拝という抽象論ではなく小泉という名前をあげて具体的に違憲という判決を出しました。高裁の判決ですから重いものです。ところが政府は、最高裁でないからと知らんふりをしています。おかしいと思うのですよね。三権分立で政治家は裁判所の判決を尊重する義務があるはずなのに、小泉はあの判決は理解できないとしています。

理解できないということは自分の頭が悪いというだけの話であって、守らなくていいということではないのです。試験のときに先生の話はわからないから俺は書かないなど生徒がそんなことを言ったらたちまち零点ですけれども、あの人は、理解できないから受けつけないと言ってます。あんなことでよく通るものだと思いますが、高裁の判決を理解できない、の一言で片付けてしまいました。その前にも岩手靖国訴訟の仙台高裁判決（一九九一年）は「公式参拝違憲」判決でしたが、国は上告せずに確定しています。最高裁の判例ではありませんが確定しているのです。小泉さんは私服で行ったから公式参拝でないなどとごねているのですが、それに対して大阪高裁がそれでも違憲だという判決を出したのですね。ですから司法判断は違憲であることは、ほぼ確定していると言ってよいと思います。

さらに一九九七年には最高裁が靖国神社への玉串料公費支出を違憲と判断。愛媛玉串訴訟（一九八二年）は最高裁で損害賠償と違憲判断が確定（一九九七年）しています。首相の参拝は法治国家の原則違反です。一般の人々には信仰の自由は憲法によって保障されていますから、靖国神社に参拝することはその人の自由です。しかし首相が参拝することは、政教分離原則に違反しますし、さらには戦争賛美の神社を承認・奨励することになりますから、侵略戦争に対する反省を根本前提とする現在の日本社会の前提を破棄することになり、アジア諸国の不信感を招いて日本の国際的信頼を傷つけることになります。

3　日本人の宗教観の根本的な問題

（1）「お国のために死んだのだから国が祀るのは当たり前」という論理

「お国」と政府は違うのです。お国はわれわれが生きている山や川、この四季のある美しい自然の中ではぐくまれてきた日本人の社会、それがお国です。お国言葉というのはまさしくそのままですね。だから、国を愛するのは当たり前のことですが、お国は戦争なんかしません。

政府が戦争をするのです。内閣の閣議決定によって戦争は行われる。「政府」がやったことを「お国」がやったことと言ってだましているのです。政府がやったのだとはっきりすればいいのです。政府はしょっちゅう間違えます。これはだれだって分かります。今だって間違えます。間違ったときには、従わないほうが正しいのです。戦争に反対するのは当然の権利です。特にアジア太平洋戦争では政府の戦争指導は間違いだらけでした。誰が考えても、日本の国力であの広い中国に戦争を仕掛けて泥沼になったらあとはおしまいというのは常識です。そこへ攻めていったという判断が間違いです。ましてやあのアメリカに戦争を仕掛けるのは頭がどうかしているのです。国力から言って日本の何百倍ある、情報量も生産高も日本の何百倍もある、日本では敵の空襲の目標になるから灯火管制をやれ、窓に毛布張って、電球に墨を塗って下だけ明かりが来るようにして部屋の中を真っ暗にして、明かりが漏れたら敵に見つかる、というんですが、敵はレーダーで査察をしているので、電気がつこうがつくまいが関係ないのです。

まるで科学力が違っていました。原爆が落ちたときに日本陸軍は、今度の新型爆弾は皮膚に影響があるのだから新型爆弾の光を浴びたら石鹸でよく洗うことなどという、よくわからないことを言ってました。まったく非科学的な話でした。客観的に考えたらアメリカと戦争して勝てるわけはないのです。それなのに無茶な戦争を始めたその責任は誰も取らない。

だいたい日本の軍隊は補給を考えていませんでした。藤原彰さんの『餓死した英霊たち』という本が出ていますが、確かにそのとおりで、アジアで死んだ日本兵三〇〇万人のうち、六〇パーセントは餓死だったと書いてあります。ガダルカナルに三万人の兵を送りました。当然、三万人分の食糧を毎日送らなければいけない。輸送路を確保しなければいけないのです。ところが日本には制空権も制海権もありません。送った兵の食料は現地調達ということになります。ガダルカナルにはほんのちょっとしか住民はいませんから、三万人を養うものはどこにもありません。結局山に登って木の皮をはいで食ったり草の根を掘って食ったりするしかないのです。ほとんど餓死です。ガ島のガは餓死のガと言われました。現地調達、これが諸悪の根源なのです。すべての軍隊が現地調達主義でした。現地調達とは住民から略奪することです。だから日本軍は恨まれたのです。アメリカやドイツは近代国家ですから、軍隊を出すときには補給を考えます。今だってイラクにいる米軍は毎日暖かいご飯を食べています。大きなテントの食堂があって、軍隊を送るときには必ずコックを何百人も送ってそこでちゃんと料理して食べさせています。そこで食べる食料は毎日空輸しています。一番大変なのは水です。イラクでは上水道を破壊してしまいましたから水がありません。イラクの人はユーフラテスの川の水で何とかなるのです。先祖代々飲んでいますから。アメリカ兵はそんなのを飲んだらおなかをこわしてしまいます。毎日飲料水二リットルをボトル二本ずつ配給されて、それを飲んでいるそうです。そのために毎日三〇何万本のボトルを陸路でクウェートからトラックで運んでいます。この大切な補給をしないで、軍隊だけ送って、あとは何とかしろと言うのですから、半年で餓死してしまいます。日本には補給という伝統がないので、後方支援だから戦争でないなどと馬鹿なことをいまだに言っているのです。後方支援がなかったら戦争ができないことは分かり切ったことです。後方支援こそ戦争の基本で、補給を絶ったら前線の兵隊さんはたちまち餓死です。藤原さんは一橋大学の日本史の教授でしたが、自分自身も中国派遣軍の中隊長でしたから現地の事情を良く知っていて、自分の部隊も飢えた経験があると記しています。結局現地の村を襲撃して略奪するよりないのですね。ですから日本軍は恨まれたわけです。そんな補給もせずに兵隊を送る間違った戦争、それなのにあの辻政信なんていう馬鹿な人が「作戦の天才」などとおだてられてガダルカナルに日本軍を派遣したのです。ニューギニアの日本軍司令官はまだ良識があったので、三万の兵隊を送ったら補給ができないと言って保留していました。そこへ辻政信が東京から飛行機で乗り込んできて「なんで兵を送らない?」「いや補給ができない」「補給もヘチマもあるか。畏くも天皇陛下の命令であるぞ」、この一言で出兵命令は発せられたのです。辻政信が行かなければガダルカナルで飢え死しなくてすんだのです。天皇陛下の命令と言う一言で現地指揮官は黙った。この辺の事情もその藤原さんの本に詳しく書いてあります。ですから、そんないい加減な戦争をやった指導者、政府が間違っているのです。政府の間違いを「お国」のために死んだのだとごまかすくらいずるいことはありません。国民は責任を取る必要はない。政府が悪いのですから。政府が間違って三〇〇万人も死なせてしまったのです。その責任は政府が本当は取らなければいけないのですが、お国のために死んだのだかららと靖国神社に祀り、殺した張本人が拝んであげるから成仏しろと言うのは理解しがたいのです。それが日本の戦争の仕組みです。お国が戦争をしたことにして政府の責任を隠してしまったのです。

(2) 靖国神社は官軍しか祭っていない、日本宗教の伝統から見れば異例の神社

死んだら区別せずに敵味方ともに祭るのが日本の伝統です。小泉さんもそう言っています。A級戦犯でも死ねば区別しないのだ、と言うのです。たしかに死ねばみんな仏になるというのが日本社会の通念でした。日本では特に怨霊信仰のために、恨みを呑んで死んだ敗者の霊は、より丁重に弔うのが伝統だったのです。仙台には蒙古塚がありますが、昔、蒙古が元寇の乱で攻めてきたときの蒙古軍の死者を塚を立てて弔ってあります。安国寺利生塔という大変有名な足利尊氏の祀った敵味方供養碑をはじめ、全国いたるところに敵味方碑が立っています。敵も味方も祀るのです。朝鮮役の敵方の死者もあの高野山弔魂碑（「敵味方兵皆仏道に入らしむ」という有名な言葉が書いてある）に祀りました。これが日本の伝統です。

ところが靖国神社だけは違います。靖国神社は日本の歴史で初めて味方だけ祀りました。なぜそんなことをやったかと言うと、天皇制が確立していなかったからです。明治維新のとき、

天皇なんて知っているのは関西の人だけでした。関西は天皇が住みついていましたから天皇家というものが日本の支配者として昔からあったということは知っていましたが、東北の農民は天皇なんて聞いたこともなかった、いることも知らなかったのです。ですから明治維新のあと、政府が一生懸命やったことは天皇行幸でした。第二次大戦後の天皇の日本行幸はあれを真似たのですね。日本中歩き回って、畏くもわが国には天皇という方がおられて、ということから教えなければならなかったのです。靖国神社は、天皇のために死ぬということがどんなに立派なことか、それを教えるためにできた神社なのです。天皇に逆らった人は祀りませんよ。天皇のために死んだ人だけが丁重に祀られるのですよ。そういうことの見せしめとして作った神社です。ですから官軍しか祀っていない。近藤勇も土方歳三も、新撰組は賊軍ですから不可。会津藩や伊達藩の死者も賊軍として祭祀の対象とされない。伊達藩のほうがずっと人間的で、伊達家歴代の墓所、瑞宝殿の中に、仙台に攻めてきた薩摩軍の墓があり、ちゃんと供養しています。ところが相手のほうは敵方の死者は一切供養しない。会津のときはひどかったのです。最後まで戦ったものですから。会津は町の真ん中にお城があり、そこに閉じこもって官軍に包囲されました。門を開けて毎日決死隊、抜刀隊が敵の中へ突っ込むのですね。お城の上から町が全部見えるのです。塔の上から家族が見ている中、そのお父さんやお兄さんが敵兵と戦って負けて切り殺されて、生き残ったのが逃げてきて門を閉めてまた閉じこもるのです。そのあと薩長軍は薩長軍の死者だけさっと収容しましたが、会津の死者は放置しました。天皇に逆らって死ぬようなやつは犬畜生と同じということで、死体を収容することも禁止したのです。ですからそのまま野良犬に食われてひどいことになりました。家族はお城の中から自分の夫や、兄弟が野良犬に食われて荒らされるのを見ていなければなりませんでした。毎日毎日それを繰り返してついに降伏しました。降伏したことによって死体の収容は許可されたのですが、葬儀もお墓も禁止されました。ですから、会津藩の侍は明治一〇年までお葬式も出せずお墓も作れませんでした。白虎隊も、今でこそ観光名所ですけれど、もちろんお葬式もお墓も認められませんでした。白虎隊が死んだのは町の中ではなく町外れの山の上ですが、死体の収容も禁止されました。彼らの遺体は腐敗したまま散乱し、野良犬に食われてばらばらになりました。そのために人数が何人だかわからなくなったのです。逃亡者がいたのですがそれは極秘事項で全員死んだことになっていました。死んだ人が何人かわからないくらい散乱していたのです。靖国神社がどんなに非人間的な神社か、天皇に逆らって死んだ人は祭らないという、日本的伝統から離れた神社か、ということがわかります。

(3) 国家中心主義

靖国神社には、戦前戦後ずうっと続く国家中心主義の思想、つまり、お国（政府）のために役に立つ人だけがえらい、お国（政府）のために役に立たない人は生きている意味がないという考えを日本人に教え込むという役割があったのです。これはヒトラーと同じ論理です。障害者はお国のために役に立ちませんから、全部ガス室に送ってしまえ、ということになります。精神病患者も役に立たないから全部殺してしまえ、というヒトラーと基本的には同じです。これは恐ろしい考え方です。障害者であろうとなんであろうと、すべての人間には生きる権利がある、という民主主義の根本理念と、まったく正面から相反する考えです。人間は役に立つ、立たないは関係なく、人間である限り幸せに生きる権利があるということが、民主主義の根本にある考え方です。私たちも戦争中はそうでした、愛国少年隊で毎日校庭にわら人形を並べて竹やりでエイっと突き刺す練習をさせられていました。とにかくお国のために役立つのが一番大事なことだと教え込まれてきたのです。ですからお国に逆らって治安維持法で逮捕された人なんかはこれは生きている意味がないんですね。損害賠償なんてとんでもない話で、前科一犯、戦後になっても謝罪も賠償もないのです。

さすがに忸怩たるものがありまして一九六五年、靖国神社の筑波藤麻呂宮司は、天皇のための戦死だけでなくすべての戦死者のための慰霊をする神社に変えたいと考えたらしいのですが、遺族会の前ではできなかった。それでひそかに全戦死者の慰霊の神社「鎮霊社」を靖国神社境内の隅につくりました。私もこれだけは行ってみましたけれど、隅の方に鎮霊社という小さな社殿が立っていて、そこにひっそりと「すべての戦死者」を祀ると書いてありました。本殿とは関係ありません。本殿には天皇陛下のために死んだ人だけが堂々と祀ってある。ここのところが靖国神社の国家中心主義です。国家に逆らう個人の存在を認めないのです。個人は国家に逆らう権利も力もあることを認めない、国家が何よりも大事なものだという考え方は、明治以後、日本人の心の中に強く入り込んでいます。役に立とうが立つまいが人間には人間として幸せに生きる権利があるのだということが確立してないのです。靖国神社は、このような国家中心主義思想のシンボルなのです。

（4） 個の自立と民主主義

アメリカ独立宣言にはこのように記されています。

「われわれは、自明の真理として、すべての人は平等に作られ、造物主によって、一定の奪いがたい天賦の権利を付与され、その中に生命、自由及び幸福の追求の含まれることを信ずる。またこれらの権利を確保するために人類のあいだに政府が組織されたこと、そしてその正当な権力は被治者の同意に由来するものであることを信ずる。そしていかなる政治の形態といえども、もしこれらの目的を毀損するものとなった場合には、人民はそれを改廃し、かれらの安全と幸福をもたらすべしと認められる主義を基礎とし、また権限の機構を持つ、新たな政府を組織する権利を有することを信ずる。」

法律の文章ですから、大変持って回った言い方ですが、要するに人間は生まれながらに幸せに生きる権利を授かっている。キリスト教の国ですから神様から授かっていると言ったのですが、明治の自由民権運動の指導者たちは神からと言えないものですから、天から授かった権利、天賦人権といいました。この権利を実現するために、みんなでお金を出し合って政府というものを作っている、だから政府がその権利を守ってくれないときはその政府を倒す権利が人民にはある。これがアメリカ独立宣言に明言されている内容です。これこそ民主主義です。「民」が「主」である。政府や国が主ではなく「民」が自分の生活を守るために政府を作ったのです。

民にはかけがえのない値打ちがあるのです。そのかけがえのない値打ちを守るために税金を出し合って政府を作ったのですから、政府がそれを守ってくれないときは、当然、それを取り替える権利があります。もちろん選挙で取り替えればよいのです。但し相手が選挙で負けたのに開き直ったときには暴力で倒すほかありません。これがアメリカ独立宣言で認めていることですね。これが民主主義です。しかしアメリカでもこの民主主義は怪しくなっています。独立宣言を読んだことのないアメリカ人が八〇パーセントという統計が出ています。ためしにこの宣言を印刷して、こういう声明書を出したいのでと賛同署名を集めた人がいました。そうしたら八〇パーセント近くの人がこれは危険思想だと言って断ったと言うのです。政府を倒す権利があるなんていうのは左翼思想だと言って、自分たちの独立宣言だということに気がつかなかったのです。アメリカでも民主主義がどんなにだめになっているかということなのですが、それでもこの独立宣言がある限り、アメリカにはまだ反発力があります。こういうものを盾にしてがんばることができる。すくなくとも最高裁判所に持ち込めば勝てるのです。これを盾に戦えば勝てるのです。その点はアメリカの民主主義は我々に比べればまだ骨がある、ということだと思います。我々にはこれが無いのです。憲法で民主主義は決まったのですが、前書きはいい前書きですが今ひとつはっきりしていない。我々が主人公で我々が政府を作っているのだから、政府が我々に逆らうときは政府を倒す権利がある、というところに意義があるのです。これが民主主義というものです。そこのところが日本では確立していない、お上がやっていることは正しい、お上は間違わないということが前提にあるものですから、なかなか民主主義社会では個は国家に抵抗する権利を持つという理解が根を下ろさないのです。本当は個の自立ということが民主主義の一番大切なところだと思います。

ヨーロッパやアメリカでは、背景にキリスト教があったことがずいぶん影響を与えていると思います。もちろんキリスト教が全部ではありません。資本主義が生まれてきたから個人が自立できるようになるのですが。しかし、キリスト教が人間は一人一人、神様がお作りになったものだから、生きていることは意味があることなのだ、という考えを植えつけたことは間違いないと思います。中世ヨーロッパでも、国家の権力に対して教会というものが独立した権力を持っていました。国家がすべてではなかったわけです。キリスト教は悪いことも山ほど行いましたが、個の自立という点については、良い影響を与えたのではないかと思います。

(5) 日本的共同体主義

日本は宗教が複雑で、民間宗教なのか仏教なのか神道なのか良くわからないところもあります。おおよその傾向として、日本人はものの考え方の中に個より全体を大切にするという傾向があります。みんなで仲良くすることのほうが大事なのです。波風が立つとか角が立つとかを嫌い、みんなと調和していくことがいいことだとされています。和を以って尊しとなす、ですね。

そのような考え方は確かに日本の中にあるだろうと思います。そういうものがどうして生まれてきたのか、難しい問題ですが、日本の自然や風土が様々に影響しているだろうと思います。

また江戸時代三百年の封建制も大きな影響を与えたに違いありません。それが明治以後悪用されて、国家のほうが個人より大事なのだとなりました。共同体の中で調和しながら生きていくことは大変大事なことで、決して悪いことではないのです。ただそれが個を否定するようになってはいけない、個の確立と共同体がどのように調和できるかが一番大きな問題なのです。明治以後はとにかくこれが悪用されて国家中心主義になり、政府がやっていることをお国とすり替えてしまう。だから政府のやることには黙って従え、政府のやることに逆らうのは非国民ということにされました。これは政府に逆らったのであって、お国に逆らったのではないのですが、政府をお国におき替えていますのでお国に逆らったことになってしまう。非国民にされてしまう、そういうことで明治以後の日本人の共同体主義的なものの考え方が政府によって悪用されてきたのではないかと思います。

ヨーロッパもアメリカも日本も同じ高度に発達した資本主義国家なのですが、その中で生きている人間の生き方はかなり違うところがあります。経済構造、土台がすべてを決定するわけではないのです。これはスターリンの間違いで、やっぱり上部構造と言われる宗教、イデオロギーが社会のあり方に大きな影響を与えています。同じ資本主義なのですが、その資本主義がキリスト教という伝統を背負った地域で生まれてくると、資本主義中の個人の平等が強調されてきます。日本だと同じ資本主義でも個人の平等ということが抑えられることになります。資本主義が会社主義になってしまう、会社の利益中心というほうへ持っていかれてしまう。初対面の時に必ず名刺を出して三菱の何とかですとか、三井の某とかですとか、住友の何とかですのです。日本ではどこに所属しているかが問題で、個人ではないのです。九条の会の呼びかけ人と言われても肩書きがない。肩書きなんかいらないと言っても日本では肩書きが大事なのですね。そういう社会なのです。どこに属しているかで値打ちが決まってくる。町工場の工員ですと値打ちがないのですね、三菱重工の社員だとある。そういう考え方が私たちの中に根付いていて、そういうものが資本主義というものを会社主義にしてしまったのだと思います。同じ高度に発達した資本主義社会でも、その社会が伝統として持っている宗教とかイデオロギーが資本主義社会の質を変える働きをしているということだと思います。そういう意味で今、憲法改悪とか教育基本法改悪とかすべて焦点はこの国家中心主義で、愛国心とか、一人一人の人間は国家があるから生きていけるのですよ、だからお国のために、国家の利益のために生きてくださいということになります。国家というより本当は政府なのであって、政府の利益のためになるよう生きさせようとしているのです。それをお国のためと言って言葉をすり替えてしまう。お国のためと言われたときに、だまされやすい土壌があるということです。そのとき一人一人が個を確立していくのはどうすればできるのかが日本の社会の課題だと思います。西欧社会も魔女裁判とか植民地主義とか多くの犯罪的な間違いを犯してきました。しかし、個の自立を基本とした民主主義という点では、日本はまだ学ぶべきものがあると思っています。

私はそのカギは歴史認識だと思うのです。日本の近代史を本当に勉強して日本が侵略戦争という間違った戦争の中でアジアにどれだけ迷惑をかけたか、そのことを「私」の責任として自覚するということが、日本において個が自立する一番の近道ではないか。ですから政府が謝らないとしても、私は韓国の友達に会ったら日本は間違っていたと思う、二度とやらないよう私もできるだけのことはするから、仲良くしてくれと言う。中国の友達に会ったら、日本の歴史は中国に対して犯罪を犯したと思う、だから私は二度とそういうことが起きないように努力するつもりですと言う、そこからアジアとの友好が生まれてゆくのです。日本で本当に個が自立できるとしたら、西洋ではキリスト教というのが大きな支えになったのですが、日本ではそれは考えられません。けれども、日本人が歴史に対する自覚を持つことができたら、個は自立できるでしょう。私はあの時生きていなかったのだ、だから私の責任ではない、という理屈も成り立ちます。おじいさんがやったことだから私は知りませんと言えば言えるのですが、しかし、よく考えてみればそれは間違いで、今私が生きているということは、やっぱりこの日本の歴史を背負っているのです。歴史とは自分のやらなかったことに責任を負わされるもので、それがいやなら日本人をやめるほかないのです。実際我々は、先輩がいっぱい努力して、ササニシキとかひとめぼれなどのお米を作ってくれたおかげで今うまいご飯を食べているし、先輩がいろいろ苦心してマグロ延縄漁なんて漁法を考えついてくれたおかげでおいしいマグロの刺身を食べているのです。ですから私が今生きているということは、歴史の結果を享受しているということです。だとしたら先輩がやった良いことだけ引き継ぐのではなく、先輩がやった悪いことも引き継ぐべきです。自分が歴史の中で生きているということは、そういう過去の悪い点も良い点も遺産として引き受け、自分がそれをどうやって総括していくか、ここはいい点だから感謝して受け継ぐ、ここは間違ったところだから批判してそれを乗り越えようとする、ということです。それが一人一人の歴史的責任です。それが今問われています。

今、アジアとの和解の中で、歴史的責任を負う人間として、そのことができたら、日本で初めて個の確立、個の自立した生き方が成立するのではないでしょうか。近代日本史という全体に対して対峙する「私」が確立していく、日本の一員ではなく「個」として近代史全体を総括して、そこで初めて個の自立ができるのではないかと思います。そのとき日本の宗教も、新しい意識の違った物に生まれ変わっていくのかなと思います。日本の伝統的宗教の中では天理教だけがそういうことをやってきたと思います。戦争中天皇制に屈服しておかしくなりましたけど、元来天理教は教祖以来そういう宗教だったと思います。ですから日本にそういう宗教が全然なかったわけではないので、キリスト教でなければならないとかそういうことは考えていません。ヨーロッパやアメリカでは、キリスト教がそういう個の確立を助けたというだけで、日本では別な形になっていくだろう、それは歴史的責任ということに焦点があるのかな、と思っています。あまり宗教の話になりませんでしたが、これで終わらせていただいて、皆さんのお考えや質問を伺わせてください。

17　靖国神社問題と日本人の宗教心

参考文献

村上重良『慰霊と招魂――靖国の思想』岩波新書九〇四、一九七四年。
大江志乃夫『靖国神社』岩波新書二五九、一九八四年。
田中伸尚『靖国の戦後史』岩波新書七三三、二〇〇二年。
赤澤史朗『靖国神社』岩波書店、二〇〇五年。
高橋哲哉『靖国問題』ちくま新書、二〇〇五年。
高橋哲哉編集『靖国問題入門』河出書房新社、二〇〇六年。

18　キリスト者の政治参加

『宗教と平和』第三九二号、日本宗教者平和協議会、二〇〇一年五月、所収。

一．昨年（二〇〇〇年）出版された永田諒一『ドイツ近世の社会と教会』（ミネルヴァ書房）という書物には、宗教と政治の関係について、現代のキリスト者が学ぶべき多くの論点が示されています。特に「抵抗権」についてのルターの見解を扱った第一論文は興味があります。カトリック信仰を武力で強制してくるドイツ（神聖ローマ帝国）皇帝に対して、プロテスタントのドイツ諸侯が実力で抵抗することは許されるのかという問題です。

最初はルターは抵抗を認めませんでした。支配権力というものは、神が定めたものなのだから、下位の者は、それに対して服従、栄誉、畏敬を捧げるべきだというのです。たとえ主君が暴君であっても同じ事です。暴君が臣下の財産、生命、妻子を滅ぼしたとしても、それは甘受しなければならない。暴君を罰することができるのは、神だけだというのです。皇帝は諸侯の上位にある権力ですから、当然、皇帝に対する諸侯の武力抵抗は認められません。例外は、支配権力が、信仰問題に関して、すなわち、霊的支配の領域に干渉して（ここにはルター独特の二世界統治説が前提されています）、臣下や領民を迫害するときですが、その時でさえ、許されるのは逃亡という手段であって、抵抗は認められません。このような考えは、二世界統治説に立つかぎり、当然の結論であって、ルターの論理はこの場合には首尾一貫しています。

しかしルターはこの考えを変更します。変更しなければ、カトリック皇帝に対してプロテスタント諸侯が武力で争ったシュマルカルデン戦争などは不可能でした。では変更の理由は何だったのでしょうか。それは、聖書にでてくるローマ帝国の皇帝とは違って、ドイツの皇帝は諸侯の選挙によって選出されているのであって、両者の地位には大きな違いがあることを認識したことでした。ドイツ皇帝は諸侯の選挙によって選出されるのだから、皇帝権は諸侯によって法的に制限されているのであって、皇帝への抵抗権は本来、承認されているのだ、ということを、ルターは数人の人から教えられたのです。簡単に言えば、ドイツ皇帝は神によって任命されたのではなく、人間が選出したものだということです。それなら、選出時の約束に反する暴政を行った時には、それに対して抵抗することは、当然の権利です。福音は世俗の法を尊重するという二世界説の原則から、このようにしてルターは、皇帝に対する諸侯の抵抗権を承認したのです。

二．このようなルターの論理変更（変節？）は、私たちに多くのことを考えさせてくれます。「人は皆、上に立つ権威に従うべきです。神に由来しない権威はなく、今ある権威はすべて神によって立てられたものだからです」〔編注：ロマ一三・一〕という聖書の言葉に、ルターは忠実でした。しかし、聖書に示された神の意志に徹底的に忠実であるためには、自分の生きている社会の現実についての正確な深い認識が必要であることを、ルターは苦渋の中で承認したのです。ドイツの皇帝についての、あまりにも平凡で通俗的な理解を無反省に持ち込んだために、聖書の読み方を間違えたのだと言ってもよいでしょう。もしかするとパウロ自身の皇帝理解についても同じ事が言えるかも知れません。古代ローマが共和制の社会であったこと、そして王政に移行してからも長く即位にあたっては民衆による承認が必要であったことなどは、帝政時代の属州の市民であったパウロには知るよしもなかったことだったのではないでしょうか。

三. キリスト者は、すべてのことにおいて神に従って生きようとします。政治や社会は別と言うわけにはいきません。それでは政治や社会の問題は、神とは無関係なものということになってしまうからです。キリスト者もこの世に生きている限り、政治的・社会的決断から逃げることはできません。どの政党に投票するか、消費税に賛成か反対か、新ガイドラインに賛成か反対か、すべての問題について決断をせまられます。そしてキリスト者は、すべてのことを信仰に基づいて判断するのですから、このような政治・社会問題にも信仰に基づいて発言しなければなりません。

しかし、ルターの例からも明らかなように、聖書の信仰からは、これらの問題について「直接の」答えは出てきません。消費税についての聖書的判断などというものは存在しません。聖書信仰は、神に喜ばれ、人々の幸せになるような選択を求めるだけです。どちらが神に喜ばれ、人々の幸せになるかは、それらの問題についての正しい知識がなければ決定できません。ですから、信仰は真剣に知識を求めるのです。社会科学を媒介にした正しい知識に基づいて、初めて信仰の決断が可能になります。「相対的次元への宗教の直接介入は人間の自由を妨害し歴史の発展を阻害する」というのは、先日死去された大川義篤牧師の名言です。現代日本における創価学会・公明党の政治介入についても、まったく同じ批判が成り立ちます。

ルターが、深い聖書的信仰と「凡庸な社会理論」（永田諒一氏）の組み合わせのために、大きな苦悩をかかえ、その克服のために必死の努力を行った歩みは、現代の私たちにとって貴重な教訓です。

19　平和七夕

『生協ニュース』第九三号、東北学院大学生活協同組合、一九八〇年七月、所収。

仙台に住んで七夕を見たことのない人はいないでしょう。そして見物に出た人で、中央通りのダイエー北入口の前に、『ノーモア・ヒロシマ』、『平和七夕』と書かれた七夕飾りを見つけた人も多いことと思います。遠くから見ると色とりどりの美しい飾りのように見えるこの飾りは、近づいて手にとって見ると、実は紙の折り鶴で、たたんだまま糸を通してビッシリとつないだものなのです。一本に約二百羽、それが約三十本で一つの飾りになり、その飾りが去年は三つ飾られましたので、全部で約二万羽の鶴が、一羽一羽にノーモア・ヒロシマの祈りをこめて折られています。それは、見る人に、何か圧倒的な力でせまってくる、原爆の重さとでもいうほかないような力を感じさせます。

この平和七夕は今年で五年目になります。それまでにも、いろいろな人々が八月六日に原爆問題の学習会をしたり、写真の展示をしたり、原水爆禁止の運動に参加したり、それこそ「それなりに」努力はしていましたが、仙台七夕の初日八月六日はヒロシマ原爆の日なのに、仙台の町を埋めつくす七夕飾りのどこにも、ノーモア・ヒロシマという短冊一本すらぶらさがっていないことに憤りを感じていた人たちが、ふとしたきっかけに集まったのが事の始まりでした。その人たちが集まって、七夕祭そのものに何とかして参加できないだろうかということになり、最初は「ノーモア・ヒロシマ」という短冊をたくさん作って、これを各商店の七夕飾りにぶらさげてもらおうとしました。しかし、何軒かの商店に持ち込んで全部ことわられてしまったため、原爆記念公園の折鶴の塔に全国から贈られる折鶴を少し仙台にわけてもらって、それを飾ることにしました。ところが飾りを出す場所が見つかりません。何軒かの商店にことわられて、最初の年は仙台市役所のロビーに飾らせてもらいました。その次の年にやっとダイエー北入口商店街の皆さんの御理解をいただいて、あの場所に飾ることになったのです。

飾りは毎年一本ずつふえています。仙台市や各地の皆さんが、自分の折った鶴を送って下さるからです。仲間もふえて今では毎週十人ぐらいの人が集まって鶴を折ったり、熱心に作業しています。

今年はきっと四本にふえた飾りが、商業ベースで計算された七夕祭りの中で道行く人がフト立ちどまって、平和に思いをはせ、ノーモア・ヒロシマの決意を新たにするために、ささやかな祈りのシンボルとなることでしょう。

20　平和七夕二十年

『平和七夕――20回記念誌』、「平和を祈る七夕」市民のつどい、一九九五年六月、所収。タイトルは編者が付けた。

あっと言う間に二十年たちました。二十回も平和七夕を作ってきたなんて、とても信じられません。最初の平和七夕がついこの前のことのような気がします。

中心街の商店に「平和七夕」を飾らせてほしいと頼んで歩いたのですが、軒並み断られました。「七夕に政治を持ちこまないでくれ」というのです。「ノーモア・ヒロシマ・ナガサキ」は政治問題ではない。人道問題だと言ってもダメでした。やむをえず仙台市に持ち込みました。当時は仙台は革新市政で、島野さんという市長でした。あの当時はなまぬるい市長だと思っていましたが、それでも市民が要求をもって会いたいと言えばすぐに会えたのですから、今とは大違いです。市長室で会って趣旨を説明したら、すぐに賛成してくれて、市役所玄関ホールに飾ってかまわないということになりました。市役所の外壁に「ノーモア・ヒロシマ・ナガサキ」という看板を七夕の期間中出してほしいと希望もしたのですが、これは受け入れられませんでした。いざふたを開けて見たら、七夕期間に市役所に来る人などほとんどいないのです。

これにはガッカリしました。

次の年、中央通りの「ファミール・ワコー」商店と「宝文堂」書店が趣旨を理解して下さって店の前に飾ることを認めていただいた時は本当に嬉しかったのを覚えています。最初の年は鶴が少ししかないので、あいだにストローを入れて多くみせるようにしたのも、今思うとウソのような話です。

核兵器のない地球が実現する日まで、これからも「平和七夕」と共に歩みたいと願います。

21　核兵器廃絶市民行進の二十五年

『核兵器廃絶を願い歩みつづけて四半世紀　核兵器廃絶市民行進三〇〇回記念誌』
二〇〇七年二月、所収。

二十五年と言えば四半世紀です。二十世紀から二十一世紀にかけて世紀をまたいで歩き続けてきました。文字通り雨の日も風の日も、雪の日も嵐の日も、毎月最後の日曜日の午後二時、最初は奇異の目で見ていた商店街の人も、いつの間にか町の風物詩のように自然に受け入れてくれているようです。

可笑しいのは、最初のころは公安警察のオジサンがどこかで見張っていて、せっせと写真を撮ったり参加者をメモしたりしていたのですが、いつの間にか姿を見せなくなったことです。「これは危険な団体ではない」と見くびられたのでしょうか。

見くびられたとすれば、少しシャクですが、しかし本当は、これは大変結構なことだと思っています。デモ行進は市民の当然の行動であって、特別なことではないはずです。「核兵器をなくせ」「平和憲法を守れ」というのは「あたりまえ」のことであって、少しも奇異なことでもなければ「危険」なことでもないのです。だれでも心の中では同じ事を考えているはずです。その「あたりまえ」のことを「あたりまえ」に表現することが大切です。「ふつう」の人が「ふつう」に行動しているのに、公安警察や自衛隊が口を出す筋はないのです。そして行動にあらわさなければ「内心の自由」など何の役にも立ちません。

作間謙二郎さん、庄司直人さん、加藤秀造さん、伊達たまきさん、横谷善雄さん、小野寺啓一さん、三島孚滋雄さん、三春重雄さん……最初の呼びかけ人の中で、すでにこの世にはおられない方たちのなつかしい面影が心に浮かびます。内心の思いを行動に移すことを当然のことと考えておられる方たちでした。

アジア・太平洋戦争下の言論弾圧を身をもって経験された方たちの強い決意のようなものを、いつも感じさせられました。まさに真の「自由人」と呼ぶべき方たちでした。

核兵器の廃絶までは、そして平和憲法の厳守される日本の実現までは、この方たちはお墓で眠っているわけにはいかないでしょう。

仙台の空を「千の風」になって吹き抜けながら、私たちの平和行進を見守っていてくれることでしょう。

「あたりまえ」のことを「あたりまえ」に主張しながらデモ行進することが「あたりまえ」になる日本を目指して、これからも歩き続けたいと思います。

22　教会と信仰者と国家

創造の秩序をめぐって

『教会と国家学会会報』第六号、二〇〇七年一一月、所収。
なお本稿には5にだけ表題が付いていたので、1〜4にも内容を示す表題を付した。

1　この問題を考える私の原点

私は一九三四年生まれで、小学校六年生の時に敗戦を迎えました。父は牧師でした。米軍の空爆で教会も牧師館も焼失、火の中を逃げまどった忘れられない記憶があります。隣家に一番仲の良い同級生がいましたが、直撃弾で一家全滅、友人も即死しました。本当なら、この友人にも私と同じようにあと六〇年ほどの人生があったはずなのに、あの夜、無惨に断ち切られたのです。この記憶が国家の問題を考える時の私の原点です。

東北大学で宗教学・宗教哲学を学び、ブルトマンについて研究しました。大学院の途中でドイツに留学し、晩年のブルトマンに学びました。貨物船に便乗したヨーロッパへの旅の途中、何回も東南アジア、インド、アラブ諸国の港町に立ち寄りました。そこで見たのは、長く植民地支配のもとに置かれた人々の飢えと貧困の現実でした。それまでの私は「政治や社会に無関心な古典的クリスチャン」でした。この経験が私に政治や社会に目を向けさせることになりました。

ブルトマンはナチスの支配に対しても良心を曲げなかった人ですが、ドイツの植民地支配の歴史については無関心でした。国家が自己絶対化して信仰の自由を弾圧してきた時には抵抗するが、そうでなければ国家については無関心でいるということで良いのか、というのがその時の疑問でした。帰国後は、自分にできる範囲で平和運動、反核運動、人権を守る運動、政治革新の運動などに積極的に参加してきました。その中で「バルメン宣言」などを読み直して考えたことは、「創造の秩序」に関する問題です。

2　聖書の理解と代々の教会

王と国家についての聖書の理解は、多様で統一されていません。Ｉサムエル八・一―二一では王は神の意志に反するものとされていますが、Ⅱサムエル一二・七は神が王を任命したとされています。ローマ一三・一―七は政治権力を神によって支配を委託されたものと見ているようですが、黙示録では国家は明白に神の敵として描かれています。一貫しているのは「人に従うよりは神に従うべきです」という使徒五・二九の立場です。

コンスタンチヌス体制以後の代々の教会の主流は、国家を神の立てた秩序として受け入れてきました。いわゆる「創造の秩序」の問題です。この考え方は、国家が創造の秩序であることを否定するバルメン宣言の中にも深く影を落としています。「国家は……正義と平和のために配慮するという課題を神の定めによって与えられている」と言うのです。しかし、このような考え方は聖書の中のある特定の箇所に基づくものであって、聖書にはそれに反する考えも含まれています。私には、このような考えは聖書の恣意的援用ではないかと思われます。つまり、国家というものの存在を既定のものとして前提しているために、国家に対する抵抗の論拠として、聖書の特定の箇所から、このような神によって定められた課題という論理を導き出したのではないかと思います。国家が永遠に存在するものであって、神から特別な課題を定められたものであるという考えには、創造の秩序としての国家という考えの残存を認めざるを得ません。暴力団にも泥棒にも神の定めがあるのでしょうか。私にはあるとは思えません。暴力団にないものがなぜ国家にだけあるのでしょうか。国家を特別な存在とする考えがその背後にはあると思われます。国家は永遠に存在するものではなく、他者と共に生きるべく創造された自由な人間が歴史の中で形成してきた歴史的存在です。信仰者が国家に抵抗するのは、国家が神の定めに反した時ではなく、神によって与えられた人間性の尊厳を国家が侵害する時なのです。国家だけではありません。人間性の尊厳を侵害するすべてのものと私たちは戦わなければなりません。国家に特別な使命が神から与えられているとは私には思えませんし、そのような考えに聖書的根拠があるとは思えません。パウロがローマ一三で「神が立てた権威」と書いたのは、国家を永遠に存在するものと考えていたからであって、乱暴な言い方をすれば、パウロの無知によるものだと思います。国家というものは、たかだか四千年の歴史しか持たないものであること、またローマの皇帝は元来は選挙皇帝であったことなどは、パウロの知識にはなかったのです。

3　不変の定めとしての創造の秩序とそうでないもの

「男と女」という二つの性の存在も創造の秩序として考えられてきました。創世記一・二七が論拠とされてきたと思います。これも創世記の記者が、両性具有の人の存在や、生物的には男性でも精神的には女性と自覚している人の存在や、その逆の人の存在や、同性を愛することが自然であるような人の存在を知らなかったためと私には思えます。あるいは知っていても、男と女だけが「正常」な存在であって、それ以外は「異常」なものという考えにとらわれていたためだと思います。両性具有の人が神のみ手のうちにないなどということは、私には絶対に考えられません。聖書の記者と言えども、常に自分の持つ先入観の中で考えているのです（ブルトマンが「前理解」と呼んだものです）。創造の秩序という考え方には、自分があたりまえだと思っているものを神の秩序だと考えてしまう危険性が伴います。

しかし、創造の秩序そのものを否定することはできません。人間が神の定めのもとに置かれていることは明らかなことです。それは第一には人間が死すべきものであるということ、第二には人間が他者と共に生きるべく作られていること、この二つではないかと思っています。この二点を創造の秩序として謙虚に承服し、それに従うことによってのみ、人間は命へと導かれるのではないでしょうか。

4　信仰と知識——国家の歴史性

国家が限界を超えて自己絶対化した時に、初めて信仰者の国家に対する抵抗が始まるのではないと思います。このような考えは「国家に対する定め」を前提にしています。そうではなくて、国家は人間が作った歴史的形成物なのであって、その国家が、神によって祝福された人間の自由と尊厳を侵害する時には、いつでも信仰者は国家を批判し、国家の変革を求めなければならないのだと思います。しかし国家の行為が人間の尊厳を侵害するものかどうかは、信仰からは直接の答えは出てきません。郵政民営化とか、消費税率の引き上げとか、イラク戦争とか、後期高齢者医療制度の改変とか、それらの問題は信仰とは無関係だと言うことはできません。私たちは、どんな場合でも神に従って、信仰に基づいて生きるのです。しかし、これらの問題には、信仰から直接の答えは出てきません。これらの問題が人間の尊厳を否定するものであるかどうかを判断するためには、「知識」が必要です。「神に従う」決断は必ず「隣人を愛する」ことに実を結びます。前者は信仰的決断であり後者は倫理的決断です。倫理的決断は信仰から直接には出てきません。それは媒介としての「知識」を必要とします。信仰は知識を求めるのです。象徴的に「聖書と新聞」と言われるように、私たちは常に政治と社会に関心を持ち続け、国家に対して発言していかなければならないのだと思います。それは国家は私たちが作った物だからなのです。

5　教会と信仰者と国家

①教会は（信仰者個人と違って）個別の政治問題についてすべて発言する必要はないと思います。②しかし神の主権が侵される時には発言しなければなりません。③同時に国家が人間の尊厳を守るような国家であるように祈り、かつ要求することが必要です。④そして教会は、信仰者が各自政治に対して信仰による知識に基づいて倫理的判断をするような態度を養うことが求められています。⑤個々の信仰者は、信仰に忠実に生きたいと願うのなら、真剣に勉強して、その知識に基づいて行動しなければなりません。勉強の結果は相対的ですから、異なる判断に対しては寛容であり得ると思います。しかし、自分の生き方については真剣かつ誠実でなければなりません。

23　礼拝における奏楽の位置

『教会と神学』第九号、東北学院大学文教法学会、一九七七年一二月、所収。原論文では、末尾に「オルガニストのための一つの参考として、ドイツ福音主義教会の教会暦に従ったコラール前奏曲の一覧」が記されているが、省略した。

1

礼拝において「奏楽」とはどのような任務を持っているのか、礼拝におけるその位置はどのようなものなのかを考えてみたい。その上で、選曲の問題、つまり何を弾くのかということを考えてみることにする。筆者は音楽の尊門家ではないが、しかし二五年間の教会オルガニストとしての体験の中で、終始考え続け、悩み続けてきたのは、まさにその問題であった。つまり何を弾けばよいのかという問題である。はじめは自分の弾ける曲を弾いていた。しかし、やがてそれでは行きづまってしまった。そのようなやりかたでは、オルガニストの弾く前奏と後奏は、礼拝の内容と何のかかわりも持たないことになる。その日の聖書の個所とも、説教とも、会衆の歌う賛美歌とも、何の関係もない曲を、ただ自分が弾けるからというだけで弾いたのでは、前奏や後奏は、礼拝の中に必然的な位置を持たないことになってしまう。ただ習慣的に礼拝の「前」および「後」に奏されるということであって、礼拝の内容に対する「前奏」でもなければ、礼拝の内容に対する「後奏」でもない。試行錯誤のくりかえしのすえに達した結論は、重要なことはまず礼拝における奏楽の位置について明らかにすることであって、何を弾くかは、そのあとでなければならないということである。以下に述べることは、一九七七年八月一八日—二〇日に日本キリスト教団仙台北教会で開催された「教会音楽セミナー」での講演に若干加筆したものである。筆者の講演に耳を傾け、質疑・討論・交流の中で内容を深めて下さったセミナー参加者の皆さんに感謝したい。

2

礼拝とは何か。礼拝における奏楽の位置を明らかにするためには、当然のことながら、この問題からはじめなければならない。礼拝という日本語は、拝むという人間の側の行為を表現している。しかしその言葉は同時に拝まれる者を暗に示している。つまり、人間の側に拝むという行為をひきおこすような、神の顕現を前提しているのである。礼拝の土台は、従って、礼拝する人間の側にではなく、礼拝という行為をひきおこすところの、神の顕現という客観的出来事の側にある。

聖書の証言によれば、キリストの出来事こそ、この神の顕現にほかならない。ナザレのイエスにおいて、神の審判と赦しの言葉が語られているのである。礼拝とは、このキリストの出来事の想起にほかならない。しかしすでに持っているものの想起ではなく、説教の言葉において、その都度新しく、神の言葉としてのキリストの出来事との出会いが現実となるような、しかもキリストの出来事のそのような想起において、神の国における「顔と顔とを合わせて見る」時の先取りが成就するような、そのような想起にほかならない。

さてこのキリストの出来事における神の顕現は、人がその前におそれおののいてひれ伏すような、威風堂々たる万軍の主の顕現ではなかった。まことに「われわれの見るべき姿はなく、威厳もなく、われわれの慕うべき美しさもない」（イザヤ五三・二）しもべの姿における顕現であった。「その有様は人と異ならず、おのれを低くして、死に至るまで、しかも十字架の死に至るまで」（フィリピ二・七―八）ひたすら苦難の道を歩かれたのである。「見よ、世の罪を負う神の小羊」（ヨハネ一・二九）というヨハネの証言は、この神の顕現の内実を示している。キリストの十字架において、神は世の罪を負ったのである。そうであれば、キリストの出来事における神の顕現は、世に仕える神の奉仕にほかならない。世の罪を負うことによって「すべて重荷を負うて苦労している者は、わたしのもとに来なさい。あなたがたを休ませてあげよう」（マタイ一一・二八）という招きの言葉が発せられる。キリスト者の礼拝は、まことにこの神の奉仕と、そこから告げられる招きにこそ根拠を持っているのである。礼拝は、神に対する人間の奉仕に先立つところの、人間に対する神の奉仕に根拠を持っている。礼拝が service と呼ばれ Gottesdienst と呼ばれ λατρεία と呼ばれる時、われわれは一般宗教における神への人間の供犠その他の奉仕という意味にまさって、このような神の側からの人間に対する先行的な奉仕という意味をこめて受けとらねばならないであろう。礼拝は、信じて集まる人間の信仰心に根拠を持つのではなく、それに先立つ客観的な神のわざにこそ根拠を持っている（徳善義和「賛美歌を礼拝で歌う」、『礼拝と音楽』第14号参照）。

礼拝とは神の顕現の前にひれ伏し拝することであるが、この神の顕現は、見てきたごとく、世に仕える神の奏仕にほかならなかった。この神の奉仕は実は神の支配に根拠を持っている。神が主権者であるが故に神の奉仕は奉仕となるのである。さもなければ、それは絶望的な諦念でしかない。神の支配（βασιλεία τοῦ θεοῦ, Gottes Herrschaft, 神の国）は、奉仕において貫徹されているのである。それ故に、神の奉仕から発せられる招きは、単に慰めの招き、安らぎへの招きだけではなく、それは神の支配への服従の招きなのである。その招きに答える者は、神の奉仕によって自分の罪を担われ、赦され、生かされると共に、奉仕という姿における神の主権の貫徹への服従を要求される。彼は神の奉仕に参加する者となる。礼拝の場からこの世へと派遣されて、自分もまた苦しむ者、悩む者、しいたげられた者、貧しい者と共に生き、「盲人は見え、足なえは歩き、らい病人はきよまり、耳しいは聞こえ、死人は生きかえり、貧しい人々は喜びのおとずれを聞かされる」（マタイ一一・五）神の奉仕のわざに参加する者となる。神の奉仕は「心のおごり高ぶる者を追い散らし、権力ある者を王座から引きおろし、卑しい者を引き上げ、飢えている者を良いもので飽かせ、富んでいる者を空腹のまま帰ら」せる（ルカ一・五一―五三）。この神の奉仕に参加して、一人の「喜ぶ者と共に喜び、泣く者と共に泣く」（ローマ一二・一五）時、「これらの最も小さい者のひとりにしたのは、すなわちわたしにしたのである」（マタイ二五・四〇）という言葉が響く。そこに神の主権が貫徹されているからである。

神の奉仕への参加において、われわれは、二千年前のキリストの出来事を想起すると同時に、神の国における神との全き出会いを先取りしている。礼拝とは、神の国をめざす旅の途上における、そのようなスタートとゴールの統一であり、その統一は、われわれの世に対する神の奉仕への参加において出来事となる。

3

神に奉仕せらるることにおいて神の支配に服従するという、キリスト者の独特の在り方は、必然的に「交り」の形成に至る。なぜなら、神の奉仕から発せられる招きの言葉は、神の奉仕への参加の招きであり、神の奉仕に参加することにおいて神の支配に服従せよとの要求なのである。従ってわれわれは、神が私に仕えて下さっているということを、私も人に仕えるというる出来事においてしか証示できないからである。だからと言って、私の行為が神の恵みに優先するわけではない。私が世に仕える時、それは私の奉仕ではなく、神の奉仕への私の参加にすぎないからである。神の恵みは、恵みへの服従の要求なのであって、恵みのうちに生きることを求められているのである。それ故、礼拝に集まる会衆は、神によって互いに仕えあうことへと呼び出され、召された者の「交り」を形成する。それは、世に仕えるべく世から呼び出された共同体である。このような「会衆」の存在するところに礼拝がある。会衆こそまことに礼拝の実体を形づくるものである。そして会衆が会衆として形成されるのは、彼らに先立つキリストにおける神の奉仕に根拠を持っているのである。会衆は、このような自己の存在の根拠としての神の奉仕の前で、共同の賛美と告白を行う。神の奉仕に対して、「ハレルヤ」を唱和し、「アバ・パテル（アバ父よ）」と唱和し、「キュリオス・イエスース（主イエス）」と唱和し、「マラナ・タ」と唱和し、「アーメン」を唱和する。会衆が会衆として存在する限り、即ち神の奉仕によって生きることをゆるされ、神の奉仕へと参加することによって互いに仕えあうべく召し出され、そのように仕えあうことにおいて神の恵みの奉仕を証示する共同体である限り、会衆はこの共同の唱和をやめることはできない。礼拝における音楽の土台はここにある。礼拝における音楽の中心は会衆の賛美歌である。オルガニストはこのことを肝に銘じておかねばならない。美しい奏楽や、華やかな後奏にのみ心をかけて、賛美歌の伴奏をおろそかにしてはならない。前奏や後奏は、場合によってはなくても礼拝であり得る。しかし会衆のいない礼拝はないし、会衆は賛美せずには会衆ではない。オルガニストは、何よりもまず賛美歌に精通し、賛美歌の前奏と伴奏に心をくばり、会衆と共に唱和するものでなければならない。

賛美歌は、従って個人の歌ではなく、共同の歌である。もちろん個人の歌もあってよい。しかしそれはどこまでも会衆の共同の歌を土台として、そこから派生するものである。

また賛美歌は、信仰者の主観的感情の表現ではない。それは客観的な神の行為について、世に対するキリストにおける神の奉仕について語るものであり、それに対する賛美と告白なのである。もちろん人間の言葉によって、人間の口において行われる賛美と告白である限り、時代的・社会的・文化的制約をまぬがれることはできないし、人間的感情の表白という性質をまぬがれることはできない。むしろ会衆の共同の感情を積極的に表現しなければならない。しかし賛美歌の中心がそこにあるのではない。賛美歌の主題はどこまでも神の行為なのである。この神の行為にあずかる会衆の共同の感動が、神の行為への「唱和」として賛美歌をうみ出すのである。歴史的に見ても、初代教会における「マラナ・タ」「アーメン」等の唱和が教会音楽の起源であったと考えられるであろう。

4

このように見てきた時、礼拝における奏楽の位置はどのようなものとなるであろうか。奏楽と言う時、ここではオルガン（リードオルガンかあるいはパイプオルガン）を考えている。礼拝になぜオルガンを使うのか、キリスト教におけるオルガン使用の歴史、オルガン以外の楽器の使用の当否等々の問題はここではふれないことにする。現実の日本の教会でオルガン（大部分はリードオルガン）が使われているという実状を前提にして考えているからである。

礼拝における奏楽の中心課題は上述のとおり賛美歌の伴奏である。牧師は神の言葉を語る。会衆は神の言葉を歌う。賛美歌は聖書に証言された神の行為を歌っている。会衆は牧師の説教を聞いて応答するという受身の存在ではなく、賛美歌において会衆自身も神の言葉を歌によって語っているのである。バッハのカンタータは、「言葉による聖書の講解」としての説教に対して、「音楽による聖書の講解」と呼ばれたが、礼拝における賛美歌は本来そのような位置を持つものであろう。会衆は賛美歌によって説教しているのである。あるいはそれが言いすぎなら、賛美歌によって説教に参加しているのである。もちろんそのためには、それにふさわしい内容をもった賛美歌が必要である。あまりにも感情的な賛美歌は、個人の生活や家庭では大いに歌われてよいであろうが公同の礼拝にはふさわしくない。賛美歌の伴奏にあたって、オルガニストは、まず歌詞をよく読み、主観的情緒の過度な表出をつつしみ、神の言葉を歌う会衆の一人として唱和しつつ、堂々と、あるいは朗々と弾かねばならない。

奏楽の第二の任務は前奏である。前奏は単に時間的に礼拝の「前」に奏されるものではない。それは礼拝の内実を「前」もって知らせ、奏するのである。礼拝の内実と無関係な曲が弾かれるのではなく、礼拝の内実をあらかじめ提示することによって、会衆が祈りつつキリストの出来事を想起する備えをするのである。礼拝の内実は、キリストの出来事における世に対する神の奉仕という、客観的な神の行為であった。前奏は、この神の行為を語るものでなければならない。ちょうどオペラの序曲が、オペラの主要なテーマをあらかじめ提示するように、前奏は礼拝の主題を前もって提示する（Vor-spielen）のである。その場合に初めて、前奏は礼拝の中に明確な位置を持つことになる。当日の聖書の箇所および説教の内容との関連で曲が選ばれることが一番望ましいが、そうでない場合にも、キリストにおける神の行為を語るにふさわしい曲を、その都度の教会暦等を念頭に置きながら選ぶべきである。

奏楽の第三の仕務は後奏である。後奏は、神の奉仕への参加の決意を明らかにするところに中心的課題を負っている。前奏において提示された神の行為が、聖書によって読まれ、説教において語られ、賛美歌において歌われ、そして再びこの世へと派遣されるにあたって、その神の奉仕に参加する会衆の決意を後奏において訴え、かつ唱和するのである。神の行為を語りつつ、会衆の参加の決意を表現するのが後奏の課題である。その日の聖書の箇所、説教、歌われた賛美歌との関連で選曲されることが望ましい。Brodde もその日の礼拝の主賛美歌によるオルガンコラールを後奏に弾くことをすすめている(Orgelbuch zum EKG, Bärenreiter)。そのほかにも聖餐式・洗礼式・献金等の時のオルガン演奏がある。しかし、これらの時には、奏楽は不可欠ではない。演奏する時には、会衆の注意が演奏に集まることのないようにすべきである。

5

いよいよ「何を弾けばよいのか」という問題にはいることになる。礼拝における奏楽の位置が、上述の如きものであるとすれば、選曲の基準は次の二点になるであろう。第一は客観的な神の行為について、キリストにおける神の奉仕について語るものであること。第二は全会衆性を持っていることである。第一についてはすでに述べた。第二についてはもう少し考えてみる必要がある。奏楽の中心は会衆の賛美歌であった。前奏も後奏もそこから位置づけられねばならない。説教において語られ、賛美歌において歌われる神の行為が礼拝の中心であって、前奏はそれを指し示すものであり、後奏はそこから呼びおこされるものである。説教が会衆を抜きにしてはなりたたないように、奏楽も会衆を抜きにしてはなりたたない。会衆に理解できないような言葉で語る説教が、宙に浮いたものであるように、会衆に理解できない奏楽も宙に浮いたものである。それは会衆のレベルにあわせるということではない。自分も会衆の一人として、互いに仕えあうべく呼び出された者の感動を、会衆と共に、会衆のために演奏するのである。オルガニストは演奏会場の独奏者ではない。聴衆の前で、聴衆とむかいあって、自分の解釈と自分の技術と自分の音楽性を訴えるのではない。オルガニストは会衆の一員であって、会衆と共に、会衆のために神の行為を賛美しつつ語るのである。会衆の注意と関心がオルガニストに集まったり、演奏されている曲に集まったりしてはいけない。奏楽は、イーゼンハイムの祭壇にグリューネワルトが画いたあのヨハネの指のように、キリストにおける神の行為を指し示すものでなければならない。前奏や後奏を聞きながら会衆が祈れるような、祈りつつ神の行為へと会衆の想いがむかうことができるようなものでなければならない。あまりに個性的で技巧的な曲は会衆の祈りを中断してしまう。個性的でないということは芸術的でないということではない。芸術的であって、しかも自己主張的ではないという意味である。そのような意味での「会衆性」が選曲にあたっての第二の基準と言えよう。もちろんオルガニストは技術を磨かなければいけない。演奏の途中で間違ったりすれば、会衆の祈りは中断され、かえって関心が演奏の方にむいてしまう。技術を誇示するためではなく、会衆の祈りを支えるためにこそ、技術を磨かなければならないのである。

6

このような基準で具体的に曲を選ぶことになる。上述の二つの基準に沿って考える時には、ドイツプロテスタント教会のコラールに多くの学ぶべきものがある。特に十六・十七世紀のコラールにもとづいて作られた十七・十八世紀のコラール前奏曲・オルガンコラールは、教会音楽の宝庫とも言うべきもので、くりかえし探求して、それに精通することは、礼拝オルガニストの義務だと言ってもよい。もちろん、これらのコラール前奏曲を日本の礼拝で使用するのには、問題もいくつかある。それらはドイツ・ルター派教会の教会暦と深く結びついている。そのために教会暦に比較的関心のうすい日本の教会では、十分に使いこなすことがむずかしい。第二に、日本の賛美歌は、従来英米系の賛美歌を中心にしたものが多く、肝心のコラールの旋律そのものが会衆になじみがうすい。第三に、コラールは歌詞と密着しており、ドイツ語の歌詞を理解していない場合には、コラールの意味が十分にはとらえられないおそれがある。さらに第四としては、伝統的な教会暦というものについて、それをそのまま受けつぐことに対する疑問もあるし、それと深く結びついたコラールを無批判に崇拝することへの反対もある。これらの批判や問題点の指摘は、重要であると共に適切な批判である。しかし伝統的教会暦を越えて、新しい、日本の教会の教会暦を目指すためには、まず伝統的な教会暦について深く知り、それに精通することが必要である。教会音楽の宝庫である十七・十八世紀のコラール前奏曲を、教会暦とのつながりの中で十分に自分のものにすることが、日本人による日本の教会音楽の創造のためにも非常に大きな役割を果たすであろう。幸い「讃美歌第二篇」および「教会讃美歌」（聖文舎）の刊行によって、コラールと教会暦への理解も相当に深くなっていると思われる。またどんなに教会暦に無関心な教会であっても、アドベント、クリスマス、新年、受難週、復活祭、ペンテコステ、宗教改革記念日などは必ず守られている。教会暦というものから全く離れては地上の教会は存在し得ないからである。ドイツ語歌詞の問題も重要であるが、その日の教会暦的主題が明らかであり、かつコラールの題名（初行の歌詞）が訳出されていれば、曲の指し示すものは相当程度に理解されるであろう。

24　神はかくも世を愛し給えり

クリスマスの音楽をめぐる黙想

『信徒の友』一九八三年一二月号、日本基督教団出版局、所収。

待望

「いざ来ませ、異邦人の救い主よ」という、ドイツプロテスタント教会の宝物のような、すばらしいコラール（『讃美歌第二編』九六番）があります。

この歌が聞こえると、もうドイツの町はクリスマスの季節です。キリストのご降誕をお迎えする準備の時がはじまるのです。

ドイツの教会は、古くから、クリスマスの前の四週間をキリストの誕生を待ち望む「待降節」として守ってきました。このコラールは、その「待降節」の第一日曜日の礼拝で歌われるものです。そして、このコラールを主題にしたカンタータと呼ばれる音楽が、礼拝の中で演奏されます。

説教が言葉による聖書の解釈だとすれば、カンタータは音楽による聖書の解釈なのです。

バッハは、このコラールを主題とした「待降節第一日曜日」のためのカンタータを二曲作曲しています。ここでは、二十九歳の青年バッハが、ワイマールの教会のために作曲した、《カンタータ六一番》を聞いてみたいと思います。レコードはアルノンクール指揮の「カンタータ大全集」第一六巻〔テレフンケン〕に、ほかの待降節とクリスマス用のカンタータ三曲と共に収められています。リリングの指揮が好きな人は、コロムビアから出ている「バッハ教会カンタータ集」第二巻〔OP-7248～52-CL〕にあります。

カンタータというものを聞くのは、初めてだという人には、最初は、バロック音楽の表象力が少し大げさに聞こえて耳ざわりかもしれませんが、聞き進んでいくうちに、当時のドイツの教会の信仰の告白が、バッハの音楽を通して響いてくるにちがいありません。自分が、救われる価値のない異邦人であることを自覚して、「いざ来ませ、異邦人の救い主よ」と祈るこのカンタータは、まことに待降節の幕あけにふさわしいものです。

ところで「待降節」は、教会にとっては一年の始まりでもありました。この世の暦とは別に、教会暦という、教会独自の暦が、長い歴史の中で生み出されました。そして教会暦の一年は「待降節」から始まるのが、古くからのしきたりでした。

「待つ」ことから始まるという、この教会暦のしきたりには、深い意味が含まれているのではないでしょうか。救いは向こう側から、彼方からやって来るのです。私たちの中には、救いはありません。私たちにできることは、ただ待つことだけなのです。

イスラエルの預言者たちがひたすら救いの日を待ち望んだように、「鹿が谷川の水をしたいあえぐように」、まことに「夜まわりが朝を待つにまさって」、キリストを待ち望んでいるのです。「待望」こそ信仰者の歩みの出発点なのです。

驚きと悲しみ

クリスマス。それは、この「待望」の成就なのです。待ち望んだ救い主の出現なのです。しかし、この日、お生まれになった救い主は、何と不思議な姿でお生まれになったことでしょう。ベツレヘムの馬小屋で、布にくるまれて、飼い葉おけの中に寝かせられている救い主。客間にはそのいる場所すら持たない神のひとり子。まことに「われわれの見るべき姿なく、威厳なく、……慕うべき美しさもない」（イザヤ書五三・二）しもべの姿をとってお生まれになったのです。

「彼は多くの国民を驚かす」（同五二・一五）とある通りです。

クリスマスを迎える私たちの最初の感情は、「喜び」ではなくて「驚き」です。ユダヤの片すみの馬小屋に眠る、この貧しく名もないみどり子、この子こそ救い主なのだと天使たちは告げるのです。

天使のお告げが正しいとすれば、私たちの「待望」がまちがっていたのです。予想もしなかった答えを与えられて、初めて私たちの「問い」が自分勝手な問いであったこと、私たちの

「待望」が自己中心的な待望であったことが暴露されます。私たちは、充実した人生を待望し、生きがいを待望し、喜びに満たされた平安な人生を待望しています。

一言で言えば、幸福を待望しています。そのようものを与えてくれる救い主を待望しています。そのような私たちの待望に対して、何と驚くべき答えでしょうか。「彼は侮られて人に捨てられ、悲しみの人で、病を知っていた。また顔をおおって忌みきらわれる者のように、彼は侮られた。われわれも彼を尊ばなかった」（同五三・三）。

イザヤが描いたこのような「神のしもべ」の姿を、キリスト教会は、主イエス・キリストの姿に二重写しのように重ねて理解してきました。

「このかたこそ主なるキリストである」（ルカ二・一一）。この天使のお告げを信じる者には「人の思《おもい》にすぐる神の平安」（ピリピ四・七＝文語訳）が与えられるのです。私たちの求めなかったものが与えられるのです。いや、求めたものよりも、はるかにまさるものが与えられるのです。

本当に人間が人間として生きていくためには、何を求めるべきであったのかが、今初めて明らかにされるのです。

「求めよ、そうすれば、与えられるであろう」（マタイ七・七）。求めたものが与えられるのではありません。求めにはるかにまさる「神の」（人間のではなく）平安が与えられるのです。

クリスマスには、いつもヘンデルの《メサイア》が演奏されます。たいていは、最初の降誕の場面と途中のハレルヤの合唱だけが演奏されます。しかし、クリスマスの日に、ベツレヘムにお生まれになったみどり子が、あの「悲しみの人」であったとすれば、《メサイア》の中で、一番クリスマスにふさわしいのは、第二三曲のアルトのアリア「彼は侮られて人に捨てられ」ではないでしょうか。深い深い悲しみに満ちたこのアリアこそ、クリスマスの喜びを裏打ちする信仰の告白にちがいありません。

ホグウッドの指揮する、古楽器による《メサイア》をぜひ聞いてみてください（ロンドンL75C-1266-68）。

キャロライン・ワトキンソンの歌うこのアリアは、静かに私たちの心にしみこんで来て、ちょうど、いつ降り始めたとも気づかなかった雪がいつのまにかすっぽりと野山をおおっているように、私たちの心を包みこんでしまいます。

初演の時、スザンナ・シバの歌うこのアリアを聞いたデラニー司祭は、立ち上がって「女よ、汝はこれによりてすべての罪より赦されん」と叫んだと言われています。

涙と共にクリスマスを迎えることは、今日お生まれになったみどり子の地上の生涯を思うならば、決して異様なことではありません。

「キリストは、神のかたちであられたが、神と等しくあることを固守すべき事とは思わず、かえって、おのれをむなしうして僕のかたちをとり、人間の姿になられた。その有様は人と異ならず、おのれを低くして、死に至るまで、しかも十字架の死に至るまで従順であられた」（ピリピ二・六～八）のです。キリストがお生まれになったのは、十字架にかかるためだったと言うのです。

「わが始めに、わが終わりあり」(In my beginning is my end) というT・S・エリオットの詩があります。「始めに終わりを思う。」まことに、キリストの誕生は、十字架を目指しての誕生でした。だからこそ使徒信条は、主イエス・キリストのご生涯について、ただ「ポンテオ・ピラトのもとに苦しみを受け」としか言わないのです。

「聖霊によりてやどり、処女マリヤより生まれ、ポンテオ・ピラトのもとに苦しみを受け、……死にて葬られ……。」キリストの生と死の間には「苦しみ」以外には何も語り伝えるべきものはないと言うのです。生まれて、苦しんで、死んだ。それがキリストの地上の生涯のすべてだと言うのです。

クリスマスに、私たちは、今日生まれたこの幼子の将来に待ちうけているものを思う時、深い悲しみにおそわれます。「まことに彼はわれわれの病を負い、われわれの悲しみをになった……彼はわれわれのとがのために傷つけられ、われわれの不義のために砕かれた」(イザヤ書五三・四〜五)。

バッハの《クリスマス・オラトリオ》は、古今のクリスマス音楽の中でも名作中の名作と言ってよいでしょう。この喜びにあふれた大曲の中に、バッハは、あの有名な「血潮したたる主のみかしら」という受難のコラールを使っています。歌詞はクリスマスの歌詞があてられていますが、旋律はこのコラールなのです。

聞く人は、いやおうなしに、クリスマスの喜びがゴルゴタの悲しみに裏打ちされていることを思わされます。全六四曲の結びの合唱が、この旋律で歌われる時、私たちは「始めに終わりを思え」というバッハの声を聞くような気がします。

レコードはたくさんありますが、私はシュミット・ガーデンがテルツ少年合唱団を指揮した、素朴な、いかにもアルプスの谷間の小さな教会の、すき通るような冬の夜に、村人たちが耳を傾けているようなレコードが好きです（テイチク ULS-3211 ～ 3-H)。

感謝と賛美と喜び

最古のクリスマス賛歌は、もちろん聖書に記された、あの「マリヤの賛歌」（ルカ一・四六～五五）です。「わたしの魂は主をあがめ、わたしの霊は救い主なる神をたたえます。この卑しい女をさえ、心にかけてくださいました。」そうです。神のみ子が、しもべの姿をとって、十字架の道を歩むために生まれてくださったのは、この卑しい私のためであったのです。「涙」は「感謝」に高められます。キリストがお生まれになったのは、実にこの私のためであった、私の罪のために十字架にかかるためであったのです。

《マリヤの賛歌》（ラテン語の歌い出しの言葉をとって「マニフィカト」と呼ばれています）は、無数の音楽家によって、くりかえし作曲されました。

パレストリーナ（ロンドン L20C-1250)、シュッツ（Vox-H-4407)、バッハ（アルヒーフ MA 5068)、いずれも名作中の名作ですが、ふだん、あまり聞く機会のないオルランドゥス・ラッススの「マニフィカト」を聞いてみるのもよいと思います。プロ・カンチオネ・アンティクァという稀代の重唱グループの歌ったレコードがあります（テイチク ULS-3292-H)。

宗教改革直後の激動期に生きたカトリック音楽家のこの曲は、ぶ厚い織物のような声部の交錯の底から、沈痛な響きで賛美と感謝を歌い上げています。

ベツレヘムの誕生は、ゴルゴタの丘に通じています。しかし、ゴルゴタは、キリストの生涯の終わりではありませんでした。十字架こそ新しい命のはじまりでした。暗黒の三日ののちには、栄光の命が輝きはじめるのです。「わが終わりこそ、わが始め」（エリオット）なのです。

この復活祭の信仰からふりかえってみた時に、初めてクリスマスの出来事は透明になります。「悲しみの人」としてお生まれになったキリストの、その悲しみこそ実は喜びであり、しもべの姿こそ実は栄光の姿であったことが明らかになります。

復活祭の信仰からふりかえった時に、クリスマスは喜びに満ちた出来事となるのです。かくも世を愛してくださった、神の愛が、ベツレヘムの馬小屋から照り輝くのです。

神はかくも「世」を愛してくださった。その「世」とは、まさに毎日数万人の子供が餓死し、無数の失業と倒産によって多くの労働者が路頭に迷い、夫婦の不信、親子の断絶が家庭を崩壊にさらし、核戦争の危機に脅かされている「世」なのです。このような形で表れている私たちの「罪の世」なのです。

まことに、このような「世」のために、神はそのひとり子をつかわして、命の道を開いてくださったのです。

シュッツの「神はかくも世を愛し給えり」（コロンビア BM-OW-7868）というクリスマスのモ

テトを聞いて、この「クリスマスの音楽をめぐる黙想」を終わることにします。

三十年戦争の悲惨を生きぬいたシュッツの、ご降誕によせる深い感謝と賛美と喜びは、同時に私たちのものなのです。

25　オルガニストの心構え

一九八五年八月二二日に、日本基督教団東北教区教会音楽研修会で行った講義の記録。

私は、仙台北教会のオルガニストをしております。普段は東北学院で、宗教哲学という奇妙な学問を教えています。ですから、音楽については全くの素人で、音楽学校に行ったこともありませんし、実は、先生について習ったことも、一度もありません。全くの自己流ですが、強いて言えば、兄が先生について習っていましたので、それを家に帰ってきて、そのまま自分に教えます。とうとう、授業料を払わずに、間接的にその先生に教わったというわけです。

そんな次第で、音楽について権威のある人間ではないので、気楽にお聴きいただきたいと思います。経験は長いんです。十八の時から始めましたから、今五十一で、もう三十三年やっています。何千回礼拝のオルガンを弾いたか分かりませんし、何千曲を弾いたか分かりません。三十三年のうちの最近の十年間はパイプオルガンを弾いております。北教会にパイプオルガンが入ったものですから。それまでの二十三年間は、ずっとリードオルガンで、ご奉仕をしてきました。

ご奉仕をさせていただいていて、オルガニストとして根本的な疑問にぶつかった、二つの契機があります。一つは、なにを弾いたらよいのかという、選曲の問題です。始めのうちは、何もそんなことを考えませんでした。父が牧師でしたから、「おまえそろそろ弾けそうだから弾け」と言われまして、「いいよ」てなもんで、弾いていたんですが、今考えると、よくあんなものを礼拝の前に弾いたなあという曲を、例えば「アーベ、マリーィアー」なんてのを、平気で弾いていたんですね。教団も悪いんです。そういうオルガン曲が、教団出版局で出している曲集に、ちゃんとリード・オルガン編曲で入っていたんです。私は、ああいうものを礼拝で平気で、弾いていました。何も考えずに、只弾けるものを弾いていたんです。雰囲気で、なんとなく礼拝のイメージに合うものを、つまり、私の考えで、私の礼拝のイメージに合いそうな曲を選んで弾いたわけです。

ところが、四、五年経ち、大学二、三年の頃、「ちょっとこれはおかしいのではないか」「やっぱり礼拝の曲なんだから、礼拝にふさわしい曲があるのではないか」「礼拝にふさわしいかふさわしくないか何も考えずに、私が弾けるものを弾くということで、いいのだろうか」と考えるようになりました。

そう考えるようになった契機は、どちらの教会でもご経験があるかと思いますが、私がせっかく一生懸命に礼拝のための前奏を弾いたのに、弾き終わると礼拝の司会者が、「ただ今から礼拝を始めます」とおっしゃるんですね。今まで私が弾いていたのは礼拝じゃなかったのだろうか。礼拝がこれから始まるのなら、前奏はなんだったんだろうか。私の教会では、後奏も弾きますので、アーメンの後、曲を弾くわけです。ところが、司会者が「これで、礼拝を終わります」とおっしゃって、それから後奏なんですね。するとオルガンというのは、礼拝の中に入っていないのか、前奏と後奏は、礼拝に関係なく、その前と後ろにある音楽なのか、だいたい教会も、まあ、そんな風に思っているのではないでしょうか。オルガンなんて、あっても無くてもいいものだと。まあ、教会自身が、付け足し・ムードミュージック・バックグラウンドミュージックというような程度にしか思っていないのか。司会者にそう言われて、いささか「むっと」なったんですが、考えてみると、確かにオルガン奏楽は、礼拝には入らないんです。何故なら、私が弾いていた曲は、礼拝と何も関係がない。勝手な曲を弾いているんですから。その日読まれる聖書の箇所とも何も関係ないし、その日の説教の中身とも何の関係もない。その日歌われる賛美歌にも何か関係があるわけではない。礼拝の中身と全然関係ない曲を、ただ自分が好きだからというだけで、自分で考えた礼拝のイメージと合うというだけで弾いていた。とすると、礼拝というのは、私が勝手にイメージしてしまうものということになるのか。「やはり、これは間違っていたんではないか」と思うようになったんですね。

ですから、礼拝の前奏は、礼拝の中身と関係あるものでなければならないんではないか、そうでなかったら、礼拝が始まる前に皆の心を静める音楽ということになってしまう。やっぱり、その日の礼拝の中身を予め指し示す、会衆に「今日の礼拝は、こういう礼拝なんです」と、予め指し示し準備して貰う曲でなければ、確かに、礼拝の一部とは言えないだろうと思いました。「ただいまから、礼拝を始めます」と言われても文句は言えないなと、反省をしたわけです。

それじゃ、礼拝の中身を指し示すような曲なんて、一体あるんだろうか。私が持っていた楽譜にはないんです。バッハの前奏曲とフーガなんていうのがありますけど、あの前奏曲とは、そのフーガを指し示す前奏曲であって、別に礼拝の前奏曲ではないのです。前奏曲という名前だから、礼拝の前奏曲になるかというと、そうはいきません。それでは何を弾いたらよいのか、そういう問題に、オルガニストになって四、五年目にぶつかりまして、いろいろと考えるようになりました。これが一つ目の契機です。

二つ目は、やはり大学に入ってからですが、初めてバッハのカンタータなどというのを歌い始めたわけです。レコードで聴いたことは多少ありましたけれども、それでも一、二曲だけでした。まだ敗戦後間もない頃で、カンタータのレコードなんて滅多にありませんでした。大学の合唱団でバッハのカンタータを歌わされて、何とも奇妙な音楽だと思いました。どこがいいのか、さっぱり解からない。バッハのカンタータの一番後ろに、たいていコラールというのが付いているんです。これはドイツの賛美歌です。しかし前の方のカンタータは、どうもよくわからないんです。だいたい、初めて聴くバロックの言葉が古めかしい。奇妙な比喩に満ちていますし、音楽は十九世紀の音楽を聴き慣れた耳からすると、飛躍・誇張が多くて、異様な音楽ですね。

ところが、最後のコラールはいいんです。あそこまでいくと、涙が出てくるんです。いいなあっと思って、ドイツのルター派教会の賛美歌に、俄然関心を持ったんです。そのバッハのカンタータの後に付いているコラール……いいなあと、涙が出るんですけれども、「違うな」という気も非常に強い。コラールは、ご存知のように、我々の賛美歌にも幾つか入っています。例えば、八〇番。それにくらべて、私がそれまで大好きだったのは、たとえば、五一五番、洗礼式の時によく歌われるものです。ただ、この歌は、弾いているとついおセンチになってしまう。こういう五一五番のような賛美歌を、私は大学生になるまで、賛美歌とはこういうものだと思っていたものです。

五一五　「十字架の血に　きよめぬれば
来よ」との御声を　われはきけり
主よ、われは　いまぞゆく
十字架の血にて　きよめたまえ

つまり歌っていると、美しくておセンチになって、自分の心の底から歌えるものです。ところが、バッハのコラール、つまり先の八〇番のような歌は、そうではないんです。

八〇　わが主の御業は　ことごと正し、
妙なるみむねに　凡てを任せん。
主はわが神なり、　ともしき時の
わがたすけなり。

これもいいなあと思うのですが、どこかが違う。自分にとっては、どっちもいいんですが、非常に違う。どこが違うのかということが、礼拝とか音楽を考えるようになった、二番目の契機でした。

このコラールでぶつかった疑問は、ドイツに行くまで解けませんでした。大学を卒業後、大学院へ進み、その五年目にチャンスがありまして、西ドイツへ勉強に行きました。マールブルクという、小さな山の中にある大学町へ着きまして、下宿へ落ち着いた次の日、早速町へ出て行って、本屋で賛美歌を買い込みました。『ドイツ福音主義教会賛美歌』という賛美歌集です。そして、下宿へ持って帰って開けてみると、「きよしこのよる」がないんです。がっかりしました。そして、和音がなくて、メロディしかない。それからさらに驚いたことには、歌詞が長いのです。日本の賛美歌なら、せいぜい五、六節までですが、十節二十節はざらです。延々と続いています。そして皆古い歌ばかり。十六、十七世紀頃の歌ばかり。十九世紀の歌は殆どありません。宗教改革期の歌が殆どです。あとでジュネーブへ行って、そこで改革派教会の賛美歌を買いましたら、これはこれでまた、詩篇ばかりです。詩篇一から一五〇まで、皆歌になっているのです。言葉も詩篇のままです。だから詩篇をただ歌うようになっている。そして、やはり、古い宗教改革期のメロディばかりです。ですから、下宿で呆然とそれを見ていまして、さあ、どういうことなんだろうと考えました。そして、日曜日毎に教会の礼拝へ行きました。そうすると、賛美歌を歌う時、まず驚いたことは、メロディしかないですから、和音はオルガニストが勝手に付けるんです。一節・二節・三節と、自由に和音を変えていきます。大体言葉に合わせて変える。明るい言葉には明るい和音、悲しい言葉には悲しげな和音、ただ四本の和音ではなく、それぞれにリアライゼーションが入っている見事なオルガン伴奏でした。私の出席していた教会のオルガニストは、大学のオルガンの専門家でしたから、余計にそうだったのでしょう。それにしても賛美歌が長いのにはうんざりで、十節二十節を延々と歌うのです。ただ、ありがたいことに、ドイツでは腰掛けて歌います。あれが立ったままでは、とても持ちません。その代わり、聖書を読む時に立ちます。聖書を読む時には、御言葉に敬意を表して立って聞く、そして賛美歌は腰掛けて歌うのです。

歌詞もメロディも古めかしくて、そして、多分私が外国人のせいだと思いますが、言葉が髭文字で、見ただけでは歌えない。いちいち活字を追って読まないと歌えない。見てぱっと歌うことはできない。日本語なら見てぱっと歌えますでしょう？　読まなくとも。そうやって三、四ヶ月、丹念に読みながら歌っていると、或る時、「ああ、これはお説教だ」と思ったんです。「賛美歌の歌詞はお説教なんだ。聖書についての解説なんだ。これが違っていたんだな」ということに、忽然と気がついたんです。後になって考えてみると、「牧師は言葉で説教し、会衆は賛美歌で説教する」というのは、ルターが言ったことなのです。ですから、前にルターの物を読んだ時に、そのことが心に残っていて、それを、思い出したんだろうと思うのですが、ルターのその言葉を読んだ時にはピンときませんでした。ドイツへ行って、コラールを実際に歌っているうちに、なるほどそうだ、ドイツコラールの歌詞は、五一五番のような「主よ我が身を清め給え」というような、私の救われた喜び、私の感謝、私の悩み苦しみを歌っているものとは違って、聖書の言葉が、極端に言えばそのまま歌詞になっている。聖書の言葉を詩に直して、賛美歌の歌詞にしてある。賛美歌とは、つまり、聖書を歌っているわけです。ですから、賛美歌は、私の気持ちを歌うのではなくて、神様の言葉が、賛美歌で語られている。会衆は賛美歌で神の言葉を告げているのだという、ルターの考えが出てくるのは、当然なわけです。

私は、礼拝と音楽というものがどういう関係にあるのかということを、改めて考えるようになったのです。いろいろ調べてみますと、「礼拝ってなんなのか」というところからスタートするしか、やっぱり方法がないのです。礼拝の前奏曲に何を弾くかということは、やっぱり、礼拝にふさわしい曲を弾かなければならない。とすればですよ、礼拝が何なのかわからなければ、礼拝にふさわしいということがどういうことなのかも全然わからない。それでは、礼拝とは何なのか、そこから考える必要が出てきたわけです。

私達プロテスタントの礼拝の本質は何かというと、宗教改革に遡らなければなりません。宗教改革で、ルターは一体何を変えたのか？　カトリックとプロテスタントでは礼拝のどこが違うのか？　そこを調べてみますと、宗教改革というのは、それまで私は教義の改革だと思い込んでいたのですが――全く迂闊なことに、宗教哲学や神学を勉強していたにもかかわらず――実は、宗教改革とは礼拝のやりかたを変えたことなのです。教義なんてのは、そこから抽象化されて出てきたのであります。

ルターは、ヴィッテンベルクで、思想を述べ伝えたのではありません。何をやったかと言うと、三つのことをやったのです。先ず第一番目に、礼拝堂からマリア様だの色々な聖者の像をみんなとっぱらってしまいました。ヴィッテンベルクの広場へ積んで、火を付けて燃やしたりしました。そして何もない所で礼拝する。つまり、神様と私の間には、ただ聖書が在るだけだ。ローマ法王とか、神父様とか、マリア様とかいう人が、間に入って取り成しをして下さるという訳にはいかない。聖書というものに、私がどう聴くか、聖書を通して、神様が私に語っておられる、それに聴くか聴かないかが、勝負の岐れ道。礼拝堂に、聖書と十字架だけを置き、そこで礼拝する。これが、宗教改革によって変わった第一番目だったと思います。

二番目は、聖餐式のやり方が変わったということです。それまでカトリック教会では、聖餐式の時に、神父さんがパンを神様の方へ向かってお献げするのです。それから、こちらへ向いて、皆に分けてくれるのです。つまり、カトリック教会の考えでは、パンはキリストの身体ですから、我々が我々の罪の贖いのために、キリストを犠牲に献げたのだと考えていたわけです。つまり、私達が献げたものとして、キリストを神様に、犠牲としてお献げした。こうして、イエス様が死んで下さったお陰で、私の罪が赦された。こういうふうにあの当時のカトリック教会は考えていました。ルターはそれをひっくり返しました。それは間違っている。イエス様は我々が神様にお献げしたものではない。我々がまだ神様を信じず、信仰にも目覚めない時に、先ず神様が、御自分の独り子をこの世に遣わして、私達のために十字架にかかって死んで下さった。神様の方から我々の所に来て、我々の足を洗い、我々の重荷を背負って下さった。だから神様の方から私達へ——まるっきり逆なのです。

だからルターは、聖餐式の時に向こうは向かない、初めからこちらを向いて、神様の方から私達へ「取りて食らへ、これは汝らのために裂かれし、我が体なり。取りて飲め、これは汝らのために流されし、我が血なり。」神様の方から、恵みの賜物として与えられ、私達に出来ることは、唯信じていただくことだけなんです。それ以外何もない。「あなたがたが私を愛したのではない。まず、私があなたがたを愛したのである。」聖書にこうあります。ですから、聖餐式の執行の仕方が変わったのです。こういう形でルターは、字も読めない、神学なんて何も解らない、当時のドイツのお百姓さんに、本当の信仰を与えていった。こういう具体的な形の中に、信仰によってのみというふうな教義が、表されていったのです。

三番目に変わったのが、会衆が歌い始めたことです。これはもう、決定的な違いでした。カトリック教会では、会衆は列席者であって、歌いませんでした。今では、カトリックは大幅に改革されて、プロテスタントと殆ど変わらなくなりました。おそらく、そう遠くない先に、二つは再合同するだろうと、私達は考えています。ルターの頃はそうではありませんでした。まだ、礼拝は全部ラテン語で、丁度私達が仏教のお葬式で、お坊さんがお経で何を言っているのか解からないのと同じで、会衆であるお百姓さん達は、礼拝の儀式を、只列席して美しいなあと眺めて聴いているだけでした。主役は聖職者で会衆は唯列席しているだけ、それがカトリックの礼拝というものでした。ルターは、それを間違いだとしたのです。つまり、神様が私達の足を洗って下さった、つまり、全ての人が、神父さんだろうと、お百姓さんだろうと、変わりがない。私達は皆清い。そうされたことによって、私達は互いに愛し合うことを許された。愛し合う交わりへと、呼び出された。それが教会というものなのです。キリストは「汝らの罪は赦されたり。」と言って下さっている。「行け、再び罪を犯すな。」矛盾しているようですが、でもその通りなのです。罪を毎日犯しながら、毎日赦していただくしか、生きられない。私達が罪を犯さなくなるのは、天国へ入ってからです。誰もが皆、罪赦され、交わりへと入れていただいている。神様の方から私達の所へ来られ、私達のエゴイズムが打ち砕かれて、互いに愛し合うことが出来るようにしていただいた。

もちろん、私達はクリスチャンになってからも、さっぱり人を愛することが出来ないのです。他人を妬んでみたり、蔑んでみたり、憎んだり、争ったり、そんなことばかりしている。それでは罪は赦されていないかというと、そうではなくて、私達は今では、私がどんなに悪いことばかりやっていても、私の本当の御主人様はイエス様である、今も罪が私を捕らえていて放さないけれども、罪よりもっと大きな力に支配されていて、絶望はしない。最後の勝利はイエス様の愛にあることを知っている。それがルターの言う「大胆に罪を犯せ、そして、大胆に許しに与《あずか》れ」ということになるのです。だから、教会という所は、イエス様によってエゴイズムから解放され、互いに愛し合うことを許していただいた、愛し合う交わりへと召し出された者の集まりなのです。

プロテスタントにとっては、救いとは、一人だけ救われることではないのです。自分だけが救われているということは、絶対に無いのです。救われるということは、人と愛し合うということで、神を愛することと隣人を愛することとは、同じなのです。ということは、つまり、イエス様によって互いに愛し合う交わりへと召し出された仲間がいて、その集団がエゴイズムから解き放たれて、互いに愛し合うことを許していただいたその喜びを、共に告白する、共に神を賛美する。そういう、共に語り、共に祈るということが、必ずそこに出てくる。そして、大勢の人々が共に語り、共に祈る時、必ず、それは、ある一定のリズム、一定の抑揚を取るようになる。一人で語ったら、早口の人もいる。ゆっくりとしゃべる人もいる。しかし皆で一緒にやろうと思うと、一定のリズムを持たなければいけません。主の祈りがそうです。その民族の長い歴史と伝統によって、その言語によって、みんな違ってきます。一番解かり易いのがシュプレヒコールで、日本では「原水爆ハンターイ」「……をゆるすなー」で、後半が上がりますが、同じ事をドイツ人は、「オイロ シ マ ニー」と、タン タ タ タンのリズムで言います。オイロシマはヨーロッパと広島をくっつけた造語で、ニーはネバーモアの意味です。

ですから教会で皆が、神の恵みによって互いに愛し合う喜びに燃えて、神を賛美する時に、必ず、その国の言語によるあるリズムと抑揚を持ってくるのです。これは絶対に避けられないことです。ですからルターに言わせれば、「教会は歌う教会でなければならない」ことになります。歌う教会とは、そこに、交わりがあるということです。一人だけが救われているなら、歌わなくてもいい。独り祈っていれば良いのです。しかし皆が救われたときは、皆で共同の告白をし、共同の賛美をする。その時に必ず、ある一定のリズムと抑揚を持ってくるようになります。やがてそれが整備されて、歌になってくるわけです。

実際、賛美歌の歴史もそうでした。聖書を朗読する、始めはギリシャ語で、間もなくラテン語で、そのラテン語のリズムがグレゴリオ聖歌へと整備されていったのです。ですから、グレゴリオ聖歌とは、ラテン語のリズムで読んでいるものということです。ただ、それがラテン語であるために、会衆には全然解らなかったのです。それをルターは、皆で一緒にということをやりました。これが万人祭司という考え方です。全ての人が、神の言葉を伝える。但し信徒は専門家ではありませんので、お説教は出来ません。賛美歌という、きちんと出来上がった、神を讃《たた》え、神の御言葉を知らせる、そういうものを皆で一緒に歌うことによって、神の恵みを告げ知らせている。だから賛美歌はお説教なんです。

これらが宗教改革に於ける、ルターの三つの考え方なのです。いろんなものをとっぱらって、先ず「聖書のみ」。その次には、聖餐式の向きが変わった。私が神を拝むのではなくて、その前に、神様の方から私達の所へ来て我々に恵みを与えて下さった。そういう、私の信仰に先立つ、神の客観的な恵みの御業というものが、先にある土台で、それに対する私達の応答が、礼拝です。私達に出来るのは、その客観的な神の恵みを、感謝し信じて受け入れるだけ、つまり、「信仰のみ」ということです。それを受け入れた時、自分のエゴイズムを打ち砕き、互いに愛し合う交わりへ召し出して下さった神の恵みを、皆で一緒に褒《ほ》め讃え、告げ知らせる、会衆の賛美と告白とが、賛美歌というものになったのです。ですから、宗教改革の第三番目は、歌う教会が出来たわけです。

「よく歌う教会は、よく祈る」こう言われます。歌わない教会は、教会ではありません。賛美歌を細々と背を丸めて歌っているのは、救われていないのです。本当に神様によってここへ集うことを許された、一週間のこの世の悩みの中で悪戦苦闘して、そして疲れ果てて、日曜日に礼拝へ戻ってきて、そこでもう一度神の恵みによって、立ち上がることを許される。「ようし、もう一度やってみるか」「明日から、しんどいけれど、この世に行って頑張ろう」と、そう思う。その湧いてくる力と喜びというものが、皆を満たしていれば、自ずとそこには高らかな賛美が生まれてくる筈なのです。ですから賛美歌というものは、本当に大事なもので、賛美歌を心から歌うということは、そこにキリストの恵みの御業が、生きて働いているということなんです。これが多分プロテスタントの礼拝というものなのではないかなと、思うようになったのです。

そこで礼拝とはどういうことか、一口で言えば、私達の働きに先立つ、客観的な神の恵み・恩寵の御業があって、その客観的な神の御働きによって、私達が会衆へと召し出された。つまり、神の御言葉が、「汝の罪赦されたり」という御言葉が、現実になったのが教会なのです。御言葉が受肉したものが教会で、だから、教会は「キリストの体である」と言われているわけです。「汝の罪赦されたり」という御言葉が現実になった時に、そこには互いに愛し合う共同体が生まれます。御言葉が現実化した、受肉したということは、つまり、キリストの体としてここに教会がある、そういうことなんです。

ですから、礼拝というのは、そういう客観的な神の恵みが述べ伝えられ、客観的な神の御言葉によって、そこに会衆が形成される、それが礼拝というものなのです。その都度新しく、神の恵みによってそこに会衆が作られている。プロテスタントの礼拝とはそういうことなんだということを、いろいろと宗教改革の勉強をしてみて初めて、なるほどそうなんだと、こう思ったわけです。

そうすると、私達が弾く前奏曲とか後奏曲とかいうものもですね、多分、そういう礼拝にふさわしい曲、つまり、客観的な神の御業を伝えるような曲、そして会衆性を持った曲、そういうものが礼拝に一番ふさわしいのではないか、というふうに思うようになったのです。それじゃ、そういう曲ってあるんだろうかということなんですが、実は、ドイツで歌っている賛美歌というのは、さっき言ったようにそういうものなのです。先ほどの八〇番のように、私の気持ちを歌うのではなくて、神の恵みが歌われているわけです。私ではなくて、神様の働きが、そこで歌われているわけです。それを、皆で歌っている。ですから、ドイツの教会の賛美歌、コラールとドイツ語で呼んでいるもの、これが、客観的で会衆性を持った音楽というものの、いわば代表的な音楽ではないかと思ったのです。ルターは、これを会衆が皆で歌えるように、皆の良く知っているメロディを持ってきて――「血しおしたたる」などは、その当時歌われた愛の歌だったわけです――それを持ってきて、ルターの苦心した歌詞を付けて、そうやって歌わせたんです。あるいは、カトリック教会で歌われていた、ラテン語の賛美歌を持ってきて、それにドイツ語の言葉を付けて、皆に解るようにして歌わせる、というようなやり方で、ルターは皆が歌える、易しい、単純で、しかもそれが、私の気持ちじゃなくて神の御業を歌うような歌を作っていったのです。

ルター自身が作曲したものも幾つかあります。こうやって、コラールというのが生まれたのです。そして実はこのコラールは、ルターの宗教改革以後、十六世紀と十七世紀の二百年にわたって、たくさん作られました。このたくさん作られたコラールを基にして、その次の十七世紀と十八世紀にかけて、そのコラールに基づいたオルガン曲がたくさん作られました。これはもともとは、教会で皆がコラールを歌う時に、賛美歌の前奏として作られたものです。

今私達は、賛美歌をそのまま弾いていますが、ドイツの教会では、先ほど言ったように、メロディしか書いてありませんから、前奏を一本の指で弾くのも芸がありませんし、前奏を弾くオルガニストは、そのメロディに自分で適当な和音を付けたり、フーガにして追っ掛けてみたり、或いはパラフレーズして長くしてみたり、いろいろやって、そして歌いだしたのです。これがコラール前奏曲と言われるものです。やがてこれが、暫くするうちに、芸術的にだんだん洗練されてきて、或る程度長い、独立した曲になります。だから、賛美歌の前に弾くのではなくて、礼拝の前奏に弾いてもおかしくないくらいの、立派なものが出来あがっていくわけです。

その一番有名なのが、バッハが作った十八のコラールです。ああいうのが、コラール前奏曲の芸術的に完成した姿と言えると思います。しかし私の考えでは、バッハになると、客観的で会衆的な音楽から、もう一つ次の時代に移りかかっているのです。ベートーベンとかブラームス、メンデルスゾーンというような、会衆の音楽ではなくて、天才の個性の表現としての音楽という、これは近代主義の時代です。一人一人が、自分の個性を主張する、そういう個性の音楽にはっきり変わるのです。共同体の音楽から、個性の音楽へと、音楽の歴史は大きく変わっていくのですが、バッハはちょうどその境目の音楽なのです。バッハは最後までコラールを捨てませんでした。だから皆の賛美歌に基づく音楽を作ったのですが、バッハの天才は、その皆の音楽に基づく曲を作りながら、紛れもないバッハの個性という〝はんこ〟を捺しているのです。聴けばすぐバッハの曲と解ります。例えばバッハのちょっと前の人、パッヘルベルという、バッハのお兄さんの先生ですが、この人の曲を聴いてすぐにパッヘルベルの曲だと解る人は滅多にいません。個性がそんなに強くないのです。パッヘルベルらしさというものがないのです。ヘンデルの先生でツァッハウという人がいますが、それも同様で、この二人の曲を並べてみて、どちらがどちらの曲かを解る人は、余程音楽史に詳しい人です。それこそ本当にコラールに基づいた皆の歌なのです。

バッハまでの十七世紀および十八世紀に、コラールに基づくたくさんの音楽が作られました。ドイツでは毎週日曜日に、オルガニスト達が自分で作った、そういう曲を弾いていたわけです。

これは本当に不思議な話ですが、ドイツの教会ではバッハまで——バッハ以降は、もうそういうことはなくなるのですが——どこの教会でも、毎週オルガニストは自分で作曲したものを弾くものでした。誰かの曲を弾くというのは恥で、自分の曲を弾くものだったのです。バロック時代には、オルガニストは作曲家でもありました。演奏家と作曲家とは、別々ではありませんでした。そういうオルガニストがどこの教会にもいたのですから、大変な時代だったわけです。何万というオルガニストがいて、それが皆自分なりに作って弾いていた。ですから、中には、そんなに上手ではない作曲家による、易しいものもあります。

有難いことに、易しくて直ぐに弾けるものが、いっぱいあります。バッハのような大天才が作ったものは、難しくて簡単には弾けませんけれども、そうでない人も、自分で作らなければならない時代だったのです。同じバッハの一族でも、ヨハン・クリストフ・バッハ、バッハの伯父さんですが、彼が日曜日ごとに作って弾いていたコラール曲が、出版されています。大変易しいです。これなら、実際、バイエルを終わったくらいではちょっと難しいかも知れませんが、チェルニー三〇番まで終わっていれば、なんとか弾けます。三声でペダルも手で十分弾けます。弾けなければ、一オクターブ上げる、といったような、非常に単純な曲が、たくさん出ています。

資料を御覧下さい。初めはこんなもの（第四番目）から弾かれると良いでしょう。

本当に淡々と「神様は、あなたを愛しておられますよ」ということを、これなら誰にでも言えるのです。牧師さんでなくたって。有難いことです。「神様は、私を愛して下さいます」これだけです。別に論理を駆使して、大演説をしているわけではない。バッハのオルガン曲は、大演説なんです。こちらの曲は、実に単純な曲ですが、繰り返し繰り返し弾いても、決して飽きないし、礼拝に弾くには本当に良い曲です。こういうのが、コラール前奏曲と言われるものなのです。

こういうものが、ドイツでは山ほど作られた。それぞれの教会にオルガニストが直筆で書いた曲がずっと残っておりまして、それを今世紀になってから、学者が集めて次々と出版しているのです。日本では注文して手に入れますが、教会の礼拝にふさわしい曲とはこういうものなのだと思います。こういうものを一度弾くと、もうその後では、例えばメンデルスゾーンなんかを礼拝で弾いてみると、やっぱりおセンチだなあという感じがします。余りにもロマンチックで、情緒過多で、おしゃべりしすぎだ、もっと単純に「神様は愛ですよ」それでいいんじゃないか、そういう音楽の方が礼拝にふさわしいんじゃないか、と思うのです。もちろん、ベートーベンのソナタやシューマンの歌曲は本当に素晴らしい。しかしそれらは、礼拝の前奏曲にはならないのです。あれはやはり、悩みに打ちひしがれた時、失恋の苦しみに悩んでいる時、或は自分の中に雄々しい力が湧き上がってきて英雄的に立ち上がる時、そういう時には素晴らしい音楽ですが、そうでなく自分が神の愛の対象であるということに目覚めた時、私が主体でなく、対象なんだ。神様が主人公なんだ。私は神様の愛の対象である。そのへんの、石ころ・草・花と同じ、神様がそのひとつひとつを愛しておられるように、同じように私も愛していただいている。私は何も特別な存在でもなく、野の花・空の鳥・そこに生えている一本の草と同じ土くれであって、神様がそれをこねて、息を吹き込んで下さった。そのお陰で、今ここにこうして生きていられる。信仰とはこういうことなんだと思います。

こういうことを、淡々と宣べ伝える音楽、そういうものが礼拝に一番ふさわしい音楽ではないかと、思うようになったのです。もしかしたら、私の独り善がりかも知れませんが、プロテスタントの歴史や、宗教改革の歴史や、ヨーロッパの教会の音楽の歴史を調べてきて、どうも教会の音楽の極意は、そういうところにあるらしいと考えました。だから、難しい立派な曲を弾く必要はなくて、易しい曲でいいから、客観的な神の業を告げているような曲、そしてそのことによって私達が愛し合う会衆へと呼び出されているのですということを告げているような曲を、捜す必要があるのではないか、そう考えました。

そうすると、もちろんいろんな曲があります、現代にも、そういうものを作ろうとしている音楽家はいっぱいいます、ですけれども、先ず差し当たりは、客観的で会衆性を持った音楽のいわばお手本として、多少古いですけれども、十七世紀・十八世紀のドイツで作られたコラール前奏曲というものに先ず慣れること、それを身に付けることが一番いい第一歩になることではないかと思います。

一度、礼拝の後で、「音楽について、お話しさせて下さい」と言って、ほんの一言でいいですから、「こういう曲をこれから弾いてみたいと思う、これは私が勝手に選んでいるのではなくて、礼拝の中身を指し示すような音楽になっているのです。」と言ってからお弾きになればよいでしょう。

コラールは聖書の箇所にくっついているので、その日の聖書の箇所が分かれば、必ずそこに基づいたコラール前奏曲があります。

コラールの第一行がその題となっておりますが、できれば、その日に弾くコラールの題を、週報に印刷して貰うと良いです。奏楽者が何を弾くのか、会衆は全然分からないよりは、例えば、「神は我がやぐら」とあれば、ああこれを弾いているのかと解るし、賛美歌に「神は我がやぐら」が歌われれば、会衆は「ああ、前奏はこの賛美歌を予め指し示していたのか」と良く解ります。そうすれば会衆は、オルガニストがでたらめに前奏曲を選んでいるのではなく、どうも何か考えて選んでいるらしいと、だんだん解ってくる、そうすると、前奏と礼拝とがバラバラにならないで、本当に礼拝への前奏ということが、はっきりしてくると思います。

オルガニストにとって、一番大事なのは、前奏ではなくて、賛美歌の伴奏です。前奏は、場合によれば無くても、礼拝は出来ます。黙禱で始めることも出来ます。しかし、賛美歌を歌わないでは、礼拝にはなりません。聖書だけでも礼拝になりません。賛美歌は聖書の、歌による解説なのです。賛美歌を歌わないということは、そこに一つの交わりが生まれていないということで、礼拝にはなりません。

説教がなくても、礼拝になります。聖書が本当に読まれて、賛美歌が歌われれば、それは礼拝になる。説教は大切ですが、聖書の朗読が一番中心で、その聖書について、言葉で解説するのが説教、歌で解説するのが賛美歌だと、そう思います。だから賛美歌は、礼拝のなかでは絶対に不可欠で、その伴奏は、オルガニストの一番大切な仕事だと思います。どうすれば本当に良い伴奏が出来るか、このことが、オルガニストにとって、一番大きな課題ということになります。それについては、明日のレッスンで、具体的に先生に教わって下さい。

26　礼拝と賛美

一九九三年五月六日に、日本基督教団松山教会で行った講演の記録。著者ウェブサイトより。

教会のオルガニストをしていて一番悩むことは「選曲」です。どんな曲を弾けばよいのかということを考えると、どうしても、そもそもなぜ「奏楽」というものがあるのか、それよりもそもそも「なぜ歌うのか」ということを考えないわけにはいかなくなります。そして最後には「礼拝とは何か」、「なぜ礼拝は賛美とオルガンを必要としているのか」という問題につきあたります。そのような問題について考えた結果を、少しずつ、求められるままに、各地のオルガニスト講習会でお話してきました。その中の一つをご紹介します。

なぜ歌うのか

川端純四郎と申します。今ご紹介いただきましたように、大学では宗教哲学という浮き世離れした学問を教えておりまして、音楽の専門家ではありませんので、どうぞ気楽にお聞きいただきたいと思います。権威のない話ですから、あまり真に受けずに、ああこんなオルガニストもいるんだなと、同じオルガニスト仲間として、手探りで、礼拝の奏楽とはどういうものなのか、ああでもないこうでもないと考えている仲間の一つの考えということでお聞きいただきたいのです。なにしろ困ったことに、教会のオルガニストはどんな勉強をすればよいのかとか、礼拝の奏楽とは何なのかとか、そういうことについて書かれたものは何もないのです。神学校もいっさいそういうことは教えません。ですから牧師さんも全然ご存じないのです。これは神学校が悪いのです。日本の神学校は賛美歌を軽んじてきました。ですからどこの神学校にもそういう講義の科目がありません。牧師さんが分からないのですから、オルガニストは手探りで自分で考えているわけです。私も手探りでやってきました。そのことを申し上げて、皆さんの一つの参考にしていただければと思います。経験だけは長いのです。オルガニストになって私は四〇年です。去年、私の教会で、オルガニスト四〇年感謝会というのをやって下さいました。大変嬉しかったのですが、下手なオルガンで四〇年、皆さんよくがまんして歌って下さったと思って、私の方こそ感謝したい気持ちでした。四〇年オルガニストをやって、その間に考えたことはいろんなことがあります。考えるのは商売なものですから、大学の教師で、そして宗教哲学とか神学とかそういうことを勉強していますので、そもそも教会の礼拝とは何なのか、そこで奏楽、オルガニストとは何をすればよいのかというようなことについて、ずいぶん悩んだり考えたりしました。そのことを聞いていただいて、皆さん方の一つの参考になればと思いますが、絶対正しい答えなどというものはないのだと思います。皆が手探りなのです。これからお聞きいただくことも私なりの一つの中間報告としてお受け取りいただければ幸いです。

まず最初に考えたいことは、キリスト教は「歌う宗教」だということです。これはキリスト教の大きな特徴です。仏教はあまり歌いません。キリスト教ぐらい歌う宗教はありません。礼拝は賛美に満ちています。なぜ歌うのかと言いますと、それはどなたもお分りのことで、歌わずにいられないからです。だから歌う。理屈抜きです、これは。なぜならキリスト教は救いの宗教だからです。罪の赦しの宗教だからです。仏教は違います。仏教は悟る宗教です。すべては無であると悟るのです。諸行無常と悟る宗教です。永遠に変わらないものは世の中にはない。すべてのものは変化するというのが仏教の奥義ですが、これは真理だと思います。私は仏教は真理だと思っています。理屈で言えば仏教は正しい。だけど、すべてのものが変化すると悟っても嬉しいことはありません。それは真理ですし事実ですけれども、嬉しいことはありません。

キリスト教はそうではなくて罪の赦しの宗教です。私の罪を赦していただいた、神は愛であって、愛ということは受け入れるということですから、神様が私を受け入れて下さっている、このままで受け入れて下さっている、それが私たちの信仰です。こんな私でも生きていてよいのだとおっしゃって下さっているのです。こんな罪深い私を神様が受け入れて下さっているという、そのしるしがナザレのイエスというお方です。あのイエスは、この世に来られて、神は愛であるいうことを「教え」られただけではなくて、そのように「生きて」下さったのです。そあのハンセン病の患者、その当時には汚れた者とされて、近寄ることすら誰もしなかった。そういう時代でした。今はハンセン病に対する偏見はかなり消えつつありますが、昔は神に呪われた者として差別されていました。ところがイエスはハンセン病の患者にさわって、「お前の罪は赦された」と語りかけられるのです。神様はあなたを受け入れておられる、神の国はあなたのために来ているのだとおっしゃるのです。あるいは不倫の現場で捕らえられて、石で打ち殺されようとしている女性を人々がつれてきてイエスに訴えた時、イエスは黙って地面に何か書いておられた。人々がさらにつめよると、顔をおあげになって「あなたたちの中で罪のない者がまず石を投げるがよい」と言われてまた地面にものを書いておられた、しばらくするうちに一人去り二人去りついに誰もいなくなってしまって、女とイエスだけ残された、イエスは顔をおあげになって「女よ、あなたを罰する者は誰もいないのか、私もあなたを罰しない、行け、再び罪を犯すな」と言われた。このような物語が聖書にはたくさん伝えられています。それらの物語はイエスの「ふるまい」を語っています。つまりイエスという方は、「神は愛であって私たちを受け入れて下さっている」という教えを述べに来られたのではなくて、その神の愛が形をとってこの世に現われた方であるのです。「神は愛だ」という真理を伝えたのではなくて、現実に神の愛でもって人々を愛して下さったのです。

キリスト教は「神は愛だ」という真理を伝えているのではなくて、あのイエスにおいて神の愛が現実に起こったという、その出来事を伝えているのです。だから弟子たちはイエスを、まことに人間であったのですが、そのイエスにおいて神の愛が肉体となって現われた方だと信じたのです。これがキリスト教の極意だと思います。仏教が永遠の真理を告げているとすれば、キリスト教は出来事を伝えているのです。神の本質について教えるのではなくて、あのイエスにおいて神が私を愛して下さっているという出来事を伝えているのです。だから、私たちは歌わずにはいられないのです。「こんな私でも生きていてよいのだ」と言って下さるのです。このみにくい、エゴイストの私に、お前は受け入れられているのだ、そのままでよいから私のところへ来いと言っておられるのです。その喜びです。罪の赦しの信仰、これがキリスト教の信仰だと思います。ですから私たちは歌わずにいられないのです。

罪というのは難しい問題ですが、私たちの実際の経験から言えば、罪というのはエゴイズムのことだと思います。自分さえよければ、という、これが罪の具体的な姿です。そのエゴイストの私を、エゴイストであるにもかかわらず、神様は受け入れて下さっているのです。

もちろん私たちのエゴイズムは、クリスチャンになってからでもなくなりません。私も洗礼を受けてから四三年になりますが、相変わらず夫婦喧嘩はします。息子二人も成人して家を離れて生活しています。たまに帰ってくると嬉しいのですが、三日もいると喧嘩が始まります。何となく目障りで、朝はもっと早く起きたらどうだとか、夜はいつまでもぐずぐずしていないで早く寝ろとか、必ずコゴトが始まります。洗礼を受けて四三年もたって、人間は少しもりっぱにならないものなんです。ですから、洗礼を受けて何十年たっても私たちは罪人であって、エゴイストで、自分勝手で、人を憎んだり、軽蔑したり、うらんだり、ねたんだりしています。ですけれども、洗礼を受けた、クリスチャンであるということは、私がエゴイストであっても、そんなエゴイズムの力、罪の力よりもはるかに大きな力が私を捕らえていて下さる、そのことを知っているわけです。罪の力やエゴイズムの力がこの世の最後の支配者ではない、この世の最後の支配者は神の愛である、ですから、私がエゴイストであっても、罪人であっても何も恐れることはないのです。そんな罪の力よりももっと大きな神の愛が私を捕らえて、私を受け入れて下さっているのです。そのことを私たちは知っています。ですから、喜びに満ち、歌わずにいられないのです。

ルターという人は「大胆に罪を犯せ。そして大胆に神の赦しにあずかれ」と言いました。つまり罪を犯すことを恐れるな、そんな必要はない、煙草を喫んでは悪いのではないか、酒を飲んでは悪いのではないか、今日も私はウソをついた、今日も夫婦喧嘩した、そんなことを考えるよりは、今日も神様は太陽を昇らせて下さった、今日も神様は小鳥を歌わせて下さっている、今日も私の心臓はチャンと打っているではないか、神様が私を生かして下さっている、その喜びを誉め讃えることのほうが大事なことなのだというのです。だから、罪を犯すことを恐れるな、もちろんわざと悪いことをやれというのではありません、罪を恐れるな、罪よりももっと大きな神の愛を信じて、神の愛にゆだねて大胆に生きなさいという、これがルターの信仰だったのだと思います。

ですから私たちは、こんな私でも生きていてよいのですから、喜びに満ちて、歌うたいつつ、この世で生きることを許された日々をすごして行きたいと思います。キリスト教は歌う宗教なのです。歌わないキリスト教はニセモノです。声の不自由な方はおられます。声は出なくても、心の中は喜びに満たされています。キリスト教は喜びの宗教です。これが「賛美」の根本です。

第二に、私たちは、ただ歌うのではなくて、「共に」歌うのです。これもキリスト教の大きな特徴です。仏教というのは孤独な宗教です。一人座禅を組んで一人悟りを開くのです。しかしキリスト教はそうではなくて交わりの宗教です。なぜなら、神の赦しは、私のエゴイズムを打ち砕いて、私を他者と共に生きることができるようにして下さるからです。本当に受け入れられたことのある人だけが、また人を受け入れることができるようになります。これは事実だと思います。神さまの愛が私を変えて、生まれ変わらせて、他者と共に生きることができるようにして下さるのです。もちろん私は相変わらずエゴイストで、毎日人を憎んだり裏切ったりしているのですが、にもかかわらず、そのエゴイズムの壁を通り抜けて、神の愛が私の中からあふれて、そして私の中から出ていって、隣人とともに生きるようにして下さるのです。ですからキリスト教は、一人だけ救われるということはないのです。キリスト教で救われるということは、他者と共に生きるようになるということなのです。一人だけが救われるなどということはありません。イエスもそう言われました。いちばん大事な戒めは何ですかと聞かれて「心をつくし精神をつくし思いをつくして主なるあなたの神を愛しなさい。」これが第一である、第二もこれに等しい「自分を愛するようにあなたの隣人を愛しなさい。」この二つは切り離すことができないのです。神を愛することと隣人を愛することは一つなのです。神の愛が私の中にあふれて、私も他者と共に生きたいと思わせるのです。

現実にはなかなかできないのですが、にもかかわらず、隣人と共に生きようと私たちを駆り立ててくれるのです。

ですから、神を信じるということは他者と共に生きるようになるということなのです。信仰は孤独なエゴイズムから愛へと私を呼び出し、一人ぼっちだった私を他者と共に生きるように作り変えて下さるのです。そこに「交わり」が生まれます。これが教会です。罪人である私たちが、教会という愛の交わりに入れていただく、互いに愛しあう信徒の交わりがあるということが、神の愛が真実であることのしるしなのです。だから、救われるということは、教会の交わりに加えられるということなのです。教会の交わりの中に神の愛が形をとって現われているのです。だから教会はキリストの「からだ」だと言われます。

神の愛の受肉なのです。罪人である私が他者と共に生きるようにしていただいた、これがキリスト教の信仰という出来事です。

だから私たちは「共に歌う」のです。私たちが共に歌う時、そこに神の愛が現実となっているのです。神は愛だということが、理屈ではなくて、神は愛だそうだと言うのではなくて、神は愛で「ある」ということなのです。その愛の具体的な形をとった姿が、共に歌っている、共に喜びに満ちて神を賛美している、その教会の礼拝の出来事の中に現われているのです。ですから、教会は「歌う教会」であり、キリスト教は「歌う宗教」である、それも「共に歌う宗教」であるのです。聖書を読んでみてもそうです。最初から賛美にあふれています。イエスもその弟子たちも賛美を歌いながらオリブ山へと出かけて行きます。キリスト教は歴代歌い続けてきました。神の愛を賛美し続けてきた教会でした。

カトリック教会の成立

ここに一つ問題があります。それは、この神の愛が、あのナザレのイエスにおいて現実となったということは、聖書によらずには分からないということです。これはキリスト教にとっては避けられないことです。キリスト教は歴史の宗教だからです。ここでも仏教とは違います。仏教は真理を教える宗教ですから、お釈迦さまが見つけなくても誰かが見つけます。

お釈迦さまは最初に気がついたというだけで、お釈迦さまが気がつかなければ、誰かが気がつくのです。真理はいつでもそこに存在しているのですから。仏教では、真理は私たちの中にあるのです。気がつきさえすれば、自分の中に真理はあるのです。一切衆生悉有仏性なのです。すべてのものはそのままに仏なのです。

キリスト教は違います。真理を伝える宗教ではないのです。真理を伝えているのではなくて「あなたは愛されている」という出来事を伝えているのです。恋愛論をやっているのではなくて、恋人が目の前に現われて「私はあなたを愛している」と訴えているのです。愛とは何ぞやなどという恋愛論をやっているのではないのです。そんなヒマはないので、目の前に「お前を愛している」というお方が現われているのです。その出来事を伝えているのです。神が私たちを愛して人となってこの世に現われて下さったという出来事を伝えているのです。

ですから、キリスト教は歴史上の出来事から離れられない宗教です。永遠の真理を伝えているのではなくて、歴史上の出来事を伝えているのです。あの時、ナザレのイエスにおいて、神の愛が人間となってこの世に来て下さったのだという、その出来事を伝えているのです。しかし、イエスの直弟子はイエスと直接ふれていましたからともかくとして、孫弟子になると直弟子が書いて残したものを読むほかありません。ですから直弟子たちはイエスの言葉と行いを必死に伝えました。やがてそれは丹念に書き残されることになります。あのイエスというお方が、ひとり子を賜うほどに世を愛して下さった神の愛の人となった姿なのだということを、聖書に書き記したわけです。

　ですからキリスト教は、聖書なしには存在しません。ナザレのイエスについての生きた証拠は聖書しかないのです。聖書なしにはキリスト教はなりたちません。仏教はお経がなくてもなりたちます。木の葉が一枚落ちるのを見て諸行無常と悟ることもできます。これでお釈迦さまと同じになるのです。しかしキリスト教はそうはいきません。聖書という、あのナザレのイエスについての証言なしにはなりたちません。

　そうすると、問題が一つ出てきます。それは字が読めないとだめだということです。大変やっかいな問題です。聖書という書物の宗教ですから、長い間、キリスト教では、字の読めない人のために読める人が説明をしてあげなければなりませんでした。神が私たちを愛して、人となってこの世に来て私たちのために死んで下さった、と聖書に書いてありますよ、と説明をしてくれる人が必要なのです。困ったことに、昔は字の読める人が少ししかいませんでした。こうして神様と信者の間に字の読める人がはさまって、聖書について取り次いでくれるわけです。

これがカトリック教会というものです。カトリック教会の成立については、もちろん複雑な歴史的事情があるわけですが、根本のところは、このような仕組みだったのではないかと私は考えています。大多数の人が字が読めない時代には、こうなるほかなかったのです。こうして神と信者の間に、聖職者という特別な資格を持った人が入ることになります。この人が言っていることが本当か嘘かたしかめようがありません。こちらは字が読めないのですから。聖書にこう書いてあると言われたら、それきりで、嘘をつかれればおしまいです。実際、カトリック教会は聖書にない教理を作り出してしまいます。聖書ではバプテスマと聖餐以外にサクラメントはないのですが、カトリック教会は、結婚とか塗油とか、いくつもサクラメントを追加します。それが聖書に本当に忠実なのかどうか、字の読めない信徒にはたしかめようがないのです。ですから、極端な話、神様より神父さんのほうが重要になってきます。神父さんが何と言うかできまってしまうのです。神様と信徒の間に聖職者という特別な存在がはさまって、この人が救いの鍵をにぎっている、これがカトリック教会というものです。

特にキリスト教が迫害されている間は問題は小さかったのですが、コンスタンチヌス大帝の時に公認され、さらにローマ帝国のご都合で国家の宗教にされてしまいます。そうなると教会に皇帝から土地や財産がどんどん寄付されて、教会が金持ちになってきます。そうすると聖職者はその財産の管理者として社会的な地位が高くなります。聖職者が死んだ時に後継者に誰を選ぶかということになると、一番立派な人、一番有能な人、一番偉い人ということになります。教会の中に「偉い人」というのが出てきたらおしまいです。教会は、皆、神の前で罪人なのです。それが、この世の中で豊かな財産を持つようになると、教会の指導者は権力者になってしまいます。教会が、広い土地を王様から寄付されて、自分で耕やすわけにいきませんから、農民に耕やさせて年貢を取るということになります。教会が地主になってしまい、支配者になってしまうのです。そうなると聖職者というのは、いわば普通の信者とは身分が違う、特別な人ということになります。聖職者は、一生独身を守ったり、断食をしたり、毎日何回もお祈りをしたり、普通の人にはできない特別な祈りをしたり、普通の人にはできない特別なことをする人、普通の人よりは神さまに近い人、神さまの前に出る資格のある人、こういう考えがいつのまにか生まれてきます。

ここから、カトリック教会の中に、いつのまにか、行為義認思想、つまり、善い行いをして、立派な人間になって神の前に出るという考えが生まれることになります。神の前に出るのは、その資格のある立派な人だけで、一般の信徒はそんな資格などありませんから、神の前には出られない、つまり、神の前に出られるのは聖職者だけで、その聖職者が神と信徒のあいだに立って取り次ぎをするという考えです。懺悔告解も直接神にするのではなくて、神父さんにして、神父さんが神に取り次いでくれるのです。そうなると、神を賛美するのも、神の前に立っている聖職者だけの仕事ということになります。初代教会では、信徒の全員が礼拝で神を賛美していたのですが、しだいに、聖職者が礼拝の中心になって、信徒はお客さんになってしまいます。神の前に立っているのは聖職者だけなのですから、神を賛美するのも聖職者だけになります。こうしてカトリック教会では、歌うのはお坊さんだけになります。会衆は黙って聞いているだけです。

今では、カトリック教会は、第二ヴァチカン公会議で大改革をやりまして、プロテスタントよりも進んでいるほどで、信徒も自国語で歌うようになりましたが、昔は違いました。信徒は「アーメン」とか「ハレルヤ」とか短い合いの手をいれるだけでした。ヨーロッパの教会堂は、たいてい十字架の形をしています。上から見た時の平面図が十字架になっています。その短い頭の部分が祭壇で、そこで聖職者たちがミサをあげるわけです。英語の建築用語では、この祭壇の部分をクワイヤーと言います。つまり聖歌隊席ということです。そこに聖職者が何十人かいて、そこで賛美を歌うからです。集まった信徒は聞いているだけです。ですから、ミサをあげる、と言います。ミサをあげているのは聖職者であって、信徒は見ているだけです。仏教の葬式と似ています。和尚さんが何人か前にいて熱演しているのですが、信徒は何もすることはありません。ただ見ているだけです。私たちは、ただ参列しているだけで、私たちが主人公ではありません。死者を無事にあの世に送る儀式を和尚さんがあげているだけで、私たちはいわば見物客にすぎません。カトリックのミサというのも、昔はそうだったのです。聖職者が「あげる」のであって、信徒はミサに「あずかる」だけです。信徒が主人公ではないのです。ですから、カトリック教会では、ミサは信徒がいなくても可能だったのです。現在では認められていませんが、聖職者だけで「あげる」ことができました。

プロテスタントはそういうわけにはいきません。あとでくわしく申しあげますが、会衆がいない礼拝というものは存在しません。御言葉が告げられ、聞かれ、賛美が歌われるのが礼拝ですから、会衆なしには礼拝はできません。牧師が一人で礼拝するというわけにはいきません。カトリックでは、ミサをあげるのも聖職者、賛美を歌うのも聖職者です。ですから、聖職者は歌が歌えなければなりません。ですからカトリックの聖職者は、神学校で音楽の訓練を受けます。聖書だってフシをつけて読んだのです。歌い方もきまっていて、詩編なら八種類のプサルモディーというのがあって、それぞれ歌い方が違っています。そのような訓練された聖職者が歌うのですから、あのような「ミサ曲」というすばらしい音楽が生まれてくるのです。大きい教会ですと、毎週、何十人か聖職者によって「ミサ曲」が歌われました。信徒は、ただ、よかったなーと感心して帰ってくるということになります。これがカトリック教会のミサというものでした。ですから、カトリック教会とは「歌う聖職者集団」だと言ってもよいと思います。

礼拝改革としての宗教改革

そこにマルチン・ルターという人が現われてきます。ルターもカトリックのお坊さんでした。まじめな人でしたから、カトリックの教えに従って、神の前に出る資格を身につけるために、一生懸命努力しました。聖職者として神の前に立つ資格を身につけるために独身を守り、お祈りをし、聖書を読み、断食をしました。ヴィッテンベルクの修道院にこもって修業しました。しかし、修業すればするほど、ルターは、自分が神の前に出る資格がなくなることに悩んだのです。神の前に出る資格が身につけばつくほど、神の前に出る資格がなくなるという、その矛盾に苦しんだのです。なぜかと言うと、自分が立派な人間になればなるほど、俺は立派な人間だという驕り高ぶりがうまれるのです。俺は何日も断食しているのに、あいつは旨いもの食って遊んでばかりいる、あんなやつに較べたら自分はずっと立派な人間だ、という高慢が頭をもたげてくるのです。

イエスの譬えにあるとおりなのです。パリサイ人と取税人が宮にきて祈るのですが、パリサイ人は立って、神よ、私はこの取税人のような人間でないことを感謝します、私は週に二度断食し、全収入の十分の一をささげています、と祈ります。しかし取税人は、目を天に向けることもしないで、胸を打って、神様この罪深い私をお赦し下さい、と祈るのです。そしてイエスは言われます。あなたがたに言っておく。神に義とされて自分の家に帰ったのは、この取税人であって、あのパリサイ人ではない。

たしかにその通りなのです。ルターは、このパリサイ人と同じ立場に立たされていることに苦しんだのです。自分が努力して、神の前に立つ資格のある立派な人間になればなるほど神から遠くなる、その自分の驕り高ぶりというものに本当に苦しんだのです。そして悩みに悩んだあげく、ローマ人への手紙一章一七節の言葉に救われたのです。これがプロテスタントの出発点となった聖句です。そこにはこう記されています。「神の義は、その福音の中に啓示され、信仰に始まり信仰に至らせる。」

神の義というのは、それまでのカトリック教会では神の性質だと解釈されていました。正義の神、つまり「義なる神」というように形容詞として理解されていたのです。神が正義の神だから、その神の前に立つ私たちも正しい人間でなければならないのです。だから、一生懸命努力して良い行いをして正しい人間になって神に近づく、というのがカトリック教会の考え方でした。

しかし、福音というのは罪の赦しの出来事です。もし神の義というのが神の正義だとしたら、「義なる神」だとしたら、罪を赦したのでは正義は成り立ちません。正義というのは罪を罰するから正義なのです。悪を滅ぼし罪を罰するのが正義なのであって、罪を赦したのでは正義は成り立ちません。もし「神の義」が「義なる神」ということなら、「神の義は最後の審判の中に示される」はずです。それなら理屈は通ります。今は、悪がのさばり、不正が栄えていても、神の正義は最後の審判の日に明らかになる、悪人が滅び罪人が裁かれるのです。

ところがパウロは、「神の義は福音の中に示される」と書いている。罪を赦すのが神の義なのだ、と言うのです。だとしたら、「神の義」というのは「義なる神」という神の性質ではなくて、罪人である私を赦して「義とする神」ということに違いありません。「義」というのは、神の前に立つ資格なのです。神が義なる神だから私も義人でなければならないのです。パウロは、神の前に立つ資格のない私を「義」として下さる神の恵みを告げているのです。罪人である私を赦して、その罪のままで神の前に受け入れて立たせて下さる神の愛を告げているのです。「神の義」というのは、神の性質ではなくて神の働きなのです。「義なる神」ではなくて「義とする神」なのです。形容詞ではなくて動詞なのです。「神の義」とは、私の罪を赦してそのまま受け入れて、私を義人、正しい人間として下さる神の働きなのです。この言葉によってルターは救われました。この私を神が受け入れて義人とみなして下さる、神の前に立てる者として下さる、その神の働きこそ福音なのです。私にできることは、ただ一つ、その神の恵みを信じて受け入れることだけです。私が努力して立派な人間になって神の前に出るのではないのです。そんなことは不可能です。私にできることはただ一つ、そのままでよいから私のもとに来なさいと呼んで下さる、その神の恵みの言葉を信じて神のもとへ行くことだけです。私にできることは、信じることだけなのです。

ここに信仰義認というプロテスタントの根本教理が成立します。行いによってではなく、ただ信仰によってのみ「義」と認めていただくということです。「信仰によってのみ。」これがプロテスタントの第一原則なのです。

この神の愛は聖書によってのみ示されているのですから、「聖書によってのみ」というのが第二原則となります。そして私たちは、すべての人が、そのままで神の前に立つ「義人」とされているのですから、すべての人が「聖職者」であることになります。神の前に立つ人を聖職者と呼ぶのですから、ここに「万人祭司」という第三の原則が生まれるのです。この三つがプロテスタントの三原則です。

もちろん「万人祭司」だからと言って、皆が牧師になるわけではありません。銀行員もセールスマンも、そのままで神の前に立っているということであって、教会には聖書の説き明かしに専念し、教会のお世話に専念する人が必要です。牧師がいらなくなるわけではありません。ただ、牧師も桶屋も靴屋も皆同じように神の前に立っているのだというのです。そうだとすれば、万人が聖職者なのですから、万人が歌うことになります。今までは神の前に出ている聖職者だけが歌ったのですが、プロテスタントではそうではありません。すべての人が信仰によって神の前に立つ者とさせていただいているのですから、すべての人が歌うのです。万人祭司ですから万人が歌うのです。神を賛美する資格は特定の聖職者にしかなかったのですが、今や、すべての人が聖職者なのです。ここに「会衆賛美歌」というものが、歴史上初めて誕生することになります。

私たちは礼拝で賛美歌を歌うのはあたりまえだと思っているのですが、これは大変なことだったのです。会衆が歌うということは画期的なことだったのです。そのかわり難しい歌は歌えません。皆が歌うのですから。カトリックのお坊さんは訓練されていますから、パレストリーナとかジョスカンとかラッソとか難しいミサ曲でも歌えるのですが、私たち会衆は訓練されていませんから、やさしい曲でなければ歌えません。ですから、ルターは、ドイツの民謡からメロディを取ってきて、それに聖書の言葉をつけて歌わせたわけです。これがルター教会の賛美歌で、これをコラールと言いました。皆が歌う歌ということです。

コラールというのは、元来はギリシャ悲劇で、舞台の上で役者が演じている時に、舞台の前に大勢コロス（群衆）というのがいて、これが舞台で役者が演じている合間に下で合唱をするのです。皆で歌うコロスの歌がコラールなのです。そして言葉がよく聞き取れるように斉唱でした。つまり和声のつかない単旋律の斉唱をコラールと呼ぶわけです。会衆が歌う単旋律の歌です。ですから、カトリック教会のグレゴリオ聖歌が、元来はドイツ語でコラールと呼ばれていました。それがルター教会の会衆賛美歌に転用されるようになったのです。

聖書の言葉にメロディをつけて斉唱するのがコラールです。ルターが初めて会衆にコラールを歌わせた時、集まってきたドイツの農民たちはオズオズとしか歌わなかったそうです。自分たちが歌う習慣がなかったからです。「聖職者でもないこの私が神さまをほめ讃えるなんて、そんなおそれ多い」と思ったのです。私たちにはそんな資格はないと思っていたその時、ルターという人が、あなたも聖職者だ、あなたも神を賛美することを許されているのだと言うのです。リーダーが一人、説教壇の階段の途中のところに立って一行ずつ歌うのです。会衆はその後について歌いました。「ヌン フロイト オイヒ リーベン クリステン ゲマインデ……(いざ喜べ愛するキリスト者たちよ……)」というのが最初の賛美歌だと言われています。一行歌って「ハイ」と言うと会衆が後について歌います。初めはオズオズと小さな声で歌っていたのですが、二番、三番と進むにつれて、しだいに大きな声になり、皆で歌いだして、終わる時には礼拝堂中に賛美があふれたと伝えられています。礼拝が終わると会衆は、おぼえたばかりのコラールを皆で　歌いながら礼拝堂をあとにして行きました。会衆が歌うということは、それほど画期的なことだったのです。我々がいわば礼拝の主人公である、聖職者ではない、聖職者がミサをあげて信徒はただそれにあずかっているのではなくて、信徒が神を賛美する、それが礼拝なのだということです。ここに「会衆」というものが誕生します。プロテスタント教会というのは「歌う会衆」だと言ってもまちがいではありません。カトリック教会は「歌う聖職者集団」でした。会衆が歌うのは、最初に申し上げたように、神が私たちを受け入れて他者と共に生きるようにして下さったからです。その喜びを歌わずにいられないのです。それを私が信じて受け入れた時に、そのことは聖職者だけの特権ではなくて、すべての人に対する神の恵みの現実なのです。それが聖書のメッセージなのです。聖書に「神は愛である」と書かれていて、牧師がそのメッセージについて現代の言葉で説き明かす、その牧師の説き明かしが現実になった時、私たちは歌わずにいられないのです。牧師の説教が私たちの心に全然響かずに、空しく過ぎ去ってしまうとしたら、歌う気にはなれません。ですから、会衆が歌うということは、牧師の説教が空しく語られてはいなかったということの徴なのです。牧師の語った聖書の言葉が現実となって、それこそ肉体となって私たちの中に宿った時、そこに賛美が生まれます。

神の愛、すなわちイエス・キリストにおける愛の出来事が形をとってここに現実となった、肉体となって宿った、それが教会なのです。教会が「キリストのからだ」だと言われるのはそのためです。キリストの愛が具体的に形をとってここに現われている、私たちが「交わり」の中でたがいに愛しあっている、その「交わり」が歌となってあふれていく、そこに礼拝があります。賛美しない教会は教会ではないはずです。だから「聖書」と「賛美歌」はワン・セットなのです。聖書だけでは教会になりません。賛美がなかったら教会にはなりません。聖書の言葉が現実になった、その徴が賛美なのです。聖書のメッセージが具体的に形をとってここに現われた時に、私たちは歌わずにはいられないのです。これが「賛美」ということの意味ではないかと私は思っています。プロテスタント教会にとって「賛美歌」というものは、どうでもよいものではないのです。なければならないものなのです。教会はもっと本気で賛美歌のことを考えなければなりませんし、賛美歌を大事にしなければなりません。歌わない教会は教会ではないからです。

賛美歌とオルガニストと奏楽

この「賛美」を支えるのがオルガニストの務めです。ですから教会にとってオルガニストは大切な存在です。人数が少なければ、オルガンなしでも賛美は歌えます。それでも、新しい歌を歌うのはオルガンなしには困難です。ましてや人数が多くなるとオルガンなしには讃美を歌うことは不可能になります。オルガニストの一番大切な務めは賛美の支えです。讃美なしに礼拝はありませんし、オルガニストなしに賛美は困難です。ですから代々の教会はオルガニストを牧師と同じぐらい大事にしてきました。どこの教会も専任のオルガニストをちゃんと有給でおいていました。教会オルガニストというのは、ヨーロッパでは高い地位です。牧師は聖書について言葉で説き明かしをするのですが、会衆は聖書の言葉を賛美で説き明かしているのです。ルターは「牧師は言葉で説教し、会衆は賛美歌で説教する」と言いました。たしかにそうだと思います。賛美歌は説教なのです。「神は私を愛して下さった」ということを賛美歌で宣べ伝えているのです。初めて教会に来た人は、牧師の説教と同時に賛美歌に心を打たれます。「神は愛である」ということを皆が歌っているのです。「神は愛である」と言われただけでは、「そうかな」と思うだけです。「神は愛であって、私を愛して下さった」と皆が歌っている時に、こんなに皆を歌わせる力が、ほんとうにそこに働いているということに打たれるのです。

私の父は三〇年ほど前に死にましたが、牧師でした。京都の田舎の丹波という山の中で生まれました。高等小学校を出ました。昔は小学校六年の上に二年間の高等小学校というのがありました。そこまでしか勉強しませんでした。父はもっと勉強したかったのですが、貧乏な農家ですから、中学校などにいく金はないのです。勉強したいのなら自分でしろと言われて、東京に出て、昼間は働いて夜学の中学校に行ったのだそうです。農家の子どもですから、馬の扱いになれていますので、馬車引きになったそうです。あのころは、明治の話ですから、まだトラックなどありません。どんな荷物でも馬車で運んでいました。つまり、今で言えば、ダンプの運転手になったようなものです。まだ一五歳で、家を離れて、だれも知った人のいない東京へ出てきて、昼間馬を引きながら夜は夜学で勉強をしたのです。淋しくて淋しくてしかたがなかったそうです。友だちはだれもいない、口をきけば関西弁がおかしいと言って笑われる、夜学帰りに淋しくて、下宿にまっすぐ帰る気にもなれず、ただぼんやりと町を歩きまわっていたら、煌々と電気のついている建物があって、その中から歌が聞こえてきたのです。その歌の声に吸い込まれるように父は中に入りました。これが教会だったのです。本郷中央会堂でした。祈祷会の終わったところで最後の賛美歌を皆で歌っていたのです。平岩愃保という偉い先生がおられて、何も知らずに入っていった父をやさしく迎えて下さって、次の日曜日には礼拝に来てみろと誘われて、それで父は教会にいくようになったのです。ですから、私の父は、死ぬまで「オレは賛美歌に救われた」と言っていました。あの時、賛美歌が聞こえてこなかったら、教会には入らなかっただろう、と。そのくせ歌は下手で、しょっちゅう音程をはずして賛美歌を歌っていましたが、そんなことは関係ありません。賛美歌には人を救う力があるのです。大勢の大人がいっしょに歌うという習慣は日本にありません。賛美歌を皆が声高らかに歌っているのを聞いた時、初めて来た人は、そこに神の愛が皆を動かして、こんなに一生懸命に歌わせているという、その神の力を実感するのです。これは牧師の説教と同じ力を持っています。賛美歌は説教なのです。それを支えるオルガニストの任は大きいのです。聖書のメッセージが歌となってあふれていくように、これを支え、導いていくのがオルガニストです。それがオルガニストの最大の仕事なのです。オルガニストの責任も光栄も大変重いものがあります。

そこでオルガニストの一番大切な仕事は賛美歌の伴奏です。どうしても私たちは前奏曲のほうに力を入れたくなります。前奏曲の練習は一生懸命するのに賛美歌の方はその場でパッと開いて適当に、という傾向がなきにしもあらずではないでしょうか。これはあべこべです。前奏はなくても礼拝になります。黙祷で始めたって礼拝になります。しかし賛美歌を歌わない礼拝はありえません。聖書を読んでお話を聞いて終わりということはありえません。それはお話が、私たちの心に歌い出さずにはいられないような喜びを呼び起こさなかったということです。聖書が読まれ、説教があって、その聖書の言葉に答えて私たちが神の愛をたたえ告げ知らせる賛美があって、聖書と説教と賛美で礼拝が成り立っているのです。

説教には聖餐が含まれています。二千年前のナザレのイエスというお方の生涯と十字架の死において、神の愛が肉と血となって現われたのだということの形をとった徴としての聖餐は、耳で聞く説教に対して、目に見える言葉として、説教の一部分なのです。ですから、正確に言えば、聖書と説教・聖餐そして賛美歌、これが礼拝を成り立たせているということになります。ほかのものは絶対に必要なものではありません。もちろん、あるにこしたことはありません。しかし、それがなければ礼拝にならないということではないのです。前奏はなくても礼拝にはなりますが、賛美歌なしには礼拝にはなりません。ですからオルガニストは賛美歌の練習をしっかりやらなければなりません。

ところで賛美歌というのは、さきほど申し上げましたように、ルターもカルヴァンも、聖書の言葉をやさしい民謡のような旋律にのせて歌ったのです。聖書の言葉はそのままでは賛美歌になりにくいですから、日本語で言えば五七五のように、ドイツ語やフランス語なら脚韻をふんだ韻律詩になおして、それに旋律をつけたわけです。「神はわがやぐら」は詩編四六編ですし、「起きよ夜は明けぬ。ものみらは叫べり」はマタイ二五・一―一三の譬え話です。それを三節に直して歌っているわけです。「十戒」の賛美歌もありますし「主の祈り」の賛美歌もあります。「主はわが牧者なり」もあります。このように聖書の言葉を詩に直して歌わせたのがコラールの一番古い形です。だんだん後になって、コラールにも聖書の言葉そのままではなくて、もっと自由な歌詞が生まれてきますが、最初は聖書を歌っていたのです。

カルヴァンはルターよりも徹底していて、神を賛美するのにも聖書の言葉で賛美をすべきであって、自分勝手な言葉ではだめだと言うので、「詩編」以外には賛美歌は認めませんでした。カルヴァンの教会では聖書の詩編に旋律をつけて歌うのが賛美歌でした。これが「詩編歌」というカルヴァン派独特の賛美歌です。カルヴァンが生きていたころには、まだ三十曲ぐらいでしたが、やがて詩編一編から一五〇編まで全部賛美歌になります。今でも改革派教会の賛美歌は最初に詩編歌が一五〇曲あって、詩編一編から一五〇編まで全部の歌が出ています。その後に詩編以外の賛美歌が追加されるようになっていますが、ともかく詩編を歌うというのが改革派教会の伝統です。ですから詩編一〇〇編が賛美歌の一〇〇番になります。カルヴァンの教会の詩編歌をスコットランドの教会が受け入れて自分たちの賛美歌としました。スコットランドのプロテスタントたちがメリー女王に弾圧されてジュネーヴに亡命し、カルヴァンの教えを身につけて帰国しました。ですから、カルヴァンの伝統はスコットランドに一番忠実に伝えられているのです。その後たくさんの詩編歌がスコットランドで新しく作られました。讃美歌第二編の四一番「主はわがかいぬし」もその一つです。それらの新しい歌を加えてスコットランド教会の賛美歌が生まれていくわけですが、その時に古いジュネーヴの「詩編歌」からたくさんのものを受け継ぎます。

その一番有名なものが賛美歌五三九番「あめつちこぞりて」という頌栄です。私たちの賛美歌の五三九番です。右上にルイ・ブルジョアとあるのは作曲家の名前です。「ソーム・ド・ダヴィド」つまりダビデの詩編、そして、ジュネーヴとあります。一五五一年ですから、宗教改革から三〇年ほどのことです。以来四五〇年歌い続けられてきた古い古い賛美歌です。

一五五一年というのは、日本では川中島の合戦のころのことです。そのころの歌で、今でも歌われている日本の歌などというものはありません。これは賛美歌がどんなに長い命を持っているかということの見本です。ルター派では聖書のほかに教理問答なども歌詞になりますが、しかし、中心は、やはり聖書の言葉です。つまり、賛美歌というのは、私の気持ちを歌うのではなくて、聖書の言葉を歌っているのです。ここが、私たち日本の教会にとって、ピンと来ないところなのです。

私たち日本の教会が歌っている賛美歌は十九世紀にアメリカで作られた賛美歌が大部分です。これも仕方がありません。歴史がありますから。日本のプロテスタントのキリスト教は、十九世紀にアメリカの宣教師たちが伝えて下さったのです。幕末から明治の始め、身の危険を顧みずにアメリカから日本にやってこられて、福音の種子をまいて下さった尊い先輩たちです。ですから、日本の教会にはアメリカ開拓地教会のやり方がそのまま入ってきます。特にピューリタンと言われる人たちが世界伝道に一番熱心でした。これがキリスト教だと私たちは思い込んでいるのです。ですからパイプオルガンなんて無いのです。開拓地に幌馬車で行くのにパイプオルガンなど積んで行けませんので、足踏みのリードオルガンというものを作って、開拓地どこへ行ってもこれ一つあれば賛美歌が歌えるということなのです。礼拝堂は簡素な作りで、礼拝の順序も複雑な典礼など含まない、簡素な、説教と賛美を中心とした礼拝になります。西部へ西部へと開拓地伝道をしていって、最後に南北戦争の後の大信仰復興運動の中で海を越えて日本にも及んできます。ピューリタンですから禁酒禁煙です。ですからヨーロッパの教会に行った日本人はびっくりします。礼拝は儀式的で、牧師が平気でパイプをくゆらせワインを楽しんでいます。日本の教会は、このようなピューリタンの西部開拓地型キリスト教が入ってきたのです。これにはこれで、大変すぐれた特徴があるのですが、賛美歌については、若干の問題がありました。それは、十九世紀のアメリカの賛美歌が、私の罪の嘆き、私の救われた喜びを歌うという、個人的・主観的傾向を持っていたということです。もちろん、さきほどの「あめつちこぞりて」のように、宗教改革以来の伝統は守られていたのですが、しかし、新しく作られる賛美歌には圧倒的に個人的・主観的傾向の歌が多かったのも事実です。これには、十九世紀という時代が、全体としていわゆる自由主義神学の時代であったことが大きく影響しています。人間中心主義の主観的信仰の時代だったのです。そのために、この時代の賛美歌もやはり私の感情、私の気持ちを歌う歌が圧倒的に多く作られました。

そのような賛美歌が日本に伝えられたために、私たちも、いつの間にか、賛美歌というものは、私の思いを歌うものと思い込んでいます。

しかし、元来は、そうではなくて、賛美歌というものは、「私の」気持ちではなくて「神の」みわざを伝えているものなのです。神が私たちのためにこの世に来て私たちのために死んで下さったという神の愛のみわざを、歌で宣べ伝えているものなのです。主観的な私の気持ちではなく、客観的な神のみわざを歌っているのです。つまり賛美歌は説教なのです。客観的な神のみわざをほめたたえ宣べ伝えるというのが賛美歌の元来の姿でした。これは大事なことだと思います。もちろん、私の気持ちを歌う賛美歌も必要ですし、それも大切です。しかし、それが賛美歌のすべてではないのです。「神は愛である」ということを宣べ伝える賛美歌、これこそ賛美歌の根本なのです。そして神が愛であるからこそ、私たちはそれを「共に」歌うのです。

そういう客観的で共同的な歌、それが賛美歌です。客観性と会衆性と言ってもいいでしょう。それが次第にふくらみを持って、私の気持ちを歌う賛美歌も生まれてきたということだろうと思います。両方必要なのだと思います。日本の賛美歌で言えば五百番台にそういう個人的・主観的な賛美歌がたくさんあります。「雑」という分類になっています。これはずいぶんひどい話で、雑な賛美歌とか雑な信仰などということはないと思います。ここには、ややおセンチな、しかし良い歌がたくさんあります。私も大好きです。しかし、礼拝で五百番台の歌だけというのは、やはりまずいのではないでしょうか。もっと客観的な会衆性のある歌を最初に歌って、後で五百番台を歌うのは良いと思いますが、全部こういう歌だけというのでは、礼拝はどうしても個人主義の礼拝になってしまうと思います。やはり、さきほど練習した「試用版」の一番のようなものがほしいです。

オルガニストは、このような賛美歌の伴奏者なのです。会衆が心から神の客観的な愛のみわざを讃めたたえることができるようにオルガンを弾くこと、これがオルガニストの任務です。では前奏というのは、何のために弾くのかと言うことですが、これは文字通り「前」奏で、その日の聖書や説教の内容を「前」もって指し示すもの、今日の礼拝はこういう礼拝ですよ、ということを会衆に告げ知らせて、心の準備をさせること、それが前奏の役割だと思います。ですから、礼拝とまったく関係のない曲を弾くのは少しおかしいことになります。その日の礼拝の内容と何の関係もない曲を勝手に弾くのでは困ります。私も長いこと、そういう曲を弾いていました。自分が弾ける曲を弾くというだけでした。その曲が、その日の礼拝や説教や聖書と関係があるかどうかなどと考えたこともありませんでした。シューベルトのアヴェ・マリアだとかヘンデルのラルゴだとか、好きな曲で、自分の弾ける曲を勝手に弾いていました。しかし、本当はそれでは困るのであって、やはり、本当は「礼拝にふさわしい」曲でなければならないはずです。つまり礼拝の内容と関係のある曲ということです。では「礼拝の内容と関係のある」というのは、どういうことかと言いますと、いろいろな形が考えられます。たとえば、その日の説教の主題と同じ内容の音楽、あるいはその日読まれる聖書の箇所に関係のある音楽、さらにその日の教会暦に適切な音楽、それともそういう直接の関係がないとすれば、賛美とか礼拝とか悔い改めというような内容の音楽です。こういうものを弾けば、これは間違いなく礼拝と関係のある音楽ということになります。そして、実は、そういう音楽はたくさんあるのです。そのお手本としては、さしあたりドイツの十七・十八世紀のコラール前奏曲というものがあります。

さきほどお話した、ドイツのルター派教会の会衆賛美歌がコラールですが、そのコラールの旋律に基づいてオルガニストがオルガン曲を作ったのがコラール前奏曲と言われるものです。最初は、そのコラールを歌い出す前に賛美歌の前奏として弾かれていたのですが、次第に大きな曲になって独立したものになります。コラール前奏曲と言いますが、実際には礼拝の前奏曲として使えるものです。すべてのコラールについて、町々村々のオルガニストが作ったのですから、コラール前奏曲というのは無数にあります。そこで、その日に読まれる聖書の箇所がわかれば、その聖書の箇所に基づいたコラールがありますから、そのコラールに基づいたコラール前奏曲を礼拝の前奏にすれば、今日の礼拝の聖書にふさわしい曲が前奏で弾かれるということになります。あるいはドイツの賛美歌集の分類で礼拝とか賛美とか祈りというような分類に入っているコラールを選んで、そのコラールに基づくコラール前奏曲を弾くことも可能です。たとえば、さきほどの「試用版」一番は「主イエス・キリストよ、み顔をわれに向け給え」というコラールで、礼拝という分類に入っていますが、これに基づくコラール前奏曲は、それこそ無数にあります。それを弾けば、礼拝の前奏としては、まさに適切な、会衆に礼拝の準備をしてもらう音楽ということになります。もとになるコラールが客観的で共同的な賛美ですから、それに基づく前奏曲も客観的で共同的な音楽です。そういうものが礼拝の前奏曲としてはふさわしいのではないでしょうか。何か、このような工夫をして、ただ適当に曲を選ぶのではなくて、その日の礼拝にふさわしい音楽を探す、そういう努力が必要だと思います。私も四十年かかって、どの日にはどんな曲が良いのかということを一覧表にしてパンフレットに作ったものがあります。そういうものをご覧になれば、どの日曜日にはどういう曲が適切なのかということの一つの手がかりになると思います。

もちろん、これは一つのお手本にすぎません。ルターの宗教改革が一五一七年に始まって、それから百年ほどの間にコラールがたくさん生まれました。その生まれたコラールについて、つぎの十七・十八世紀にコラール前奏曲がたくさん作られました。これがプロテスタント教会の礼拝音楽のお手本というべきものです。これをまず、いろいろ練習してごらんになって、礼拝音楽というものが身についたら、今度は自由に他の曲に、特に現代の曲にどんどん広げていかれればよいと思います。最初は、やはり、教会の宝ですから、十七・十八世紀のコラール前奏曲に習熟されることが大切だと思います。幸い、これらの曲は、そんなに難しくありません。パッヘルベルとかツァハウ、シャイトとか、実際に礼拝で演奏された、易しい曲がたくさんあります。はじめは、多少古めかしいなとお感じになると思いますが、しばらく弾いているうちに、やはり、こういう客観的な、会衆的な音楽が礼拝の音楽としては本当にふさわしいなというように思われると思います。会衆も毎週そのような曲を聞いているとおのずから礼拝が客観的・共同的な礼拝に高められていくようになります。そして前奏曲の題名、つまりコラールの最初の一行ですが、それを週報に書いてもらうと良いのです。そうすると、会衆はそれを読んでいますから、あとで聖書朗読の時に、前奏曲の題名と聖書の箇所が関係があったのだとか、説教の題と前奏曲の題が関連があったのだとか気付きますので、前奏曲がでたらめに選ばれているのではないことに気付くようになります。そうすると、礼拝が前奏から始まって、前奏を聞きながらその日の礼拝の心の準備をすることができるようになります。そのようなコラール前奏曲の楽譜はどうすれば手に入るのかということは、お問い合わせ下さればいつでもお知らせしますし、写譜をお送りすることもできますから、遠慮なくご連絡下さい。

しかし、前奏曲よりも大切なのは賛美歌の伴奏です。りっぱな伴奏をするためのオルガニストの心得のようなものを箇条書きにしておきます。

① 事前にその日の聖書を読む、歌われる賛美歌の歌詞をよむ、説教題と賛美歌の関係を考

える。

② 礼拝順序に従って次の賛美歌がすぐ開けられるように準備する。そのためにクリップのようなものを用意しておく。
③ 毎週必ず歌う賛美歌（頌栄など）はコピーしてプラスチック・ケースに入れておく。
④ 会衆の人数と、よく知っている歌か、あまり知らない歌かを考えてテンポとレジストレーションをきめる。
⑤ あまり知らない歌の場合には前奏はソプラノだけを弾いて会衆に旋律を知らせる。
⑥ 前奏をどのように弾くかきめる。全部弾くのか、最初と最後をつないで前奏にするのか、最初の一行だけ弾くか、最後の一行だけ弾くか。これは教会の習慣による。
⑦ 司会者の賛美歌の番号のアナウンスと弾きはじめのタイミングに注意する。間があきすぎても短かすぎても会衆は歌いにくい。司会者のアナウンスがいつも一定していないとオルガニストはいつ弾きはじめればよいのか迷うので、役員会に申し入れてアナウンスの仕方を統一してもらう。
⑧ 前奏と歌いはじめのタイミング、各節の間のタイミング、アーメンに入るタイミングに注意する。会衆に息継ぎをさせることが大切。
⑨ アーメンののばしかたを一定にする。
⑩ 歌いながら弾けるように練習する。会衆との呼吸のあわせかたと、アーメンに入るのを失敗しないため。

⑪　毎日賛美歌を弾く。これが何より大切。
⑫　足ぶみ板のふみかたに注意する。ゆっくり、深く、いっぱいに。
⑬　指使い（指かえ）を書き込む。
⑭　前奏曲は難曲を弾かない。十の力の人は八の力で弾ける曲を。
⑮　上手に弾くことではなく会衆と共に賛美しつつ弾く。四声で弾けない時は旋律だけでよい。
⑯　賛美歌は楽譜通りに弾くのではなく歌詞の通りに弾く。

「よく歌う教会はよく祈る」ということわざがあります。教会が本当に「歌う教会」「歌う会衆」となって神の愛を高らかに宣べ伝え、歌い伝える教会となるように、オルガニストの任務は大変大きなものがあります。よく練習し、祈って、賛美に満ちた礼拝のために奉仕する者になりたいと願っています。

27　礼拝と賛美の八〇年
過去・現在・未来

二〇〇八年八月一九―二二日、第八〇回キリスト教音楽講習会で行った講演に補筆したもの。『礼拝と音楽』一四〇号、日本基督教団出版局、二〇〇九年一月、所収。

私の原点は『一九三一年版讃美歌』

皆さんこんばんは！　川端純四郎と言います。父は牧師でしたから、賛美歌が子守唄で、私の心の一番深いところに賛美歌が住みついています。一九三四年の生まれですから、敗戦の時は小学校六年生でした。戦争中は、キリスト教は敵の宗教とされていて、学校で「お前のお父さんはアメリカのスパイだろう」などと言われていました。

敗戦直前の七月に、私の住んでいた仙台は米軍の空爆で全滅しました。教会も牧師館も丸焼け、火の中を逃げて歩いた忘れられない記憶があります。隣りの家に、小学校六年間、毎日いっしょに学校に通った、一番仲の良い友達がいたのですが、直撃弾で一家全滅、友達も即死しました。敗戦後には、焼け跡に掘っ立て小屋を建てて、牧師一家はそこに住み、そこで礼拝をしていました。

あの頃は、毎晩のように停電がありました。事故ではなくて、発電量そのものが不足なのです。予告も何もなしに、フーッと消えて、二、三時間すると、またフーッとつくのです。その間は、家族全員が畳の上に寝ころんで、二時間でも三時間でも、皆で賛美歌を歌っていました。ほとんど全部暗唱していましたから、一人が歌いだすと、すぐ続けて全員が歌います。今、思うと、あれは『一九三一年版讃美歌』でした。この賛美歌集が私にとっての賛美歌の原点です。

最初の疑問

そんな私が、賛美歌について、初めて疑問を持ったのは二十五歳の時です。東北大学の大学院の学生でした。チャンスがあってドイツに勉強に行きました。マールブルクという山の中の美しい大学町に着いて、まず最初に賛美歌集を買いました。Evangelisches Kirchen-gesangbuch（略称ＥＫＧ）という、当時のドイツの賛美歌集です。その晩、下宿の部屋で開いて見て驚きました。「きよしこのよる」がないのです。ドイツの賛美歌集に「きよしこのよる」がないなんて信じられませんでしたが、いくら索引を引いてもありません。ほとんど全部が、十六、十七世紀の古いコラールばかりです。あとで調べてみたら、戦争中の賛美歌集には「きよしこのよる」はあったのですが、一九五〇年の改訂で削除されました。

それから毎週、ドイツの教会の礼拝に参加して、古いゴツゴツした岩のような賛美歌ばかり歌い続けて、三ヶ月ほどたったある日曜日、賛美歌を歌いながら、ふと、「ああ、これは説教だ」と思いました。賛美歌の歌詞はすべて聖書の言葉なのです。詩編や「十戒」や「主の祈り」が歌詞になっていました。賛美歌は聖書を歌っているのです。

それまで、私は、賛美歌というものは、「私の気持ち」を歌うものだと思っていました。私の罪の嘆き、私の救われた喜び、それが賛美歌だと思っていたのです。そうではなくて、神のみわざを歌う、聖書に示された神の愛を歌う、それが賛美歌だったのです。聖書に示された神の愛を、歌で賛美し、告げ知らせるのです。「牧師は言葉で説教し、会衆は賛美歌で説教する」とルターは言いました。ドイツの教会も、以前は「私の気持ち」を歌っていました。それが第二次大戦後の反省をふまえて「聖書を歌う」賛美歌に生まれ変わったのです。

この時初めて、私は、賛美歌集というものには、その時代の教会の信仰が反映しているのだということに気がつきました。戦争中のドイツの賛美歌集は、明らかに十九世紀の神学やナチスの思想が反映していました。戦後、ドイツの教会は、ものすごくつらい自己批判をして、聖書の福音と宗教改革の信仰の原点に帰ってEKGを編集しました。ほとんどが宗教改革時代のコラールばっかりという、ずいぶん片寄った賛美歌集ですが、あの時のドイツの教会は、これでなければならなかったのです。

日本では、私の大学生の時に『三一年版』から『五四年版』に変わりました。しかし、新かなづかいになったための変更であって、内容にはそれほど大きな変更はありませんでした。そのために、教会の信仰が変わった、というようには感じませんでした。それが問題なのだということにも気づきませんでした。

このようにして、私は、ドイツに行って初めて、賛美歌の歴史を勉強してみたいと思いました。賛美歌および賛美歌集の歴史性という問題です。

宗教改革期の賛美歌

最初の賛美歌は、もちろん聖書です。主イエスの直弟子たちは字が読めませんでしたから、福音伝承はすべて口頭伝承でした。あの長い福音書の物語を暗唱するためには「フシ」がついていなければ覚えられません。聖書の「歌い伝え」がキリスト教の起源です。やがて教会がローマ帝国と結びついて国教になると、権威主義的になって、聖職者中心になります。礼拝で聖書を読むのも、祈るのも、賛美歌を歌うのも、全部聖職者のもので、信徒は聞き従うだけになります。

宗教改革による聖書の福音の再発見が、会衆賛美を復権させます。キリストにおける神の恵みは、すべての人に与えられているのであって、悔い改めて神の赦しを信じる者は、だれでも神の前に立って、神を賛美し、救いの喜びを人々に伝える聖職者なのです。万人祭司（全信徒祭司性）の原則が会衆賛美を復活させました。「歌う会衆」こそプロテスタントのしるしです。

その歌の内容は、もちろん、聖書に示された神の愛です。こんな私でも生きていて良いと言ってくださる、キリストにおける神の恵みのみわざです。その時、「私」は、エゴイズムの壁を打ち砕かれて、他者と共に生きることへと、解放されます。そこに教会が生まれます。主観的な「私の気持ち」を歌うのではなく、聖書に示された客観的な神のみわざを歌うのです。そして歌うのは、「私」という個人ではなく、神の愛のしるしとしての教会です。

このような客観性と共同性こそ、宗教改革期の賛美歌の大きな特徴です。ルターのコラールも、カルヴァンの詩編歌も、すべて「聖書の歌」であり「教会の歌」でした。ですから、この頃には「賛美歌集」という名前ではなく「詩編」とか「教会の歌」とか呼ばれていました。

ゲルハルト、ウォッツ、ウェスレー

十七世紀になると、ほぼ全員が字が読めるようになります。また、時代と共に個性の発達が生まれます。そうなれば、各自がそれぞれ自分で聖書を読むことができます。当然、少しずつ読み方に個性的な違いが生まれます。「私の聖書の読み方」が生まれ、それに対応して「私の賛美」が生まれます。こうしてドイツにパウル・ゲルハルト（一六〇七～七六）、さらにイギリスにアイザック・ウォッツ（一六七四～一七四八）とチャールズ・ウェスレー（一七〇七～八七）が現れて、賛美歌の歴史に初めて「私」の歌が登場することになります。それぞれの魂の深い悩み、心の奥底から発せられた信仰のメッセージが、磨き上げられた詩となって、この人たちの口からあふれ出てきます。「私の賛美」が生まれたのです。創作「賛美歌」の誕生です。

しかし、これらの三人の歌は、個人の信仰心の歌であると同時に、深く聖書に根ざしていました。聖書の内実を各自の言葉で歌ったのです。もし聖書がなくなっても、ウェスレーの賛美歌から復元できる、と言った人さえいます。客観的な聖書のメッセージと主観的な個人の信仰とが、みごとに一つに溶け合ったのが、この三人の詩人の歌でした。一方で、教会は「詩編」や「聖書」を歌い続けていました。そこに、これらの新しい「賛美歌」が付け加えられたのです。ですから、賛美歌集は「詩編と賛美」という題になっていました。

詩編の忘却

ところが、十九世紀になって「詩編」と「聖書」が忘れられます。

一つの理由は、教会が「詩編歌」を大切にするあまり、歌詞も旋律も古いものをそのまま歌い続けたために、しだいに新しい時代の感覚に合わなくなり、古めかしく感じられるようになったのです。特に、アメリカに渡ったキリスト教は、古い伝統の束縛がありませんから、急激に「詩編」を忘れて、一気に創作賛美歌に流れていきました。

もう一つの理由は、資本主義の時代になって、個人主義が主張されるようになり、個性的で新鮮な「賛美歌」に多くの人が魅力を感じるようになったことです。それに加えて、十九世紀の「自由主義神学」の影響もありました。これは、個人の信仰心から出発する神学で、神の客観的な恵みの先行性が軽視される傾向がありました。賛美も、当然、個人の信仰心の歌になります。

このようにして「詩編と賛美」から「詩編」が消えて「賛美」だけが残ることになりました。その「賛美」も、ゲルハルトたちのような「聖書」と一つになった「賛美」ではなくて、もっと主観的な、「私の感情」を中心としたものになりました。

この「賛美歌」を携えて、宣教師たちは日本伝道に出発しました。ですから日本の教会は、最初から「詩編」抜きの「賛美歌」だけが「賛美歌」だと思いこんでしまったのです。詩編は「交読文」として残っただけで、詩編を「歌う」習慣は、日本の多くのプロテスタント教会では消えてしまいました。

今回、『讃美歌21』で、ようやく「詩編」が復活しました。明治以来の長い伝統で「賛美歌集」と呼んでいますが、本当は「詩編と賛美歌」と呼ばなければいけないのだと思います。ドイツで私が手にしたＥＧＫも、このような流れの中で、「十九世紀の歌」を排除して「聖書に帰れ」という主張が、やや極端な形で現れたものだったのです。このような「詩編」の復活をもたらしたのは、神の恵みの先行性を徹底的に明らかにした弁証法神学と、この世の苦難との連帯を明確に打ち出した第二ヴァチカン公会議の影響だったと私は考えています。

八〇年の歴史

今回の講習会は「第八十回キリスト教音楽講習会」です。私たちの八〇年の歩みは、これまでに述べてきた賛美歌の歴史と同じ歩みを、しかし、もっと深刻な意味で歩んできました。一九四五年までの歩みは「国家」という牢獄の中での歩みでした。『讃美歌』には「君が代」がついていました。礼拝の最初には天皇を拝む「皇居遙拝」が「国民儀礼」として強制されました（資料1）。牧師たちは、全員が「みそぎ」をさせられて、軍人を講師とする国家主義の講習会に参加させられました。海軍総司令官山本五十六が戦死した時には、日本基督教団は国家に迎合して、クリスチャンでもない山本元帥のために「山本元帥讃仰大会」を開いて『カンタータ「山本元帥頌」』を演奏しました（資料2）。

片方で天皇を賛美した教会が、他方で本当に神を賛美することができたのでしょうか。私の父もその中の一人でした。私は、この人たちを非難する気持ちはありません。非難する資格もありません。なぜなら、同じ状況に立たされたら、私も屈服したに違いないと思うからです。しかし、だからこそ、そのような時代が二度と来ないように、今、努力する必要があるのではないでしょうか。あのような時代になってしまったら、何も言えません。だからこそ、言える時に、きちんと言わなければならないのではないでしょうか。そのためには、非難することはできなくても、あの時代の教会が間違っていた、ということは、はっきりと認めなければならないのだと思います。

もちろん、あの時代にも、なお神のみを神として、天皇に屈しなかったキリスト者たちが、わずかながら存在しました。しかし、全体としては、教会は「二人の主」に仕えたのです。本当につらいことですが、私たちの八〇年の最初の十数年は、そのような大きな問題をかかえていながら、その問題から目をそらしていた「不誠実な賛美」の時代だったと言わなければなりません。

敗戦によっても教会は変わりませんでした。敗戦後、最初に各教会に送られてきた教団本部の文章は本当にひどいものです（資料3）。「ついに戦争が終わりました。昨日まで、私たちは天皇を神として崇めてきました。弾圧が恐ろしくて、本当のことが言えなかったのです。ようやく自由にものが言えることになりました。昨日までのことは間違いでした。どうぞお許し下さい。指導部は責任をとって辞任します」という文書だったらどんなに良かったことでしょう。ところがどうでしょう、「聖断一度下る……承詔必謹……大詔を奉戴し……皇国再建の活路を開くべし」と言うのです。戦争が終わったのに、まだ天皇は「聖」なる存在で、天皇の言葉を謹んで守って、「天皇の国」の再建に努力しましょう、と言うのです。つまり、天皇を神として崇めたのは、殺されるのが怖くてやむをえず、心ならずも崇めるふりをしていたのではなくて、本心からだったのです。これはキリスト教ではありません。指導部もだれ一人責任を取りませんでした。

この無反省が『五四年版讃美歌』にも引きずられています（資料4）。「序」には、改訂の理由として「第二次大戦後の諸情勢の変化」と言われているだけです。戦争中の賛美歌が天皇の賛美と両立していたことについての反省も批判も一言もありません。そのような改訂に、教会は、何の反発もしませんでした。それは、戦争に無反省だったのではなくて、おそらく「賛美歌」に無関心だったからではないかと私は思っています。「賛美歌」は、ただ雰囲気を作るだけで、信仰や教会形成の本質にかかわるものだとは思っていなかったのです。

『三一年版讃美歌』の背後に自由主義神学があったことにも、まったく無批判でした。当然『五四年版』にもそれは引き継がれました。その結果、説教はバルト神学に基づいて行われながら、賛美歌は自由主義神学の歌が歌われるという、実にこっけいな事態が生まれました。賛美歌に神学があるとは考えていなかったのです。私たちの八〇年の第二の時期は「あいまいな賛美」の時期だったと思います。賛美歌は説教であり、教会のわざであることが理解されていなかったと思います。「説教か賛美歌か」などという問題さえ生まれました。

一九九七年の『讃美歌21』の発行は、このような意味で画期的なことでした。初めて「賛美歌集」の神学が問われ、「賛美歌集」の戦争責任と戦後責任についての反省がなされ、「教会」の歌として、「礼拝」の書としての「賛美歌集」の本質が吟味されました。理論が先走って、内容が追いついていないという批判もありますし、私もそのような批判に耳を傾けなければならないと思います。しかし、私たちの八〇年の最後の一〇年に、ようやく「真実の賛美」に一歩近づくことができたことを感謝したいと思います。

それなら、八〇年を記念し、祝うことは無意味なのでしょうか。そうではないと思います。

八〇年を一貫しているのは「人間の愚かさと神の憐れみ」です。神さまは、人間のあやまちを通して、なお、そのみわざをなしとげてくださるお方です。人間は罪人です。『三一年版讃美歌』よりは『五四年版讃美歌』の方が、少しは前進しています。『讃美歌21』は、それよりもさらに一歩前進していると思います。

しかし、どんなに前進しても、それが罪ある人間のわざであることに変わりはありません。私たちにできることは「信じます。信仰のないわたしをお助けください」（マルコ九・二四）と祈ることだけです。どんなに間違いだらけの歴史であっても、不信仰の歴史であっても、神さまが憐れんでくださって、私たちを導いてくださることを信じて「賛美」の歩みを続けたいと願います。

資料１「総発第九六号」

総発第九六号

昭和十七年十二月十日

日本基督教団

総務局長　鈴木浩二

国民儀礼実施ノ件

近来教会ニ於テ礼拝前ニ国民儀礼ヲ実行シツツアル処次第ニ増加シツツアルハ洵喜バシ

キ事ニ有之候　就テハ今回所属全教会ニ於テ之ヲ実行シ以テ行フ処行ハザル処アルノ不統一ヲ避ケ度ク存ジ候　中スマデモナク皇国民トシテ　大御稜威ノ下ニ生キルコトハ我等ノ感謝感激ニテ有之、我等ノ教団統理者ガ賜謁ノ光栄ニ浴シタル此ノ機会ニ、一同感激ノ誠意ヲ披瀝シ之ガ全国的実施ヲ決意致度ク茲ニ御通知申上候

資料2「山本五十六元帥鑽仰大会順序」（抜粋）

山本元帥鑽仰大会順序

昭和十八年十二月五日（日）午後一時

於　日比谷公会堂

第一部

司会者

日本基督教団戦時報国会長　眞鍋頼一

一、国民儀礼

二、開会之辞　教団戦時報国会総裁　富田　滿

三、必勝祈念　東京教区長　三吉　務

四、講　演　海軍中将　和波豊一閣下

「山本元帥を偲ぶ」

第二部

ソプラノ　三宅春恵
テノール　木下　保
バリトン　内田榮一
指　揮　津川主一
合　唱　日本合唱団
管弦楽　東京交響楽団
ピアノ伴奏　高野忠博

一、ソプラノ独唱　三宅春恵
　童と提督　人見英雄・歌
　　　　　　高野忠博・曲
二、バリトン独唱　内田榮一
　噫山本司令長官　人見英雄・歌
　　　　　　　　　高野忠博・曲
三、遺詠独唱　三宅春恵
　　　　　　　木下　保
　　　　　　　内田榮一
イ、今宵もや

ロ、大君の
ハ、海の子の　高野忠博・曲
ニ、たぐひなき
ホ、如何ならん

四、交聲曲
由木　康作詞
山本元帥頌　高野忠博作曲
管弦楽作曲　津川主一

一、前奏曲
二、合唱　序歌
三、詠唱　出撃
四、叙唱　強襲
五、合唱　高徳
六、叙唱　戦死
七、詠唱　挽歌
八、合唱　鑽仰

資料3「令達第十四号」

昭和二十年八月二十八日

日本基督教団

　教団統理者　富田　満

各教区支教区長

各教会主管者　　各位

聖断一度下リ畏クモ詔書ノ渙発トナル面シテ我ガ国民ノ進ムベキ道茲ニ定マレリ。本教団ノ教師及ビ信徒ハ此ノ際聖旨ヲ奉戴シ国体護持ノ一念ニ徹シ、愈々信仰ニ励ミ、総力ヲ将来ノ国力再興ニ傾ケ、以テ聖慮ニ応ヘ奉ラザルベカラズ。

（中略）

一、承詔必謹　コノ際一切ノ私念ヲ棄テ、大詔ヲ奉戴シ、飽クマデモ冷静沈着、秩序ノ維持ニ努メ、以テ皇国再建ノ活路を拓クベシ。（後略）

資料4『讃美歌（一九五四年版）』序（抜粋）

過去五ヵ年にわたる讃美歌改訂の事業がようやく完成して、ここに新しい歌集を公にする運びになったことは、我々にとって大きな喜びである。

日本の讃美歌は、明治の初期に初めて現われて以来、急速に進歩発達し、一九〇三年（明治三六年）には、それまで各派で別々に編集出版されていた歌集が総合集成されて、共通讃美歌となった。この集は教界内外において広く用いられたが、時代の進展にともない、一九三一年（昭和六年）修正増補され、いっそうその数と価値とを増し加えた。しかるに第二次大戦後の諸情勢の変化は、さらに徹底的な改善補強を要求し、それが今回の改訂事業として具体化するに至ったのである。（後略）

28　礼拝と音楽

『五橋だより』三〇号、日本基督教団仙台五橋教会、一九八七年一二月、所収。他の文章との重複を避けるために抄録とした。

最後にオルガンのことをちょっとだけ申し上げたいのですが、今のようなことですと、教会の賛美を支えるってのは、大変大事な意味を持っているのですね。どうでもいいというわけにいかないんです。ですからそうなりますと、具体的に礼拝がもし百人を越えますと、もうリードオルガンでは殆ど不可能になってきます。よほど熟達したオルガニストでないと、百人以上の礼拝をリードオルガンで支え、導くというのは、音量から言って不可能なのですね。ですから、もっと音量の大きい楽器が必要になってきます。そして、その時には電子オルガンかパイプオルガンしかないんですね、今は。電子オルガンという楽器は面白い楽器なのですが、いままで教会が教会音楽として弾いてきたような音楽は電子オルガンでは弾けないのです。音色が全然違いまして、電子オルガンをもし採用するなら、音楽を変えなければいけません。電子オルガンに合うような新しい礼拝音楽を創作してゆかなければいけません。今までわたしたちが弾いてきたような教会の音楽を電子オルガンで弾いたのでは、元来、作曲者が求めている音ではないのです。

ですから、電子オルガンにするんでしたら、わたしはむしろシンセサイザーにしたらよいと思います。そして思いっきり音楽も変えてしまうんですね。新しい宇宙音楽のようなもので礼拝をやってみる。そのかわり聖書とどうかかわるのかを考える。聖書から出てくるそういう音楽が作れるのなら素晴らしいと思いますが、現実にはまだそういう音楽を作った人がいないものですから、大変難しいのではないかと思います。予算の都合がありますから、現実に偽物で我慢するほかない。そういうことはあると思います。しかしその音楽が教会の伝統の中で弾かれてきた礼拝の音楽は、電子オルガンではホントの音は出ないことをあらかじめ覚悟しておいて、お入れになるほかないんですね。ですから新しい音楽、つまり現代の作曲家がアメリカやヨーロッパでキリスト教の礼拝音楽をたくさん作ってきました。その中には電子オルガンの方が合う曲もあります。そういうものをどんどん取り入れてやってゆく。現代の熱心なクリスチャンの作曲家が、現代人の気持ちで神を称えて作った音楽なのですから、こういうことでやっていくのなら電子オルガンも私は意味があると思います。そうすると電子オルガンを採用する時には教会のオルガニストの責任は非常に大きくなる。電子オルガンを採用して今までの曲を弾くのは、音楽家として良心がとがめるところがあります。だからもし電子オルガンを入れるのなら、そういう現代音楽に会衆が慣れていかなければならない。よく話し合って、なんべんも聞いてもらって、わかっていただいて、弾くということになると思います。

それとお金の面ではですね。パイプオルガンが高いわけなんです。これが一番のガンなのですね。ですけれども高いというのは一度に払うお金が高いという意味なのです。たとえば日本の教会でしたら千五百万円ぐらいのパイプオルガンで十分である。電子オルガンは今、二百万円ぐらいします。十年で駄目になりますから、十年毎に買い替えなければなりません。パイプオルガンは百年や二百年楽に持ちます。長い目で見れば不経済な楽器ではありません。ただいっぺんにお金がかかるのが欠点です。電子オルガンを十年に一回買い替えることを考えると、十年ごとに二百万円だすというのはかなり勿体ないと思います。パイプオルガンは頭金が高い。これはもう教会の財政事情一つだと思いますが、一番大事なことはこのパイプオルガンを入れようということで、教会みんなの気持ちが一つになってませんと、これはどうにもならない。教会の音楽というものが大事なのだから、それにはお金をかけてもいい、礼拝がほんとにそこで生き生きと賛美に溢れるようになることが、教会にとって大事なことなんだ、というその点で教会の皆さんの気持ちが一つになってないと、大変難しいと思います。そしてオルガンを入れてからも、日曜の礼拝だけに使うのですとやっぱり割高になると思います。千五百万円も使って日曜日だけにしか使わないというのは……。教会がそういうのを生かして、直接的な伝道ではありませんが、「教会音楽の夕べ」などという催しをどんどんやったらよい。オルガンの演奏会があるというので初めて教会に行ってきた。聴いてみたらとてもよかった、じゃあ日曜日にも行ってみようか、という人がどんどん出てくるような、そういう間接的な伝道のために日常活用する力量が教会にあるかどうかが大変大きな問題だと思います。それがないとオルガンを入れるのは宝の持ち腐れというか、高くついてしまう。その力量がある教会ならこれは安かいものだと思います。例えば北教会〔編注：日本基督教団仙台北教会〕はあそこに移りましてから、洗礼を受けた方がたしか十八人いたと思いますが、そのうち七人が「教会音楽の夕べ」をきっかけに教会にいらした。オルガンの演奏会があるというので初めて教会に来てみた、それでいいので日曜日にきた。ですからオルガンがなかったら北教会で受洗する人は半分に減っていたといっても間違いではないと思います。今も何人かの人が教会音楽の夕べで初めていらして、そのまま教会にいらっしゃるようになった方が求道してらっしゃいます。そういうふうに日常、活用する力が教会にあれば、パイプオルガンを入れることは非常にプラスになる。その力がなければ、入れてもあんまり生かされない。

最後に、オルガンは建物の一部なのです。ですから、建物に合わせてオルガンを作らなければいけない。この頃は出来合いのオルガンも売っていますが、教会を建て直す時に入れるのなら別ですけれど、そうでない時に入れるとすれば、教会が今一番すべきことは何か。いろんな課題があると思います。今、礼拝の賛美を充実させたいというのが第一の課題なら結構です。たとえ建物に合わなくても……。けれども、教会がもし今ほかにやりたいことがあるのにオルガンの方にお金をかけてしまったということになると、教会の中に不一致が生まれてしまうかもしれません。ですから、それぞれの教会の事情によって入れた方が良い場合と入れない方が良い場合があるということです。そういう意味では礼拝堂が新しくなる時がチャンスなんですね。建物の一部分ですので、後から入れるということは不可能ではありませんけども、値打ちが半分になる。建てる時にその建物に合わせてオルガンを設計します。オルガンというのはいちいち新しく作る物ですから建物の設計図を送って、オルガンを作る人はその設計図に合わせてオルガンを作るのです。新しく建てる時に入れるのがアメリカでもヨーロッパでもオルガンのいわば常識で、出来上がった建物に後からオルガンを入れるのは非常識なことです。そういう意味では、後でというふうにお考えになるのはかなり難しい問題があるということです。一番いいのは新しく建つ時に入れてしまうことでしょう。ただその時には教会の皆様に、教会の賛美を生き生きとした力づよい賛美にすることが今私達の教会にとって大事なことなんだという共通理解が必要だということと、オルガンを礼拝だけでなく普段に生かして使うだけの力が教会にあるかどうかということですね。この点が一番大きな問題だと思います。勿論財政上の問題があって、いくら頑張ってもお金がなければどうにもなりません。ですからお金がない時には電子オルガンあるいはシンセサイザーを入れる。そしてその場合には礼拝音楽が多少変わってくるということ。やっぱりそれについては合議が必要なんです。電子オルガンなら、礼拝の音楽が多少かわっていくことを教会のみんなで納得をしていないといけません。そうでなければリードオルガンのままでいくことです。だけどリードオルガンですと、オルガニストには大変な負担です。百人を越える礼拝でリードオルガンですと、寂しい礼拝になってしまうことも避けられないでしょう。

以上のことをご参考までに申し上げさせていただきます。

川端純四郎さんのこと

編集後記に代えて

浅見定雄

このような表題で、本書に収められている文章の背景と、あわせて私にとって意味があると思われる川端純四郎さんの思い出を書かせていただくこととなった。

（一）本書編集の経過

川端さんが二〇一三年五月に逝去されたすぐ後から、このような本を作りたいという思いが、彼と親しかった者たちの間に起こっていた。加えて、彼の絶筆ともなった『福音と世界』への連載をその年の一月に『3・11後を生きるキリスト教』という書名で出版された新教出版社社長の小林望氏からも、この企画に前向きのお気持ちが伝えられてきた。そこで私たち、と言っても大所帯ではなく、先ず純四郎さんが終生仕えた日本基督教団仙台北教会（旧仙台東三番丁教会）の小西望牧師と、この教会でご一緒だった北博さん（東北学院大学文学部総合人文学科教授で旧約聖書学専攻）、また同じ学科で組織神学専攻の佐藤司郎教授、それに同学科の前身だった「キリスト教学科」で一九六四年に出会って以来半世紀を共にした私（浅見）と、故人のご子息・川端望さん（東北大学大学院経済学研究科教授）、そしてご伴侶であられた英子さんの六人が、編集委員ということになった。ご遺族の名を最後に挙げるわけは、この企画がご遺族の積極的意向で始まったのではなく、英子さんに至っては、故人はさらなる出版を望んでいたわけではないと、むしろためらわれるほどだったためである。

実際に編集会議を進めるにつれ、原稿の徹底的な検討と編集作業の実務に大変な気力と労力を注ぎ込まれることになったのは、川端望さんと北博さんであった。お二人は、故人の考えを確かめるすべのない今、出来るだけ元のままの形で収録するという学究者らしい原則と、誤字・脱字を修正し、とくに講演の録音記録に見られる叙述の乱れを整えたり、漢字仮名づかいを統一したりする必要性との両立を図るために苦労された。北博さんからは私の役目として、「個別の文書のあまり詳細な紹介ではなく、純四郎先生の思想内容やその現代的意義について……また浅見先生でないと書けないような思い出話など（私の解釈では、純四郎さんの各原稿が書かれた当時の彼の様子や私との日常会話など）を中心に」この文章を書くよう期待する旨のメールをいただいた。だからこの一文では、全編の順序立てた紹介は行わない。しかし純四郎さんという人のことを思い出すまま書く過程で、順不同ではあるが収録文のかなり多くに言及することになると思う。

（二）本書の表題について

川端純四郎さんが残された業績については、インターネットのGoogleやYahooでも、「川端純四郎」をクリックすればそれぞれ一〇項目ほどの見出しが現れ、かなり詳しく知ることができる。グーグルの方が便利で、トップに「川端純四郎のページ」（生前彼自身が作り、没後も望さんが管理し残しておられるホームページ）が、そして二番目にウィキペディア（Wikipedia）の「川端純四郎」が出てくる。

しかし今送り出すこの本には、これらインターネットのサイトには出て来ない貴重な文章も数多く含まれており、彼の生い立ちと信仰・思想の形成、そしてその信仰・思想から彼がいかに深く戦争と平和の問題、人権問題や社会問題にコミットしたかが、よくうかがえる筈である。例えば、彼はすでに一九九九年六月の時点でこう語っている。「今の日本は大きな曲がり角に立っています。戦争をしない国から戦争のできる国に変わろうとして、その曲がり角に立っています」（第8稿「私の信仰告白と『信仰告白文』」）。まるで二〇一六年の今、彼がここに居て語っているかのようである。考えてみると、この第8稿の講演から二か月後、九九年の八月に、あの「周辺事態法・防衛指針法」が成立したのだった。それから一六年、安倍晋三内閣はついに、「新安保」関連法を強硬に成立させた。これは九九年のあの法の全面的拡大・変更版で、今や日本国は、自国の「周辺」どころか世界のどこにでも自衛隊を派遣することが出来るようになった。九九年の講演で川端さんは、あの「周辺事態法」には一言も触れていない。しかし明らかに、彼はすでにその時点で今日の事態を予感しておられた。キリスト者として戦争の問題にどう向かい合うかが、彼の終生のテーマであった。本書は彼の小学校時代の仙台大空襲と敗戦の体験談で始まり、次に「教会と戦争――仙台東三番丁教会の場合」が続く。仙台東三番町教会とは、彼のご父君が牧会しておられた教会である。私たちはこの第2稿から本書表題のヒントを得た。

（三） 最初の頃

純四郎さんと私は、生まれた年は三年違いだが、彼はいわゆる「早生まれ」（一月生まれ）だったので学年では二年の差しかなく、彼のドイツ留学と私の米国留学も、同じ一九六〇年だった（彼は東北大学の大学院四年目で留学したが、私は東京神学大学後期の全課程を終えてから留学した）。その留学の途上、彼のそれまでの信仰と学問が根底から揺さぶられたあのように深刻な体験は、私のアメリカ留学には起こるべくもなかったけれども、その私も留学二年目に、かのマーティン・ルーサー・キング牧師が私たちのハーバード大神学部と「チャールズ川」ひとつを隔てたボストン大学神学部の出身であることを知り、アメリカ社会に四年間暮らして、あの社会の深刻なひずみや公民権運動、そしてキューバ危機（フィデル・カストロ政権の転覆を図ったケネディ政権に対抗して当時の「ソヴィエト」がキューバに核兵器を配備したため、米国側はキューバ近海全域の「海上封鎖」で応じると言い出し、あわや核戦争かという危機感が生まれて、私も体が震えるような緊張に襲われた）を経験し、ひるがえって日本での平和運動や被差別部落問題、そして在日韓国・朝鮮人のことなどを改めて考える気持ちになっていた。そしてこれらが、帰国後の川端さんとの出会いも加わって、私の関心や運動に影響をあたえた。

留学と言えば、当時の私たちはお互いに正に「貧乏留学生」で、往復とも船旅だったし、

（彼は貨物船で行き、私は今横浜港に係留展示されている「氷川丸」の最終航海に、トランクを買う金も無く茶箱一個と布製の旅行カバンで出かけた）、何よりも運命的だったのは、私の帰国（東京オリンピックの一九六四年）と共に、それまでの人生で一面識もなかった二人が東北学院大学で出会ったことだった。

後記　厳密に言うと、私たちは一面識もないまま、実はもっと以前に出会っていた。ある日研究室で川端さんがニヤリとしながら、「こんなものが出てきましたよ」と一枚の紙切れを示された。今度の本の原稿収集の時も驚いたのだが、彼は「資料」の整理・保存の天才だった。手に取って見ると、それは「本郷中央教会週報」で、その日曜日の夕礼拝説教者は「浅見定雄」と書いてある！　私が十一年間を過ごした教会で、留学前の私は夕礼拝と「祈祷会」を受け持たされていた。「上京した時この夕礼拝に出て、定雄さんの説教を聞いたんですよ。」もちろん純四郎さんも、当時ほとんど同年だった若輩の説教など覚えておられなかったし、私も彼と挨拶さえしないで別れたのだと思う。ところが、中央教会には、実は純四郎さんだけでなく、お父上の忠治郎先生も不思議な「ご縁」があった。第26稿「礼拝と賛美」（三七三ページ）によれば、忠治郎先生はまだ十代の苦学生だった頃、ある晩この教会（当時は「中央会堂」と呼ばれていた）のそばを歩いていて、ちょうど祈祷会の「さんびか」が聞こえてきたのに惹かれ、初めてキリスト教の教会へ入ったのだという。この話は私も純四郎さんから直接聞かされていた。ただし「ですから私の父は、死ぬまで「オレは賛美歌に救われた」と言っていました」（同ページ）は初耳である。こんなことがあったので、あの晩彼は中央教会の夕礼拝を訪れたのだろうか。

純四郎さんは一九六四年の四月に、私はそれから半年遅れて九月に、東北学院大学に新設された「キリスト教学科」の教員となった。当時は日本の大学生人口が最大となっていった時期で、全国の大学が急膨張期にあり、東北学院大学では教員の正式な研究室の整備も追いつかず、私たち二人はそのあおりで、セミナールームを衝立で区切っただけの「二人部屋」へ入れられた。おかげで私たちはすぐ「純ちゃん」、「定雄さん」と呼び合う仲となり、以来妻子も含めて半世紀にもわたるお付き合いをすることとなった。その結果私は、ここに収められた多くの文章が書かれ語られた時に彼が（そしてかなり多くの場合私も一緒に）何をし、また二人でどんなことを語り合ったかを、割合よく覚えている。私たちは大学問題に巻き込まれ、また靖国神社国営化法案や指紋押捺問題、ベトナム戦争、国労問題や社会党の問題、そして今や憲法九条の危機に至る、その全過程の中で必然的に多くのことを語り合い、共に行動することとなったのだった。

おかげで私は、彼が八木誠一さんとの共訳でブルトマンの『イエス』（私たちが出会う前年の一九六三年に未来社から初版）のことで八木さんがわざわざ仙台まで来られ、いろいろ語り合っておられたのを、同じ研究室の中だったから聞くともなく聞いてしまった。思えばその時、お二人の間に「田川建三」という名も出てきたのだった。ご子息の望さんによれば、彼は定年退職後に日本語の蔵書を大幅に整理したものの、八木さんと田川さんの著作は最後まで手の届くところに置き続けたそうである。私も川端さんとは、田川さん畢生のお仕事である『新約聖書・訳と註』（全六巻中五巻は既刊で、どれも五百数十頁から九百頁近い）の一冊一冊が出る度に、驚嘆と快哉の気持ちを口にし合った。

八木さんと田川さんのお名前が出たので、後述する（七）のために前もって述べておくと、川端さんが八木・田川の両氏に注目するのは次のような理由からであると思う。

まず八木さんの場合、古代の「神話的」な世界観を前提に書かれた聖書（イエスの言動を述べた福音書だけでなく、「書簡」の部分もそうである）を、現代の人間がどう解釈し受け止めるべきかという「非神話化」問題との関連で、川端さんには八木さんの言語論（客観的事実を述べる「記述言語」と「意味」の世界を述べる「宗教言語」を区別する）が「重要な示唆を与えてくれた」（『3・11後を生きるキリスト教』四八頁）。私の印象では、川端さんがブルトマンから学んだ人間論を、日本人を念頭に仏教をも視野に入れ、人間の「二つの定め」という表現にまとめるについても、川端さんは八木さんの人間論を十分に斟酌しておられると思う。

一方田川さんの場合、川端さんのいう「聖書の非古代化」（「聖書の非神話化」に対応する川端さんの提言で、例えば神と人、キリストと人間との関係を「主人と僕」のような古代奴隷制を自明の前提とした言葉で表現しているのを現代の言葉で再解釈する）に当って、新約聖書、特に福音書の記述の社会的背景の分析が、マルクスを学んだ彼には田川さんのものがいちばん腑に落ちると思われた（第10稿「信仰告白と聖書学」の注（3）とその該当部分を参照）。

以上の点以外の、例えば八木さんや田川さんの政治的立場のことは、川端さんにとって別の問題である。

（四）大学紛争

川端さんは、本書には収録していない学術論文も多く発表したのだが、実は一九九九年に助教授のまま定年退職した。私は一応「教授」だったが、それも二二年間助教授をつとめた後のことだった。これには、かなり長期にわたる、しかも複雑な事情がからんでいた。

一九七〇年前後にいわゆる「大学紛争」が起こった時、学生たちは、二人部屋研究室のおかげで「川端柳」ならぬ「川端浅見」の〝核融合〟が起こったと言うようになった。このとき私たち二人は、絶対非暴力（いわゆる〝ゲバ棒〟などの否定）の立場を貫きつつ、しかし学費値上げに反対する学生の主張にも聞くべき点が多々あると考えていた。そのため、学生たちの中でも最後まで非暴力を貫いた者たちが「処分」の対象とされた時、その「処分撤回裁判」には協力せずにいられなかった（私たち二人だけでなく、陰ながら同じ思いを私たちに告げてくださる教員は大勢おられた）。そして純四郎さんは、その裁判の「証人」のトップに立ち、次は私（浅見）がという段階で、大学側から和解が申し込まれた。これはもう四〇年以上も昔のことで、現在の東北学院大学の評価とは関わりのないことであるが、純四郎さんの「終生助教授」という処遇には、この問題が大きく関わっていたと思う。私は、自分自身への公正な処遇と共に純四郎さんの処遇についても毎年、年度末には学部長（自動的に理事会メンバーだった）へ「申し入れ」に行き、彼にも同行を誘いかけた。しかし自分以外の人々の不当な処遇にはあれほど「共苦」した彼（例えば第8稿「私の信仰告白と『信仰告白文』」や、特に第16稿「無実を叫び続け——故佐藤誠氏のこと」、そして『3・11後を生きるキリスト教』九〇頁の小見出し「苦しむ者との共苦から苦しめる者への怒りへ」を参照）――その彼が、自分の問題になると、「いいえ、私のことはいいんですよ」と微笑むだけだった。このような個人的問題をいつまでも引きずるよりは、もっと大切な問題が社会に山積している――純四郎さんはそう考えていたと思う。

（五）人間の問題

さて、本書でいちばん読者の関心を惹くのは、「牧師の家に生まれ……キリスト教に関する学問をして……キルケゴールとかハイデガーとか、個人の魂の問題しか考えない、そういう学問をやって……二五歳の時……六〇年安保に友達に誘われて一度だけデモに行ったことがあるだけ」の「まことにノンポリの非政治的な」川端純四郎という研究者が、恩師ブルトマンのキリスト教的実存論の真理契機（「信じる」という決断に命を懸ける！）を維持したまま、というよりその決断に生きるためにこそ、マルクスの社会分析と理論を深く学び、その結果あのように深く広い見識と実践力を身につけられた、その過程のことであろう（以上の文中の引用は第3稿「聖書とバッハとマルクス」から）。一九六〇年五月と言えば、私は二七歳で東京に暮らしていたが、その頃なら私の方がすでに長く平和運動に関わっており、デモも、キリスト者集団として独自に、神田の共立学園から国会へと向かった行進の、裏方をつとめていた（おかげでその後九月の渡米につきアメリカ大使館へビザを貰いに行った時には、「あなたは共産主義者ではないか」と問われ、「ただのキリスト教の牧師で、神学を勉強しています」というような問答をすることとなった）。その私は、今でも当時とあまり変わらない深さ（浅さ？）でしか問題に取り組んでいないのに、後から来たはずの純四郎さんは、その頃から急激に、しかも深く、諸問題を掘り下げ、実践でもはるか前方を歩む人となっていったのだった。

キリスト教実存主義とマルクス、また日本共産党との関係で、川端純四郎さんが終始キリスト信仰に立ち続け、そしてまさにそこから、マルクスの「科学的社会主義」(日本共産党の用語。第15稿「なぜ日本共産党か——信仰と科学」を参照)を学ぶに至ったのだという点は、彼の全生涯を理解するのに大切な点だと思う。第3稿「聖書とバッハとマルクス」でも第15稿「なぜ日本共産党か」でも、彼は共産党の人々を前に、自分の信仰と、そもそも「信じる」ということがなぜ起こるのかを、真正面から語っている。マルクスもユダヤ人ではあったがユダヤ教徒でもキリスト教徒でもなく、日本共産党も宗教団体ではないのだから、人間の「罪」とか「死」の問題をそれほど深く考えないとしても不思議ではなかった。また、マルクスは宗教〝阿片〟論(但しその真意については上記二稿での川端さんの説明を参照)を語ったのだから、「共産党員」であるとは宗教などに救いを求めない人間のことだというような認識は、キリスト者の中でもマルクス主義者の中でも、ごく普通のことであった。その中で日本共産党は長い時間と熟議を経た末、一九七〇年代の入り口で、宗教に対する態度を川端さんが語っておられるようなものに転換した。川端さんに言わせれば、「クリスチャンのままで同時に共産党であるということが可能な、そういう(世界でも)珍しい」党になったのである(第3稿)。

しかしそれでも、川端さんにとっては、マルクスにも共産主義者にも、一つの問題に関して「違和感」があったと言う。それは「人間の問題です。マルクスの楽観的人間理解には、どうしても賛成できませんでした」（『3・11後を生きるキリスト教』二〇頁）。もちろん、こういう点で違いはあっても、「協働は可能です。人間性の理解についての相違は相互に認めれば良いことです」と川端さんは言われる（同書二一頁および本書第8稿中の小見出し「歴史の中でキリストに従うことに目覚める」の項を参照）。では川端さんの言われる「人間理解」とはどういうものかと言うと、それは、人間には「共同存在性」と「死の自覚性」という「二つの定め」があるということである（前掲書八二頁の小見出し）。「第一は、人間は誰でも群れの中で……他者と共に生きるほかないという〝定め〟」であり、「第二は、生物として、人間もやはり死ぬものだということ」なのだが、「人類の決定的な特徴は、そのことを〝自覚〟する動物だというところ」にある（同頁）。その結果人間は、「〝他者と共に生きるほかない〟という定めに逆らって〝自分勝手に生きたい〟という〝自己執着〟にとらわれ、また〝死ぬほかない〟という定めに逆らって〝死にたくない〟という〝自己執着〟」に憑りつかれる（同八三頁）。この二つの「自己執着」（キリスト教で言えば「神の定めを受け入れようとしない罪」）に気づき（というより「気づかされ」）、それからいかにして解放され真に「自由な」人間となれるかについて、無頓着な人は世間に幾らでもいる。しかしマルクス主義者の場合は、人間が置かれている社会的諸関係の矛盾が克服される時が来れば、そういう人間の自己執着も無くなるであろうと考える楽観論を持ちやすい。

川端さんは、一九五八年から一九九八年までの四〇年間日本共産党の書記長や議長を務められた宮本顕治さん（若かりし頃は気鋭の文芸評論家・作家でもあった）が、「社会の矛盾が無くなるときが仮にきたとしても、そのときでも失恋ということはあるだろう。あるいは子どもに先立たれた親の嘆きというものがあるだろう。もろもろの人間の嘆きというものがあるので、そういうものを宗教によって解決する人がいても、ちっとも不思議ではないし、私はそのことに反対しない」と述べたことを紹介し、「社会の矛盾がなくなっても人間の矛盾は残るということを認めていらっしゃる」と書いている（第15稿「なぜ日本共産党か」）。確かに、一九七〇年代に宮本顕治さんと日本共産党が到達したこの見解は、画期的であった。

（六）「祈り三題」と社会党問題

ここで、川端さんが日本共産党を選択するに至った過程と関係あるもう一つの事柄に少し立ち入って触れておきたいと思う。それは、一九五〇年代から七〇年代まで、自民党に対し社会党が、国会で三桁の議席数を保っていたいわゆる「五五年体制」が、大学問題や同党の若手党員をめぐる方針の内部混乱とか、また同党の支持基盤だった官公労組に対する政府与党の締め付けや「民営化」攻勢等によって、あれよあれよと言う間に崩壊し、一九九六年にはついに党名まで「社会民主党」と変えたけれどもこの現象はとどまる所を知らず、ついに現在の安倍内閣のもと行われた二〇一四年一一月の衆院総選挙では議席は解散前の「二」にとどまるという事態に立ち至っているという歴史的経過のことである（なおこの選挙で共産党は、議席数を解散前の八議席から、一挙に二一議席へと増やした）。

川端さんは一九六一年にドイツ留学から帰った後、六四年四月に東北学院大学へ赴任するまでの丸三年間、東北大学で自分が所属する文学部の宗教学教室から頻繁に抜け出して経済学部へと「聴講」に通い、ひたすらマルクスを学んだ（第3稿の小見出し「人間が主人公になる社会」の項参照）。

しかし元々政治活動より「勉強」の方が性に合った「ノンポリ」研究者だったので（前項（五）冒頭の告白を参照）、彼は学んだことをすぐ政治活動に結びつけて日本共産党へと身を投じる、というようなことはしなかった。むしろまだ、いわば「外側から」、当時の日本の「革新」勢力（と言えばその中核は「社共」ということになる）が広く国民の支持を受けて自民党政権に勝つことを期待した。「社共共闘」への期待である。

しかしこのような場合に、お互いの違いは認めつつも、当面一致できる政策で共闘しましょうと呼びかけるのは、いつも共産党の側だった。これに対して社会党側は、そういう共闘の中で自分たちの勢力が共産党に浸食されるという恐れからなのか、このような提案にはともすれば消極的であった。そういう中、宮城県では、両党やそれぞれの支持母体（労組を含む）の長老格の人々や心ある学者や弁護士たちが「世話人」となって、せめて宮城県ではそういう「協同」を実現しようと骨折った。そして川端さんや私もその運動に加わった。ところがこういう運動への「ためらい」は、いつも社会党の方に強かった。それで、伝統的に日本のクリスチャンには社会党支持者が多かった関係もあり、川端さんと私は、心ある牧師さんなども加わった「社会党を良くする会」というのにも参加したのだった。そして事あるごとに、「せめて宮城県だけでも」、「仙台市だけでも」と言っては、社共の共闘を訴えた。そんな雰囲気のおかげで、事実宮城県では、何度か「革新統一」の首長候補を擁立することができた。なお、川端さんも書いておられるとおり、この頃東北大学には、今や憲法学の「大御所」で、今度の「新安保体制」関連諸法が「違憲である」と喝破された樋口陽一さんや、社会党への有力な助言者であられた大内秀明さん（キリスト教関係者も加わった「資本論を読む会」も指導しておられた）など、俊英の革新系研究者が存在感を示していた。

ところが、そういう模索の中で川端さんが体験したのが、第15稿「なぜ日本共産党か」の冒頭「愛想つきた社会党」に書かれているような、当時の社会党の実態だった。

この問題の後日談にも短く触れると、心ある多くの人々の願いと努力にもかかわらず「社共共闘」はうまく行かず、そうこうするうちに社会党は、一九八〇年に公明党と合意文書を取り交わし、日米安保と自衛隊の容認に加えて、将来共産党を除外した連立政権をつくるという構想まで打ち出してしまった。そこで、さすがにこれにはついて行けない人々が、共産党を含む真の「革新統一」を願って、翌八一年に「全国革新統一懇談会」を発足させ、それに呼応して宮城県でも「宮城革新統一を考える会」（現・「宮城革新統一をすすめる会」）が結成された。時は流れて、この原稿を何度も書き直している二〇一五年の一〇月一五日、日本共産党はなんと、過日成立した安保関連法案を廃止するための「国民連合政府」が実現するのなら、党綱領で掲げる日米安保条約の廃棄や自衛隊の解消などの政策を一時凍結する用意があると、志位委員長が外国特派員協会で国際的にも明言した。

このような時期に（つまりまだ「愛想つきた社会党」とまでは言わなかった時期に）川端さんが

書いた一九九六年の貴重な文章が、第13稿「現代におけるキリスト教的視点とは何か」である。この文章は三つの部分からなるが、それぞれ次のような言葉で締めくくられている。「一、変革する心」では「これが今日のキリスト者の祈りなのです」、「二、受容する心」では「これが今日のキリスト者の第二の祈りなのです」、そして「三、知恵」では、「これが現代のキリスト者の最後の祈りなのです。」読者の皆さんは、この文章が当時彼も（私も）「顧問」をしていた「東北学院大学ＳＣＡ」つまりキリスト教青年会に寄せた文章なのでこうなのだろう、と思われるかも知れない。しかし私に言わせれば、これは私が前項で述べたように、彼の終生の祈りだったとも言ってよいものだと思う（「変革する心」は彼がマルクスにその指針を見出した問題であり、「受容する心」は彼の言う人間の「二つの定め」を受け入れる心の問題にも通じている）。

しかし興味深いのは、この三つの祈りが（彼は一言も断っていないけれども）、実はあの当時、キリスト教思想を少しでも勉強している人なら誰でも知っていたほど有名な米国の神学者の祈りで、しかもそれを最初に日本に紹介した人も、当時は「革新リベラル」と言ってよい神学者だったという事実である。インターネットの Wikipedia には「ラインホルド・ニーバー」という項目があって、彼がアメリカの大統領ならカーター、クリントン、そしてオバマなど、民主党の大統領たちにも影響を与えたと書いてあるが、それと別に、ずばり「ラインホルド・ニーバーの祈り」という項目もあって、そこに英語の原文と大木英夫氏の翻訳が載っている。まず翻訳の全文を Wikipedia から紹介する。

神よ、
変えることのできるものについて、
それを変えるだけの勇気をわれらに与えたまえ。
変えることのできないものについては、
それを受け入れるだけの冷静さを与えたまえ。
そして、
変えることのできるものと、変えることのできないものとを、
識別する知恵を与えたまえ。

川端さんの文書の末尾の祈りは、その順序までこれと一致する。

このラインホルド・ニーバー（一八九二～一九七一年）は、一九三〇年から六〇年まで三〇年間にわたってニューヨークのユニオン神学校教授を務め、訳者の大木英夫さんはその最終年に彼のもとでPh.D.の学位を取った人だった。

ラインホルド・ニーバーは、アメリカでは（いや当時は世界的にも）良心的で革新派の神学者と見做された人であった。晩年の彼はベトナム戦争にも反対した。しかし彼は「共産主義」は好まなかった。一方川端さんは、前にも述べたとおり、一九六六年と言えばもう、学問的・思想的には十分にマルクスを受け入れていた。その彼がこの文章を書いたのである。ということは、この頃の彼は理論ではもうマルクスでありながら、そして社会党系の「労農派」のマル

クス理解は採らないという理論的選択までしていたのに、それでも彼はなお本気で、誠実に、社会党にも「良く」なってもらいたいと願っていた。この三つの文章は、彼が思想あるいは学問と政党選択のような政治的決断についていかに時間をかけ、熟慮する人であったかを示す文章（いわば長い「過渡期」の文章）として貴重だと思う。

一方、この祈りを日本に紹介した大木英夫さんも、真面目で優れた人だったと私は思う。一九六〇年の初夏に日本へ帰られたその大木さんは、秋に留学する私と会う時間をわざわざ作ってくださり、アメリカの大学には「生協」というものがあって、その略称であるＣＯＯＰは「クープ」ではなく「コウオプ」と発音するなどということまで教えてくださった。しかし後のあの大学動乱期に日本基督教団立の東京神学大学（以下「東神大」）も機動隊を導入する事態となり、「助成金から機動隊まで使って大学に圧力をかけてくる国家権力に、神学校までが屈してしまった」と絶望した学生の間から自死者まで出るという結末となった。そして、このことを憂慮した当時の日本基督教団執行部と東神大との関係がぎこちなくなり、川端さんは当時の仙台北教会牧師・菅隆志先生らと共に、教団常議員会としての立場を貫いたため、大木英夫さんたちとの間には隔たりが生じてしまった。しかし川端さんは大木さん個人と対立したわけではなく、また川端さんという人は誰とも、考えや立場の違いで「喧嘩」する人ではなかった。ニーバーの祈りを大木さんが今でも大切に思っておられるのならば、川端さんもまた、たぶん生涯の終わりまで同じだったと思う。

純四郎さんはこの項で述べた「マルクス～社会党～共産党」に関しても、理論ではすでに一九六〇年代の初期に方向は見えていたのに、最終的決断をする（一九七〇年共産党入党）までには数年、いや一〇年近い歳月をかけた。第15稿で彼は言っている、「二十五にもなって初めて政治や経済の問題に目覚めて、そして三十五になって初めて日本共産党と手を繋ぐようになったのです」。

このように、川端さんが事を決するのに費やす時間や熟慮と、彼が始める運動がみな持続力を持つ事実（第20稿「平和七夕二十年」や第21稿「核兵器廃絶市民行進の二十五年」等だけでなく、教会音楽関係の会も皆、川端さん亡き後も続いている）とは、表裏の関係にあるのだと私は思う。

（七）「人間」または「出会い」から思想へ

以上、川端さんの信仰と思想とその実践の軌跡から、私にとって印象深かった点を、本書に収められた文章との関連で述べてきた。そのすべてを振り返って改めて思うのは、この人の思想形成にはいつも人との「出会い」が大切な契機になっていたということである。

彼の信仰形成の端緒には、新約聖書、ヨハネ福音書第八章の「姦通の女」とイエスとの出会いに、いわば彼自身も「出会って」しまった、という原体験がある。彼は高校時代のある時――というのは、彼は牧師の家庭に生まれ育って、聖書のこの箇所も当然何度も読んだり聞いたりしたことがあったに違いないのに、ある特定の時、この箇所に初めて出会ったかのような衝撃を受けた。彼自身の言葉を使えば、まるで「雷に打たれたような」衝撃である。

ところがこれは、聖書学との関連で言えば、一種の皮肉か、あるいは逆に問題の本質を典型的に白日のもとにさらすための何者かによる「はからい」なのかといぶかるような問題をはらんでいる。ここには、純四郎さんがよく言う、同じ聖書を読んで、ある人には信仰が起こりある人には起こらないのはなぜか、という興味深い問題が含まれている。『3・11後を生きるキリスト教』の三〇頁で、彼はこれを「神の自由」と呼んでいる。結論から言えば、ここには、下手な「史実」の羅列より、一級の「小説」の方がその主人公が読者に与える衝撃は遥かに大きいのと似た問題が見られるのである。川端さんが八木誠一さんの言語論を参照しながら言っている「記述言語」と「宗教的言語」（前掲書四八頁、私にもっと簡単に言わせてもらえば、聖書の「キリスト物語」――「イエス物語」でなく）のような「物語言語」の問題である。

実を言えば、このヨハネ第八章の記事は、史的研究の立場からは、新約聖書の中でもその「位置」が最も不安定なテキストであって、そもそも元は、ヨハネ福音書には無かった記事だということが、研究者の間ではもう常識となっている。中世になってもまだ、この記事がルカ福音書の末尾に置かれている事例があったりする。それで日本聖書協会の『新共同訳聖書』、つまり学術的であるよりは教会や信徒が「聖典」として読むために訳された聖書でも、目次の前に置かれている「凡例」の所で、「後代の加筆と見るのが一般的とみなされている箇所」はブラケットで示すという断りどおりに、〔 〕で囲ってある。後に新約聖書解釈学の専門家となった川端さんは、こんなことは百も承知だった。彼が翻訳したブルトマンの『イエス』にも『共観福音書伝承史』（A5判二巻）や『新約聖書神学』（同三巻）にも、この箇所は「ヨハネ福音書」からの引用としては一度も記載されていない。

しかし高校時代の川端さんは、まだそんなことを知るはずもない。一般にクリスチャンは誰でも、聖書のどの箇所も同じ「聖なる書物」の一部だと思って読んでいる。わが川端さんも同じようにこのテキストと向き合っていた。そしてある時、もう何度も読んだことがあったはずのこのテキストが、「雷に打たれたような」衝撃を彼に与えたのだった。この体験を彼は『3・11後を生きるキリスト教』等、何箇所かに記しているが、ここでは、彼が教会やキリスト教系の学校などでなく、「日本共産党宗教者後援会」（聴衆には当然非宗教者も多かった）で語った第15稿の文から敢えて引用した。しかも今ではもう聖書の「非神話化」の専門家でありながら、彼は高校時代のこの体験を、そのまま「宗教言語」で語っているのである。ただ、川端さんの説明は短かすぎて、ここの物語の「問題点」にまで触れていない。それでそれらの点を私が少し補わせていただく。以下、引用は『新共同訳聖書』からとする。

ある時、「姦淫の現場で捕らえられた女」がイエスの所へ連れて来られた。そして、姦通者は「石で打ち殺せ」とあるモーセの掟（旧約聖書の申命記二二章二二〜二四節参照）を楯にユダヤ教指導者の男たちがイエスに判断を迫る。ところが奇妙なことに、「姦淫」なら相手の男も居るはずなのに、男の方はここには全く現れない。また、ここで女を糾弾し、またイエスに「お裁き」を迫っているのも、男たちばかりである。ここに到ってイエスは遂に「身を起こして言われた。『あなたたちの中で罪を犯したことのない者が、まず、この女に石を投げなさい。』」すると、「これを聞いた者たちは、年長者から始まって」（川端さんが最後まで病床近くに置いた八木誠一さんの本の一冊『イエスの宗教』では、「年長者から始まって」のところに「（人生経験の豊富な）老人から」、つまりそれだけ身に覚えのある年寄りから、という括弧内の説明が付いている）、「一人また一人と立ち去ってしまい、イエスひとりと……女（だけ）が残った。」するとイエスは言われた。「わたしもあなたを罪に定めない。行きなさい。これからは、もう罪を犯してはならない。」純四郎さんはここまで来たとき、「私もお前を罰しない、行け、二度と罪を犯すな、とイエスから言われているのは私だ。そう思いました」と書いている（第15稿）。注目すべきことは、ここで純四郎さんはご自分を、ここの男たち（イエスにその偽善ぶりを指摘された）ではなく、女の方と同一視していることである。

　ところが、川端さんが敬意を表して止まなかったもう一人の研究者、田川建三さんは、川端さんより遥かに厳しく、教会の説教者がこの箇所を好んで使うのはイエスの言葉の正に後半ゆえであって、説教者たちは「それ（イエスの赦し）に甘えて、また罪を犯してかまわない、などと思ってはいけませんよ」と信者に説くために「鼻の下を長くして……嬉しそうにそう唱えていらっしゃる。しかしこの姿勢こそ、この時にこの女を罪人とみなして糾弾した」男たちと同じではないか、そしてイエスは正にそれに対して「お前ら自身が、叩けばいくらでも埃が出てくる『罪人』ではないか」と言っているのであって、「その点に話を限れば、（田川さんがマルコ福音書を基本に復元する）イエス自身の姿勢と一脈相通じるものがある……マルコ福音書では……イエスが『子よ、あなたの罪は赦される』と宣言した後『（安心して）自分の家にお行きなさい』以外に、『行って、再び罪を犯すな』などと言う場面は存在しない」と断言する（『ヨハネ福音書』四〇〇～四〇一頁）。川端さんは田川さんと最後までメールのやり取りをなさってしまったようだが、残念ながら、この『ヨハネ』の巻が出版される一か月前に亡くなってしまった。

しかし、高校生の純四郎さんに、まだこのような批判的聖書学の知識があろうはずもない。ただ、川端さんとの会話の中で話がたまたまこのことに及んだ時、川端さんは私にこう答えたことがある。「ここのテキストの問題は、もちろんその通りです。ただ私はあの時も、今この時点でなら『再び罪を犯すな』と言われても私はまた罪を犯す。でもイエスはその時また『私はあなたを罰しない』と言われる、そういうお方だと思うような体験をしてしまったのですね」(第25稿、三四〇～三四一ページを参照)。

聖書のたった一箇所、それも本文批評上はいちばん問題のある箇所のことをこんなに長く書いたのは、川端純四郎さんという人が、聖書という書物を読んでいる時でも、いかにその場面の「人間」――ここではイエスと女――と「出会って」いたかを確認したかったからである。そしてこれが分かれば、彼が留学途上インドで小さな貧しい人間たち(子ども)と出会い(第3稿)、さらにドイツでは、「私の父、母、兄、姉は私の目の前で日本兵に殺されました」と打ち明けた中国人留学生と知り合い(第4稿)、一方その年のクリスマス・イヴに、決して豊かでない「ドイツ人夫婦にインド・コンプレックスを癒される」(第8稿)等――そうした「出会い」から、現実に自分にできることとして、帰国したら日本社会で苦しむ人々と共に生き、その社会を少しでも良い方向へと変えていく道を探求しよう(社会科学!)と思うようになった、その過程もよく理解できると思う。川端さんは万事このように、「人間」との「出会い」

から「思想」へ向かい、そこから再び実践の場へ、つまり新しい「人々との出会いと協働」の場へと向かって行く。彼の人生はこの運動の反復だったように私には思える。第4稿「歴史を背負って生きるということ」の特に後半は、この点からも示唆に富む。そこの最後の小見出しは「キリストと出会う」であり、純四郎さんはそこでも、あの「中国人の友人は私にとって恩人であったと思います」と言っている。

（八）信仰告白と聖書学

研究者となられてからの川端さんは、キリスト者として歴史や、科学や、政治に向き合った。そして、必要な時には聖書学の知識を駆使された。本書に収録された諸稿の中で、唯一やや専門的で難解な、第9稿と第10稿（「『信仰告白に関するステートメント』について」と「信仰告白と聖書学」）がその例である。この二つは、もともと一つの論文であったのを、内容に即して二つに分けたものである。この二つの原稿で純四郎さんは、日本基督教団の信仰告白文が、①聖書学に対して聖書自身と同等の規範力を持っているかのように主張されたり、聖書自身の諸文書の多様性が簡単に無視されたりするのは誤りであるという、彼の学問的良心の根幹に関わる問題と、また②そもそも「信仰告白文」とは、一つには国家が（七〇年前までの、天皇を神聖にして侵すべからざる存在だとした「帝国憲法」のように）キリスト教会にとって受け入れがたいことを迫ってきたり、あるいは同じ「キリスト教」を名乗る団体が、自分たちにはどうしても容認できないような「信仰」を掲げ、それに対し「否！」を表明しなければならないような時作られるものなのであって、残念ながら「日本基督教団信仰告白」はそのどちらでもない。それなのにこれを楯に聖書学に干渉するのは不当であることを、厳密に論じているものである。これはその学術的性格からすれば、私たちが本書の後にと願った「第二巻」に収められるべき論稿であるが、純四郎さんの信仰と学問への真摯さ、厳密さと共に、内容の本質が「教会と戦争」の問題にも深く関わるため、ここに収めることを私が強く希望したものである。

しかし一冊の本の中で改めて読み直してみると、この二編は、キリスト教の教職とか研究者以外の方はひとまず「飛ばして」お読みになる方が、本書全体を難易度のムラなくスムースに読める気もする。特に②（国家との関係での信仰告白文）については、第18稿「キリスト者の政治参加」と第22稿「教会と信仰者と国家――創造の秩序をめぐって」でより平易に書いてあるので、そちらから先にお読みいただくのもよいと思う。

（九）教会音楽―キリスト教音楽のこと

前項までで、私が書きたかったことはほぼ書いた。申し訳ないのは、本書のいわば「第三部」をなす（本書全体の約四分の一を占める）教会音楽～キリスト教音楽のことについて、私はほとんど何も書けないということである。教会音楽～キリスト教音楽のことなら、彼がいかに膨大な著述を残し、またこの分野でどんなに多方面の活躍をなさったかは、多くの人々の知るところである。何よりも、あれだけ万丈の人生を過ごしながら、自分が生まれ育った教会の「オルガニスト」を、高校時代から八〇歳近くまでまるで当たり前のように続けられたという一事だけでも、私は脱帽せざるを得ない。それに対して山梨県生まれの「山猿」だった私は、浪花節をこよなく愛する父親と、第二次大戦中南海の孤島で飢え死に寸前まで追い込まれ、敗戦直前奇跡のように米軍捕虜との交換船で帰ってから、故郷の町に古賀メロディ程度の軽音楽団を結成した兄の影響でマンドリン、ギター等に触れたことがあるだけの人間だった。ただ敗戦後の秋から今日まで続く「教会通い」が始まったおかげで「讃美歌」とかリードオルガンのハーモニーに触れ、数年後の神学校一年生の夏休みには、休み全体を使って「バイエル」の初級をあげ、教会のオルガニストのおばちゃんに褒められた、などということもあったが、それが役立ったのは、讃美歌を歌うとき楽譜でメロディの見当がつくようになったくらいの程度だった。

また一九六〇年に渡米してからは、初めの方に書いた公民権運動にアメリカ人学生たちと混じり、いつもキング牧師と一緒に現れる黒人女性歌手マリアン・アンダーソンたちに聞きほれ、一八歳のジョーン・バエズがハーバード・スクエアーで歌い始めた「エーテル（精霊の声）のような」フォークソングに酔い、ボブ・ディランの反戦歌を口ずさみ、特に一九五〇年代の「赤狩り」で議会の査問に引き出されても、「私はフォークソングをやめません」と答えたハーバードの先輩ピート・シーガー（彼の伴侶は日系アメリカ人で、息子は台湾人女性と結婚した）とかに熱中してギターを独習した、というような思い出は山ほどある。またいわゆるクラシック音楽では、（このことは朝日新聞社発行の『わが心の書』にも書いたが）、ロマン・ロランの影響でベートーベンに凝り、特に交響曲第七番などは、今でも聞き始めると、最後には全身を揺さぶってしまう。

しかしわが「純ちゃん」のような教会音楽は、レベルが違う。私にはあまりに深く広くて、彼の研究室（もちろん私との同居が解消された後の）へ一歩入ると、天井まで届く棚にぎっしり、無数の本と一緒にレコード（後には次第にCDが増えていった）が詰まっており、そこで彼がドイツ語の本に没頭している部屋には、いつも音量を抑えたバッハの音楽が静かに流れていた。これには、ほとんど畏敬の念を覚えたものだった。おかげで私は、「さんびか」さえ宗教改革までは一般会衆のものではなく、もっぱら聖職者が歌うものだったとか、「さんびか」とはクリスチャンが自分の心情を表現するものである以前に、まず聖書のメッセージ（神の救いの業の客観性と、救われた人間の共同性）を歌うこと、つまり「歌による説教」なのだとか（第26、27稿参照）、「カンタータは音楽による聖書の解説」であるなど（第24稿参照）、どれほど多くのことを教えられたか計り知れない。そして何より忘れられないのは、彼が教会と社会のため、大震災や安倍政権とそれに優遇される大企業や「金融資本」に苦しめられている人々について「苦しめる者への怒り」の闘いに明け暮れ、疲れてもいるだろうなと思われる時、「大変ですね」と声を掛けると、彼は、「でも私には音楽がありますから」と答えたと大勢の人々が証言することである。私が彼の研究室で、あのレコードやCDに圧倒されて感嘆の声を洩らすと、彼は同じ趣旨のことを、もっと照れた感じで言うのだった。

ここまで書くと、彼の不在に改めて一抹の寂しさを禁じ得ないが、今ふと思い出したのは、この音楽の権化みたいな川端さんが、「さんびか」を歌うとき、たまたま隣に居合わせ聞いていると、彼は第24稿以下で何度も触れているドイツ教会の会衆がコラールを歌う時のように、あの少し猫背気味の上半身を真っすぐ伸ばし、小さな『讃美歌』でも必ず両手で持っていかにも「堂々と」歌うのだが、しかしそれは「朗々と」と言うにはだいぶ距離があったことである（「堂々」と「朗々」については第23稿4を参照）。これには私も、内心楽しくなった。もし彼の歌声まであのパイプオルガンのように美しく上手だったら、ことキリスト教音楽に関するかぎり、私など取りつく島もなかった。しかし「天は二物を与えず」のことわざどおり、神さまは彼の音楽についても微笑の余地を残してくださった。私もこの微笑で拙文を閉じたいと思う。

編集委員会より

本書は、川端純四郎氏が生前に出版・公表した著作、または著者のホームページに掲載されたテキストから選択・編集したものです。著者は、公表を認めていたものとそうでないものについて厳格に区分をしていたため、未発表の手稿は収録しておりません。ただし、講演を文字に起こしてパンフレットにしたものなど、限られた範囲であっても著者の了解のもとで配布されたものは、公表されていたとみなして収録対象にしています。

収録にあたっては、極力原型を保持するように努めました。たとえば、文章によって「日本基督教団」「日本キリスト教団」と異なる表記があるのはこのためです。しかし、講演を文字起こししたものなどは、文意が取りにくい箇所があり、漢字・仮名遣いも文字起こしをされた方によって異なっていました。また、明らかにテクニカルミスと思われる箇所も散見されました。このような部分については、編集委員会で必要最小限の校訂を行い、少数ですが編注も加えました。

著者が引用した口語訳聖書には、今日の人権や表現に関する考え方の到達点から見ると、差別語や不快語であるものが含まれています。ここでは、文章が書かれた時期に著者がある表現を選んだ歴史的事実を尊重して、他訳に差し替えることはしませんでした。著者が、不当な差別をなくす立場で様々な活動を行っていたことや、自ら用いる表現・用語にも厳しい人であったことについては、本書からご理解いただけるものと思います。

出版にあたり、著作の再録の許諾をいただいた出版社・団体の皆様、著者の講演を最初に文字起こしして記録にとどめてくださった皆様、著作の電子ファイル化に協力くださった皆様に、感謝を申し上げます。

『教会と戦争』編集委員会

浅見定雄
川端　望
川端英子
北　博
小西　望
佐藤司郎
（五十音順）

著者略歴

川端純四郎（かわばた・じゅんしろう）

1934年生まれ。東北大学大学院文学研究科博士課程単位取得退学（宗教学専攻）。ドイツのマールブルク大学に留学、ブルトマンに師事。東北学院大学文学部キリスト教学科の教員を務め1999年に定年退職。また日本基督教団常議員、同讃美歌委員、世界教会協議会（WCC）中央委員を歴任、日本基督教団仙台北教会オルガニスト、九条の会全国講師団メンバーとしても活躍した。2013年逝去。

著書：『J. S. バッハ　時代を超えたカントール』、『バッハ万華鏡』、『讃美歌21略解』（共著）、『讃美歌21選曲ガイド』（共著）、『さんびかものがたり』（全5冊）、『3・11後を生きるキリスト教』など。訳書：ブルトマン『イエス』（共訳）、『新約聖書神学』、『ヨハネの手紙』など。

教会と戦争

2016年5月1日　第1版第1刷発行
2017年7月1日　第1版第2刷発行

著　者……川端純四郎

発行者……小林　望
発行所……株式会社新教出版社
〒162-0814 東京都新宿区新小川町 9-1
電話（代表）03 (3260) 6148
振替 00180-1-9991
印刷・製本……株式会社カシヨ

ISBN 978-4-400-21322-2　C1016